旷野人生

吉姆·罗杰斯的
全球投资探险

[美]
吉姆·罗杰斯｜著
（Jim Rogers）

张俊生｜译

中信出版集团｜北京

图书在版编目（CIP）数据

旷野人生：吉姆·罗杰斯的全球投资探险/（美）吉姆·罗杰斯著；张俊生译. -- 北京：中信出版社，2024.11（2025.7重印）. -- ISBN 978-7-5217-6791-9
I. C934
中国国家版本馆 CIP 数据核字第 20242DP960 号

Investment Biker: Around the World with Jim Rogers
Copyright © 1994 by Beeland Interests, Inc.
This translation published by arrangement with Random House,
an imprint of Random House Publishing Group, a division of Random House, Inc.
Chinese Simplified Character language translation copyright © 2024 by CITIC Press Corporation
ALL RIGHTS RESERVED
本书仅限中国大陆地区发行销售

旷野人生：吉姆·罗杰斯的全球投资探险
著者：　　［美］吉姆·罗杰斯
译者：　　张俊生
出版发行：中信出版集团股份有限公司
（北京市朝阳区东三环北路 27 号嘉铭中心　邮编 100020）
承印者：　北京联兴盛业印刷股份有限公司

开本：880mm×1230mm 1/32　　印张：12.25　　字数：317 千字
版次：2024 年 11 月第 1 版　　　　印次：2025 年 7 月第 2 次印刷
京权图字：01-2007-1812　　　　　书号：ISBN 978-7-5217-6791-9
　　　　　　　　　　　　　定价：69.00 元

版权所有·侵权必究
如有印刷、装订问题，本公司负责调换。
服务热线：400-600-8099
投稿邮箱：author@citicpub.com

献给那些充满激情地审视世界、探究世界本原的人，
　　当然也献给那些摩托车骑手。

目录 CONTENTS

● 第一篇·从顿琴到东京

飞向苏联 | 003

纽约 | 010

穿越欧洲 | 017

林茨 | 025

中欧 | 029

前往伊斯坦布尔 | 036

古老的土耳其斯坦 | 043

进入中国 | 049

西安 | 060

从西安到北京 | 069

● 第二篇·从东京到顿琴

日本：值得投资的国家 | 079

在世界的边缘 | 093

穿越蛮荒之地 | 102

西伯利亚 | 116

乌兰乌德、济马和坎斯克 | 129

新西伯利亚及其以西 | 138

莫斯科 | 145

前往爱尔兰 | 153

第三篇·从顿琴到好望角

非洲：征服撒哈拉 | 165
撒哈拉以南 | 182
顺河而下 | 194
愤怒的羔羊 | 202
逃亡 | 221
赞比亚和大津巴布韦 | 230
博茨瓦纳 | 241
南非 | 249

第四篇·绕过合恩角

澳大利亚的长途跋涉 | 265
世界尽头 | 280
布宜诺斯艾利斯 | 289
智利与复活节岛 | 304
走近印加 | 318
沿着达尔文的足迹 | 330
达里恩地带 | 337
巴拿马运河 | 341
回家 | 356

后记 | 359
附录一 我们为 22 个月的摩托车之旅准备的物品 | 367
附录二 旅行日志 | 369

第一篇

● 从顿琴到东京

飞向苏联

我出生于 1942 年，是五兄弟中的老大。我的父母在 20 世纪 30 年代相识于俄克拉何马大学，在学校他们都获得了奖学金，是学术荣誉社团的成员。二战时，我的父亲被派往德国担任炮兵军官。战后，他和他的弟弟合伙在亚拉巴马州的迪莫波利斯开办了一家工厂。我的祖上自 19 世纪早期就开始在亚拉巴马州定居。

我的母亲是独生女，她却生了五个儿子，这对她来说真是太困难了。她任由我们五兄弟相互争斗、打闹嬉戏。父亲教会我们兄弟五人开车，也教会我们如何做自己想做的事情。从父亲那里我们还学会了努力工作。

我很早就表现出强烈的事业心。在 5 岁的时候我有了第一份工作，是在棒球比赛结束后捡拾瓶子。1948 年，我争取到在儿童棒球联赛的比赛中售卖软饮料和花生的机会。父亲后来又郑重其事地贷给他这个年仅 6 岁的儿子 100 美元，让我买一台花生烘烤机。100 美元在当时可是一笔不小的数目，这笔创业贷款将我引上了经商之路。5 年后，在经商道路上我获得了利润，偿还了 100 美元创业贷款后，还在银行存了 100 美元。我感觉十分富有。（我仍然保留着这台烘烤机，不知道何时我能再次体验这种绝佳的挣钱方式。）

有了这100美元，罗杰斯父子公司的投资团队开始成长。我们到乡下一起购买小牛，那时小牛的价格飞速上涨。我们付钱给一个农民让他来饲养这些小牛，而后我们在次年卖掉这些小牛获取了高额利润。

当时我们并不知道我们是在高位买进的。事实上，直到20年后，当我第一次读到一本有关商品图表的书之后，我才知道那是怎么回事。我和父亲刚好赶上了朝鲜战争引发的旺盛商品需求。伴随着战后牛肉价格的下跌，我们退出了牛肉投资。

在我们那所封闭的高中学校里，我出类拔萃，以优异的成绩顺利毕业，并获得了耶鲁大学的奖学金。这令我感到诚惶诚恐，我怎么能和那些来自美国东北部的预科班学生竞争呢？

当我前往耶鲁的时候，父母并没有把我送到大学所在地——康涅狄格州的纽黑文，因为实在是太远了。在耶鲁的第一个周日，所有的同学都给家里打电话。我也拿起电话，告诉接线员我想呼叫亚拉巴马的迪莫波利斯。接线员说："好的，你要呼叫的电话号码是多少？"

我回答说："5。"

她问："5？然后呢？"

"就是5。"

她又问："你的意思是555-5555？"

"不，"我很有礼貌地答道，"就是5。"

接线员问："小伙子，你是大学生吗？"

"我是啊。"

她很恼火："不要胡搅蛮缠，大学生！"

后来，确信我没有不尊重的意思，她答应为我试一下。那时通信技术十分落后，康涅狄格的接线员必须先接通亚拉巴马的接线员，后者再接通伯明翰的接线员，而后再接通迪莫波利斯的接线员。

康涅狄格的接线员首先发话："我这儿有个小伙子想连线亚拉巴马州迪莫波利斯的电话，号码是5。"

话音未落，迪莫波利斯的接线员就答道："噢，他们家现在没人，都去教堂了。"纽黑文的接线员当场目瞪口呆。

随着大学时光快速飞逝，我考虑过去医学院、法学院或者商学院继续深造。一直以来我都喜欢学习，而且也想继续学习。1964年的夏天，我去多米尼克兄弟证券公司打工，在那里我深深地爱上了华尔街。长期以来我都想尽可能了解时事，同时，令我感到诧异的是，在华尔街居然有人愿意付钱给我，让我判断发生在智利的革命是否会抬高铜的价格。而且，当时我很穷，急需钱，很明显华尔街能够满足我的需求。

在耶鲁，我是船队的一名舵手，四年大学生活临近结束之时，我幸运地获得了牛津大学提供的奖学金。在牛津，我进入贝利奥尔学院学习政治学、哲学和经济学。我成为亚拉巴马州迪莫波利斯历史上，在泰晤士河上掌舵参加牛津-剑桥赛艇对抗赛的第一人。

我开始将暑期在华尔街打工学到的知识付诸实践，拿奖学金来投资。

从牛津大学毕业后，我参军了。在军队我替指挥官理财投资。由于恰值牛市，我让他斩获颇丰。后来我回到纽约，再次进入华尔街工作。

我最终成为一家离岸对冲基金的初级合伙人，该基金是为外国投资者服务的复杂基金，买卖世界各地的股票、商品、货币和债券。我无休止地工作，尽可能地熟知世界范围内的资本流动情况、货品情况、原材料情况以及各种信息。1968年我入市的时候只有600美元，到1980年退出时我已经拥有百万美元。然而，为此我也付出了代价。其间，我有过两次短暂的婚姻，我的两任妻子都不能理解我努力工作的热情，这种热情是父亲遗传给我的。当我意识到能够让钱在市场上为我所用之时，我不会用这些钱来买一张新沙发。我过去相信，至今仍然相信，年轻人省下的每一元钱，如果能适当地投资，都会在他的一生中给予其20倍的回报。

1980年，37岁的我生活无忧地退休了，开始寻求另外一种生活，也让自己有时间思考。在华尔街工作太紧张，没有时间思考。再者，我有一个梦想，除了想换另外一个领域的工作，我还想骑着自己的摩托车环游世界。

自从我认识到亚拉巴马的迪莫波利斯并不是西方世界的中心时，我就一直梦想着环游世界。长久以来，我对冒险的渴望可能也来源于此。不过，我不仅把这次旅行当作一次冒险，也把它当作一种接受继续教育的方式，这种教育方式已经贯穿我的人生，那就是：真正理解这个世界，不断地认清它的本质。我想以地面旅行的方式认知这个世界，了解我们生活的这个星球。

当开始一项长途旅行的时候（例如用三个月的时间穿行中国、巴基斯坦和印度），我认为最好的交通方式是骑摩托车，这样能够使你以一种开车无法体验到的方式欣赏风景，呼吸乡村气息。你将融入自然，成为它的一部分，触摸它、欣赏它、品味它、聆听它，享受彻底的自由放松。对大多数旅行者而言，旅行本身是达到目的的手段。如果你以骑摩托车的方式旅行，旅行本身就是目的。你骑车穿过从未到达过的地方，体验它的一切，认识新朋友，这才是冒险，才是最惬意的事情。

我想来一次漫长的旅行，长得可以让我忘记一切。我仍旧会阅读《华尔街日报》和《金融时报》，不过我想与投资事业彻底断绝，我想改变生活。这需要一个分水岭，标志着新生活的开始。我不知道旅行回来后将会做什么，不过肯定会做完全不同的事情。我想65 000英里①的全球旅行应当可以算作一个分水岭了。

在1980年，环球旅行是很困难的。你不可能到达想去的每一个地方，那时全球正进行着二三十场战争。如果我决定环游世界，那么我就要坚持我的一贯风格：要么畅快淋漓，要么不做。我的梦想是穿越六大洲，自西向东横穿中国，自东向西横穿苏联的西伯利亚，从非洲最北端行至好望角，穿越澳大利亚的大沙漠，从阿根廷最南端直至阿拉斯加。

1984年和1986年，我曾两次去中国与官方接洽，商谈驾车穿越事宜。我甚至租了一辆250cc的本田小摩托车，骑着它在福建省到处游走，看看我能了解到些什么。福建省不是很大，大概与路易斯安那州的面积相当。但是当时福建省有2 600万居民，是路易斯安那州人口的7倍。我骑摩托车和乘飞机到了中国几个省会城市，用租来的摩托车进行了2 000多英里的探索。到了1988年，我骑自己的摩托车横穿了中国。

回到纽约后，我又拜访了苏联人，之前我也经常去。当时的苏联仍然是周游世界计划的绊脚石。我写了好几封信，还找人为我的行为做担保。我这次是绝对碰到了老顽固。我去找了伊万·加里宁，他是苏联国际旅行社的董事长。他告诉我这一切简直不可想象，西伯利亚除了熊、老虎、丛林和森林，一无所有。没有人要去那儿，也没有人想去那儿，事实上所有派往那儿的苏联人都想尽快离开。

令我感到吃惊的是，我遇到的苏联人都不曾到过西伯利亚，也不认识到过那儿的人。看来没有苏联人对西伯利亚知道一星半点儿，就如同今日大多数纽约人对阿拉斯加一无所知一样。苏联人告诉我，

---

① 1英里≈1.6千米。——编者注

要么乘坐西伯利亚火车去，要么坐飞机去，只有傻子或疯子才会骑摩托车去。

我通过一些渠道被引荐给驻华盛顿的苏联大使，但即便是他也没有办法。

我慢慢了解到其中缘由，骑摩托车穿越西伯利亚与骑摩托车穿越美国完全是两个概念。在美国，高速公路一条连接一条，西伯利亚可完全不同。可能他们说得对，那里可能真的没有什么路。但是不穿越西伯利亚就意味着没有环游世界，如果我要完成心愿，就必须找到一条路。

地图显示西伯利亚东西长7 000多英里，大概是美国东西长度的两倍。西伯利亚只有不到2 000万人口，与纽约州的人口相当。但是没有人知道确切的数字，因为不曾有人清点过那里的人数。我推测西伯利亚不会比加拿大北部和阿拉斯加更荒凉，我想还是能忍受的。

在令我绝望的那段时间，我把在中国旅行的录像带给伊万·加里宁看，希望借此能告诉他我是认真的。他接过录像带的时候略显疲倦地笑了笑，不过他还是看了这盘录像带。当我再去找他的时候，他说："你可以给一个组织写信。"不过，他不知道这个组织的英文名字，他是在他的官方手册上找到这个组织的。他自己翻译不出这个组织的名字，因此就用俄文把它的名字和地址等所有信息写给我。看起来这是个非同寻常的组织，名字叫作Sovintersport。我把纸条带回家，复印了一份，贴在一个信封上，并附上一封用英文写的信，信中表达了我想骑摩托车从太平洋到莫斯科再到波兰的计划。

我在信中指出，我会遵守该组织附加的一切条件——他们让我停在哪儿，我就停在哪儿，接受他们认为必需的护卫，甚至是士兵护卫我也不在乎。我决心要去。每当我凝视地球仪的时候，苏联那片广袤的陆地就映入我的眼帘。如果我不能横穿苏联，那么我就不能说自己已经周游了世界。如果不能周游世界，那么这就不是我想要的旅行。我没抱太大的希望。之前的几年，我已经发出了20封类似的信。

几个月后，当我已经淡忘了这封信的时候，我收到了回信。信上说："亲爱的罗杰斯先生，你可以骑摩托车穿越苏联。你打算何时动身？"这封信只有两段，三四行的内容，还有一位名叫瓦列里·萨格罗夫先生的签字。

我简直不敢相信。这如同我坐在门外每天敲门，敲了九年都没有开门，然后突然有一天门打开了，有个人说："嗨，请进。"他怎么知道我已经在那儿敲了九年门。

我马上飞往苏联去拜会批准我前行的先生。我不断地问我的翻译奥克桑娜："他们真的是这个意思吗？"她不断重复地回答："是的，你还有什么疑问吗？"

"这是真的吗？"

"是的，这是真的。为什么你如此困惑，如此古怪，如此不相信人，有如此多的问题？"

Sovintersport是苏联的一个体育组织，赞助过一系列国际体育赛事。之前我一直尝试的都是外交渠道和旅游渠道，但是苏联人认为长距离摩托车旅行是一项体育运动。进行环球旅行要记住的第一个教训是：熟知你所去地区的文化，只有这样你才能掌握它，否则就会被排斥在外。

我真是太高兴了，甚至有些不敢相信。你能相信他们吗？他们真实的想法是什么？可能当我到了边境的时候他们又不让我入境了。

但这可能是我唯一的机会。这是我梦寐以求的一次旅行，我要环游世界了！满怀着兴奋，我于1989年12月飞回纽约，计划于次年3月出发。

纽约

"你想环游世界吗？"我问塔碧莎，她是我过去几年的生活伴侣。

"他们同意了？"她问道。她和我在前一年一起穿越了巴基斯坦和印度。我们带着两个背包，骑一辆摩托车，行程5 000英里，她已经爱上了这样的旅行。

"我计划3月出发，离现在还有四个月。"我答道，"你要不要一起去？撒哈拉、西伯利亚、横穿安第斯山脉，而且这次你也能去中国。"

"我的工作怎么办？"她问道。她热爱她的工作，她为一家小型基金会管理捐赠业务，这对刚跨出校园不久的人来说是一份相当不错的工作。

"辞掉工作，"我说，"这是一生难得一次的旅行。"

她的手掠过飘逸的金发，然后托着下巴陷入思考。她的一举一动让我着迷。

"我们怎样才能带够必需物品？"她问道，"要到刚才讲到的那些地方，我们需要配件、汽油、备用轮胎。"

她是对的。过去20年我一直驾驶宝马摩托车。考虑到令人无助的机械修理,我必须骑那种最不需要修理的摩托车。当我查看全球宝马修理厂列表的时候,发现上面并不包括扎伊尔①、苏联的西伯利亚和中国,而这些地区有数千英里的路程,而且是世界上最糟糕的路段。

"最理想的情况是骑两辆摩托车。"我说。

"可是我不会骑摩托车。"她答道。

"也许你应该学一下,皇后区有一所摩托车学校。"

她有些退缩,没有作声。她喜欢以当乘客的方式和我一起旅行。根据美国摩托车协会的统计,骑摩托车的人中90%是男性,但是这种情形正在发生变化,现在甚至有一些杂志都开始关注女性驾驶摩托车的情况。23岁的塔碧莎富有冒险精神,绝不逊于我以前认识的任何女人。现在我已经40多岁了,拥有将近20年的摩托车驾驶经验,而塔碧莎的驾龄刚刚开始。

"如果一辆摩托车出了问题,"我继续说道,"旅行也不会结束。你学习驾驶课程,而且我们都报名学习宝马的维修课程,这样即便在丛林中抛锚,我们也能修理摩托车。"

虽然以前我们在几次不重要的场合偶遇过,然而我第一次正式认识塔碧莎·伊斯塔布鲁克是我在哥伦比亚大学商学院教金融学的时候。那时,她的母亲碧菲娅(我的一个老朋友)把她带到我的家中,让我引导她最好去商学院读书。

塔碧莎身材高挑,金发碧眼。她在曼哈顿的上西区长大,在上东区的一所名叫奈廷格尔—巴福德的女校学习,在那儿她汲取了当地流行的政治理念,即在一个开明的社会,政府应当解决所有的社会问题。塔碧莎的父亲大学毕业后成为一名海军飞行员,现在从事

---

① 扎伊尔,1997年恢复国名"刚果民主共和国",简称"刚果(金)"。——编者注

法律方面的工作。还在上学的时候，塔碧莎就被父母离婚困扰。奈廷格尔—巴福德学校那时如同她的另一个家，因此长久以来她都对母校怀有很深的感情。

第一次会面我们就深深地被对方吸引。虽然那时我在商学院教书，但是我告诉她还是不要进商学院，那纯属浪费时间。我也曾经这样教导过我的学生。如果计入机会成本，那么去商学院读书将要花费她或者她的父母10万美元资金，这笔钱如果花在创业上效果会更好。无论创业成功与否，都要比在教室里花两三年的时间聆听那些毫无实践经验的"饱学教授"空谈强得多。

我约她出去，这样一来二去，我们之间开始相互了解。

接下来的几天，我们一直商量旅行的事情，她也开始为旅行做计划。我带她同行是理所当然的事情。之前我长途旅行时大多都与当时的女友为伴，例如横穿欧洲、美国、印度、中国以及沿着阿尔肯高速公路去阿拉斯加时都是如此。

然而，尽管她的热情持续高涨，但随着时间的流逝，我开始怀疑她是否能独立驾驶摩托车。的确，我曾经骑摩托车带着她从旧金山到纽约，但是那段路程能保证每天在高速路上骑行500英里，在我们周游世界的计划中不可能达到这样的速度。虽然在巴基斯坦我们也遇到过不好走的路段，但那时她只是一个乘客。

一天在吃晚饭的时候，我说："我改变主意了。我认为让你独自骑一辆摩托车不是一个好点子，这对初学者来说太难了。你还记得我们在印度和巴基斯坦遇到的糟糕路段吗？到了中国、西伯利亚和非洲，路况还会更糟。"

她狠狠地瞥了我一眼，说："你认为我不够坚强？"

"不，我没那么说。但这的确是一次漫长的旅行，旅行的距离是最长的，难度也是最大的。"

"我能行。"

"要进行这次旅行，一个骑手需要数千英里甚至数万英里的驾驶经验。我们将遇到的糟糕路况可能要骑数周甚至数月，这样日复一日的驾驶会使你筋疲力尽。你需要经验。我清楚地记得当我还是个初学者的情形。有一次，在美国跨州旅行，由于我是生手又不太小心，刚发动车子就一下子冲进了玉米地。我第一次在沙石路上骑摩托车，车轮就被甩了出去，我浑身都是擦伤。但是，在我们将要进行的旅行中的很多路段，如果能有沙石路就已经算万幸了。"

"我们三个月后才出发，出发前我会一直练习。"

我做了一个深呼吸，接着讲道："你瞧，我可能没有解释清楚。在中国，有一次我从吐鲁番骑摩托车去哈密，后面紧跟着的汽车里是一个摄制组。只有250英里的路程，一天很快就能到。当时我们确信路况很好，而且确信能在天黑前到达哈密，因此就没带很多的食物和水。可是，那天我们在路上竟然驾驶了17个小时，那简直就是一场噩梦。路上我们不能停车，因为根本没地方停车，也没有任何地方能买到吃的东西。我们身处沙漠之中，因此也没有水。这就如同在大海上航行到了半途，你无论决定做什么都会遇到麻烦。然而，我们一旦出发，就不得不勇往直前。我想如果我们在半途停下来，所有的人可能都会死掉。当行进到2/3路程的时候，摄制组决定放弃了，他们驾驶的还是汽车呢。"

塔碧莎直直地看着我，我不知道她到底在想什么。

我继续说："我们将要开始的旅程肯定会遇到巨大的困难，这将是你遇到的最艰难的事情。一半甚至一半以上的地方是荒芜的、原始的，没有道路可循。"

她边听边想，眼睛盯着我，好像要把我看穿一样。"你还是认为我不能吃苦?"

"我认为你相当能吃苦,但是你可能没有足够的经验,即便到我们出发时,你的经验与这样一次长距离的艰苦之旅相比仍显不足。"

"吉姆,我会全身心地投入准备。我们驾驶你的摩托车已经旅行了数千英里,我很清楚我要做什么。"

"不过日程仍有问题。我现在每天都要跑步6英里以便保持强健的体魄。你很清楚这次旅行不仅磨炼意志也消耗体力,你在三个月之内很难增进足够的体力。"

"我想我能。"

"你也清楚有时我是个急性子,我不得不这样做,例如那次去哈密的旅行。事实上,第二天我们遇到了相同的困难。从哈密到吐鲁番之间本应轻轻松松250英里的路程,我们却再次花费了17个小时的时间。"

"吉姆,我能跟上。"

我仍然不敢确定她是否清楚自己要做什么,也不敢确定我自己是否清楚要干什么。"如果我们要环游世界,就不能每天只骑三四个小时。"

她直视着我说:"吉姆,如果你不想让我去就直说,你自己去好了。"

"不,我不是那个意思。我渴望与你同行,与你为伴非常美妙。但是,我们要经过世界上最糟糕的路段,遇到最恶劣的天气,穿越撒哈拉沙漠和安第斯山脉,还要途经流行病疫区,在那些地方没有医院,没有电话,没有机场,甚至没有电报,那儿会有土匪、恐怖分子,谁知道还有什么。"

接下来的几天我们都在考虑这次旅行中可能遇到的问题。

我们也讨论过途中可能有生命危险。塔碧莎的反应是：即便在纽约也有生命危险。对我而言，还是要把各种可能性都考虑到，否则就不能出发。

我不得不考虑在我外出的这段时间该如何处理我的那些投资。投资市场是一只起伏不定的野兽，你必须对发生的状况随时留意。它一直让我为之着迷。我对投资市场的最初了解是注意到它不仅上涨也会下跌。我仍然记得当我知道可以卖空的时候是多么兴奋。卖空可以让你卖掉你并不拥有的东西，这样能使你在市场下跌与上涨的时候同样获利。我们旅行要去的地方可能会没有电话、传真机、复印机，只有几份报纸。我所持有的大多数投资都是长期投资，所以我不必做重大调整。我削减了卖空投资，把期货清了仓。

1990年初，我的钱大多投资在公用事业类股票、美国政府债券以及外币上，而且我喜欢长期持有。我持有的公用事业类股票主要是处于困境的核电站，如伊利诺伊电力和尼亚加拉的莫霍克电力。这样做是因为我确信它们会触底反弹，最终解决所有问题。我认为美元的利率将会下调，因此我看多债券，看空美元，即我预计债券的价格将会上涨，而美元的价格将会下跌。我推断政客们将会尽其所能地推动经济持续增长。他们都不是很聪明，因此他们只知道降低利率。我推测，美元的价格会随着政客们降低利率而持续走低，因此我买进外币，主要是那些以荷兰盾和德国马克为币值的存款凭证。

作为一个美国人，我不愿看到所发生的这一切。但是作为一个即将环球旅行的投资者，我将其视为一次可遇而不可求的投资机会。我持有的这些资产不需要我每日都留心关注。如果我判断正确，那么我就会赚钱，如果我判断错误也不会因此赔得精光。这是因为虽然政府债券和公用事业类股票的价格可能下跌，但是基本上可将它们视作安全的长期投资工具，就如同一些政局稳定的国家的货币一般。

出于天性，无论何时旅行，我都会关注具有前景的投资机会。虽然这次旅行从何种角度来讲都不是一次投资之旅，但我想我还是会去拜访那些欣欣向荣的股票交易所。骑在摩托车上，除了以一种生动直接的方式去体验这个世界、了解各国人，我想我还会去了解非洲、中国和南美的市场，我感觉这些国家和地区可能会在20世纪90年代获得蓬勃发展。同时，我也十分关注澳大利亚和新西兰的市场，我在羊毛制品市场的投资为我自己也为他人赚了不少钱。另外，此次旅行的前几站之一将会是奥地利，在那儿，我将会对奥伯银行（Oberbank）的投资客户进行演讲。数年前，我在奥地利股票市场的投资使我在三年内获得5倍的收益。不知将来还能否找到更多这样的地方进行投资。随着世界的发展步伐，我想不仅现在投资时机难得，而且这样的投资机会可能在未来几十年内甚至在我有生之年都难再现。

穿越欧洲

时间飞逝，塔碧莎再也按捺不住了，她决定出发。我仍然担心此次旅行对她来说是个错误，她可能会在最后几分钟改变主意。但是随着3月临近，一切都按部就班地进行，好像我们真的就要动身了。

我们购买了备用绳索、后视镜、化油器以及米其林备用轮胎，并打包了数卷功能神奇的3M建筑胶带。这些胶带有两英寸宽，看起来十分结实耐用，这是我紧急修理时的最爱。我们还带了睡袋、雨衣和备用头盔。塔碧莎找出上次旅行中戴过的结婚戒指，她戴着戒指会在旅行中省掉我们很多麻烦。由于从美国汽车协会在线旅行社无法订到去中亚、西伯利亚和撒哈拉地区的机票，因此我们买了地图并规划好路线。我们还想办法把钱带到那些没有美国运通银行办事处的地方，以及那些用旅行支票会招惹麻烦的地方。我锁了办公室，并确保外出之时有人能照顾我的住房。此外，我们还要接种疫苗以及办理签证。

不过，我不打算带任何引荐信，也不带通信地址簿。我们将这次旅行视为本能之旅。我们不想依靠老朋友，无论是私人朋友还是生意上的朋友，他们会把我们举荐给他们的朋友并让我们参加他们的聚会。与之相比，结识新朋友，尤其是途中的朋友才更符合冒险之旅的意义。这样我们才能有一次截然不同的冒险，可能这样会更好，也可能更糟。我们希望这次旅行能成为发现之旅。

我仍然提心吊胆，希望塔碧莎不要改变主意，希望她能成行。

这一天终于来到了，我简直难以相信。1990年3月25日，是一个阳光明媚的春日，我决定开始环游世界之旅。我们规划的路程前半段是从爱尔兰的西海岸出发，穿越欧洲和中国，最后到达日本。我们将成为首批从大西洋骑摩托车到太平洋的地面旅行者。规划路程的后半段是通过苏联的西伯利亚和中欧折返回爱尔兰，这也将创造另外一个第一——第一批从太平洋骑摩托车到大西洋的地面旅行者。这样环绕地球的总旅程将达到两万英里。

塔碧莎用板条将摩托车包装好后运到爱尔兰航空公司。我仍考虑我们是否已经处理好一切事宜。供暖人员是否清楚下一个冬天该做什么？如果屋顶漏雨，看家的人应该怎么办？现在一切都来不及了。我们已经在飞机上了。有那么几分钟，有一种不现实和陌生的感觉向我袭来，让我沉思我是谁，我怎么飞行在大西洋之上，为什么自己要做可能被当作傻瓜的事。

我们仔细看过地图，发现爱尔兰的最西端是一个名叫顿琴（Dunquin）的村子，人口不足100人，那里就是我们的始发站。到了爱尔兰，拆掉摩托车的包装后，我们就从香农机场驾车穿过郁郁葱葱的乡村到达顿琴。到那儿后我们开始寻找邮局。

那是一个星期六的下午，我们来到了这个散落着茅草屋舍和干草堆的小村子。翠绿的斜坡延伸在暗蓝色的悬崖之上。邮局关门，但我们仍敲开了门，种种迹象显示女邮政官就住在这里——在我孩提时亚拉巴马的邮政官也这么做——我们告诉她我们正在环球旅行，希望她能证明我们曾来到顿琴并将之视为始发站。女邮政官名叫坎皮恩，红润的面颊，60多岁，体态丰满，让我想起亚拉巴马教堂里的妇女，她们是社区的顶梁柱，嘻嘻哈哈地批准我在主教堂担任助手。她是否会卖给我们明信片，而后在上面盖上带有日期的印章呢？

面带爱尔兰式的神情，她嘲笑我们想法荒谬，并邀请我们进去喝杯茶。她签署了一些卡片，而后一名在场的盖尔族学生在上面签了名，然后是我们在上面签名，最后她在卡片上盖上印章。官方认可的旅程开始了！

骑在摩托车上穿越爱尔兰十分美妙，道路狭窄蜿蜒，两侧树木郁郁葱葱，景色十分优美。在我的一生中，从在耶鲁大学学习历史课程到在牛津大学的工作，而后到华尔街，我密集地学习了地理学、政治学、经济学和历史学。我相信它们之间是有关联的，并将在我对世界市场的投资之中派上用场。我还要寻找一些投资机会，尤其是那些经济将要起飞的国家和它们的投资市场，在这些地方我将能获得5倍、10倍、15倍的回报。

然而，爱尔兰并不在这些国家之列。事实上，美丽的乡村景色让我感觉有些沮丧。多少个世纪以来，爱尔兰要么处于战争状态，要么是叛乱，要么是萧条。尽管这儿有美丽的风景、热情洋溢的爱尔兰风情，但一切看起来都那么让人遗憾，它经历了那么长时间的不稳定。这个国家所拥有的就是旅游和牧场，尽管也有一些半熟练劳动者，但他们只能成为英国人或德国人开办的银行、保险公司及证券公司中的内勤人员。

爱尔兰是中央集权经济体制的牺牲品，中央集权经济体制在我的字典中被定义为由一个高度集权的政府控制和规划的集中经济体制。我进一步将之理解为一种信仰：政府是一种解决社会问题的最佳机构，即便不能解决所有问题，也能解决大多数问题，例如医疗、自然灾害、贫困、工作培训甚至感情伤害。

在爱尔兰海的对面，玛格丽特·撒切尔是第一位反其道而行之的重要领导人。当她1979年竞选成功时，英国正面临着经济危机，而这一切都源于政府试图解决所有的社会问题。她开始卖掉工党政府执政期间那些国有化的资产和企业，此项举措振兴了英国经济。而爱尔兰开始这项进程的时间则要晚得多。

我上次到爱尔兰是在1964年，那时我还是一名牛津大学的学生。此时让我感到震惊的是，爱尔兰的乡村为什么如此空空荡荡。让我备感遗憾的是有才能的人正源源不断地离开爱尔兰，而且这种人才外流已持续了几代人。这并不是说爱尔兰没有聪明博学、智慧能干的人才，而是说人才的确在大量流失。

第二天快要结束的时候，我们临近科克郡，塔碧莎的摩托车抛锚了。我找不出哪儿出了毛病，塔碧莎的维修培训也没派上用场，她也找不出问题所在。

在纽约的时候，我俩报名参加了宝马的机械维修课程，用意虽好，但我没有去听过一次课，其他的事务总是显得更为紧迫。再说，我们都清楚塔碧莎比我更有机械维修的天赋。我总是笨手笨脚，每次拉百叶窗的时候都会把帘子和绳子缠在一起。塔碧莎不仅有时间，有机械维修的爱好，而且她的父亲教过她很多机械知识。这也是她吸引我的地方之一。

在出发之前，我们也曾聘请她的宝马摩托车课程指导老师斯科特·约翰逊为她开小灶进行私人辅导，斯科特对摩托车十分有感情。冬日，塔碧莎和他在房子旁边训练了好几周。在寒冷冰冻的日子，有时在夜晚暗淡的灯光下，他们把摩托车拆开再重新装上，然后再拆开。

每当斯科特指导塔碧莎每一个零件是干什么用的以及是如何运

转的时候，我总在处理其他事情。我当时在哥伦比亚大学教金融学，此外还是一个电视台的经济节目主持人。不过，我的注意力主要都集中在安排投资上，好让我现在在纽约的生活不会受到外出的影响。

不过，塔碧莎都是在教室中接受培训，而不是在路上。她可以把发动机拆下来然后重新装上，但是当发动机出现故障时，她诊断不出哪儿出了毛病。这个事例告诉我们，我们需要真刀真枪地练习，而不能仅满足于学习理论。

这时，沿途驶来本地的一个摩托车队，着装与世界其他地方的一样。他们的头儿名叫巴里·奥克菲和凯文·沙利文，为人不错。他们把塔碧莎的车搬上一辆卡车运到他们的修理铺，5分钟就修理好了。摩托车看起来不错，铬合金排气管上黑白相间的条纹格外显眼。他们邀请我们去了一家叫作摩鸠的酒吧，在那儿搞了一个聚会。

我们驶出爱尔兰，兴高采烈地向英格兰进发。

在英格兰待了一周后，我迫不及待地赶往欧洲大陆。我要到林茨向奥伯银行的客户做关于中欧发展的演讲。

由于到过欧洲许多次，因此我们快速地掠过熟悉的地方，几日内行程数千英里。从巴黎到慕尼黑527英里的路上，我们被冰冷的春雨浇成了落汤鸡。骑着摩托车感受这一切并不好受，但是要想贴近世界就要承受这样的痛苦。我带路，塔碧莎抱怨一天内竟然骑行了这么长的距离，但是我相信她会慢慢习惯这样的速度。

我非常喜欢奥地利及其股票市场，在那儿我曾创造过辉煌战绩。

6年前，我相信投资奥地利恰逢其时。因此，我给奥地利最大的银行奥地利信贷银行驻纽约办事处打了电话，问他们的经理我怎样才能投资该国的股票市场。

"我们没有股票市场。"他说。

我哈哈大笑。奥地利最大的银行和它驻纽约的代表竟然不知道该国有股票市场!

我知道奥地利以前有个股票市场并且发生过重大变革,银行经理对股票市场的漠视说明这个股票市场多么不起眼。

我让他相信他的祖国的确有一个股票市场,并问他是否能为我打听如何才能买到股票。与他打交道让人感到绝望,不过这更激起了我的欲望。奥地利最大的银行居然没有一个人知道如何在股票市场上买卖股票!

我清楚德国正在发生什么——它正成为工业基地。

1984年11月我到过奥地利,并去了股票交易所,那儿没有一个人。交易所每周只开放几个小时,濒临倒闭。

最后,我在奥地利信贷银行的总部找到一个名叫奥托·布鲁尔的工作人员,他负责股票市场。在这家全国最大的银行,他一个人负责股票业务,竟然没有一个秘书。

当时在奥地利股票交易所上市的股票不足30只,会员不到20个。回想第一次世界大战之前,奥匈帝国股票交易所拥有4 000多个会员。那时它是中欧最大的股票市场,其主导地位如同今天的纽约和东京。

我请奥托带我拜会了负责股票市场的政府官员沃纳·梅尔伯格,他向我保证,该国法律将会有重大修改以便鼓励人们投资股票市场,政府已经认识到必须有一个资本市场。

"将有什么样的变化?"我边问边掩饰着我的兴奋。

降低股息税,沃纳·梅尔伯格说。如果投资者对股票进行再投资,他们将免除股息税,同时给予股票投资减税,还将在法律上给予养老金和保险公司投资股票的特殊政策。这些都是以前不曾有的。

其他国家采取过类似的举措,并取得了显著的效果。上述都属于拷贝式的措施,因为奥地利人目睹了德国股票市场的上涨。这让我想起了德国的投资组合经理，他们十分清楚奥地利在哪儿，熟悉得如同它是德国的郊区。如果市场开始启动，他们就会涌入，从而把市场价格推高。

但是永远要小心——投资的第一原则是不要赔本。我拜会了奥地利工会的负责人，向他咨询政府对此事的观点。他告诉我，政府不喜欢股票市场，但是他们清楚国家必须发展。一切妥当，我决定入市。

我的态度是，如果你相信一个国家，就购买其股票交易所中的每一只像样的股票。如果你有正确的理念，那么它们都会上涨。我购买了所有以坚实的资产负债表作为基础的股票——一家本土的建筑公司、几家金融与制造业公司、银行，以及其他几家建筑企业和一家大型机械设备公司。

几周后我参加了《巴伦周刊》圆桌会议，这是每年举办一次的一个讨论投资理念的论坛。我提醒其他成员，上一年我在德国进行了投资，但是今年我将投资奥地利，并摆出了我的理由。

文章在星期六早上刊出。星期六、星期日过去了，一切风平浪静。到了星期一早上，奥托·布鲁尔，就是那个在奥地利信贷银行没有秘书的家伙，迟到了。他的办公桌上堆满了电话便条。股票市场开始疯涨。伦敦、慕尼黑、纽约的电话不断打来，他们都在喊："我要买奥地利的股票。"

奥托不知道这是怎么回事。世界各地的电话仍在不断打来——《巴伦周刊》在全世界都有发行——人们都想买这家濒临倒闭的交易所的股票。最后，有人告诉他："嗨，难道你没读《巴伦周刊》吗？"他当然没读。股票市场开始上涨，自然吸引了更多人的注意。

我不能推动一个市场，我所能做的只是指出真实情况是什么。

上述的例子就是其中之一，只是一个十分简单的想法，一旦你捕捉到它，它就变得十分清楚，所有的人就会涌入。

时至今日，有人说我亲吻了睡美人并唤醒了她。聪明人如是说，麻木的人则认为我做了一件神奇的事情。但是所有的人都会说，公主醒来是一件多么美妙的事情。因为所有的人都赚到了钱，股票市场那年飙升了125%，而后又一步一步地上涨。

当奥地利人认为我是魅力王子的时候，奥地利信贷银行邀请我在它的季度论坛上发言。亨利·基辛格在此之前刚刚在这儿做过演讲。在此之前，这个论坛我只有坐着听的份儿。

我去了这个论坛，并说："所有的一切还远未结束，稳住，你们都会在奥地利市场上赚到很多钱。这是一笔大买卖，此时正是股票从被严重低估回归到正常价值的过程。你们的经济正在发展，现在已经翻番，但并不意味着将来没钱可赚了。"

报纸对此进行了大篇幅报道。奥地利信贷银行租给我一辆摩托车，我（被报纸称作"古怪的吉姆·罗杰斯"）骑着它去了布拉格。我最终于1987年春天卖出了所有奥地利的股票——那时市场已经涨了400%~500%——因为我为当时全世界的股票市场担心。我担心会发生金融危机，不过奥地利市场是我最后才卖出的。

现在奥地利人邀我回去再做一次演讲。我渴望去林茨，我喜欢拼命地驾驶直至到达目的地才休息放松，但是我越临近林茨就越没有热情去演讲了。

"奥地利股票市场之父"的称号自然悦耳动听，但是这次我不十分看好奥地利以及其他的中欧国家。

奥地利市场过于成熟，濒临崩溃，和其他所有地方的人一样，毕竟奥地利人听到坏消息很难高兴起来。

林茨

柏林墙刚刚倒塌，1990年初全球市场中的所有人都确信中欧会成为下一个经济奇迹，成为又一个东南亚。

看好中欧的一致观点如下：德国和奥地利的股票市场在历史上就与中欧各国有联系，德国和奥地利的公司在中欧各国都经营企业。作为处于东欧和西欧两大集团中间的唯一中立国家，奥地利是一个天然的交通十字路口。维也纳无论在历史上还是在地理上都是通往中欧的经济与政治门户，直至20世纪前叶，维也纳都是奥匈帝国的首都，奥匈帝国已经主宰中欧长达数个世纪。奥地利人与中欧、东欧的联系比德国人与中欧、东欧的联系更为紧密，德国事实上已经成为中欧、东欧的敌人。此外，在冷战期间全世界所有的间谍都取道维也纳，因为这是一个中立城市。

我认为上述观点没有可取之处。我认为任何人将钱财投资在苏联和中欧大部分地区都将亏损，因为随之而来的将是争斗、冲突与混乱。整个区域都没有法定的边界，所有的边界都是1945年战胜国军队划定的，我不认为这些边界能长久地就此划定。当中欧人发现繁荣不会自动到来之时，政客们就会通过加印钞票的方式赢得选票。随之而来的通货膨胀和经济崩溃只会加深种族敌意，从而导致持续的冲突。高通货膨胀将把中欧变成南美式的经济体，而不是又一个东南亚。

我的上述想法走漏了风声。奥地利一家刊物的一篇文章报道称，睡美人的王子认为中欧经济即将崩溃。突然，那家邀请我去演讲的小银行（这家银行在奥地利是第九大银行）遇到了非常棘手的问题：奥地利的每个人都想到林茨来聆听这次演讲。原来听众只是这家银行自己的客户，但是现在不得不把城中最大的演讲厅租下来，并在大厅的外面安装电视供那些不能进场的人观看。

因此我们匆匆忙忙赶到林茨。我身穿黑色的皮衣、打着领结出现在会场。"中欧将面临一场灾难，"我说，"奥地利股票市场已经上涨有些时间了，有七年多，现在已经到了不太正常的高点。"我列出一些典型的迹象。所有的大学生都想进入股票市场。人们辞掉工作去炒股，因为这是一种更为轻松而且收益颇丰的谋生手段。传统上的每一项指标——低股息率、高市盈率、飘忽不定的交易量——都已经接近极限。这是典型的投机泡沫的表现，只要一个小小的针孔，整个气泡就会破灭。

"一切都要到头了，"我说，"你们最好卖出股票，因为股市将至少下跌50%。我不知道这种情况是发生在下周还是下个月，但可以肯定将在接下来的几个月发生。"

听众问了几个问题："你这样说是不是因为你已经卖空了我们的市场，因此希望它下跌？"

之前我曾公开表示我已卖空奥地利基金，这是仅有的卖空奥地利股票市场的方式。如果市场下跌，我的确将获利。

"我只是向你们说明你们的市场将要发生重大转变，这一切与我是否活着或者是否来过此处都无关。"我这样解释。

听众中还有更为尖锐的问题，因为没有人希望这一切发生。他们嘀咕我为什么要这样说，这些都是不好的事情。"你为什么要毁掉我们的国家？"他们质问道，"我们邀请你回来只是希望你能说些好的事情。"

他们不想面对现实，只注意到一个新兴的市场正在崛起。他们没看到如果预期的繁荣没能如期实现，新的领导人不可避免地要受到责备。匈牙利、波兰、罗马尼亚、南斯拉夫、保加利亚以及捷克斯洛伐克等国家都有着巨额的外债，人均外债居高不下。它们中没有一个国家能卖出什么东西。毕竟，40年来它们的工业只能生产出一些以次充好的货品，这些东西只能在经济互助委员会的市场中售卖。除了预期的旅游业小有景气，西方国家不会有人购买这些国家的任何东西，无论是手表还是汽车。

次日，塔碧莎和我就离开了。奥地利股票市场因为我的演讲下跌了一两个百分点，不是很引人注意。然而，媒体上却在激烈争论。由于奥地利不允许卖空股票，因此奥地利股市中也就没有"熊"。没有人希望股市下跌。

人们从来都不想听到坏消息，从来不想听会让他们生活难过的消息。回想那些石油繁荣的日子，华尔街有人曾告诉我石油每桶将涨到100美元，我告诉他们这是不可能的。当油价涨得太高，那么高价时通常出现的现象会如期而至：有人会找到更多的石油或者有人找到替代物。对石油的消费也将下降，冬天人们会调低空调的温度并穿上毛衣。此种言论惹恼了华尔街的报纸，他们说我发疯了。

他们一直告诉我："这次不同。"我听过无数遍了，但是每次都不会不同，只是情形不同而已。树不会长到与天一样高，股票市场也不会永无休止地上涨，高价会降低需求。随着价格的上涨，众多的人涌进市场都想大捞一把，这推动着供给增加，最终会使价格下跌。过去没有人能废除供求规律，将来也没有人能。供求规律是一项自然法则，很多政府似乎都不能够理解或者不相信这项法则。因此，在美国人们必须忍受加油排队的问题，这是因为政府认为它能制定价格。然而，这是不可行的，至少从长期来看是不可行的。

中欧

我们向匈牙利进发的那天风和日丽，但是有点凉，因为当时正值4月，而我们还没走出山区。

靠近边界的时候，令我感到震撼的是那片漫无边际的、平坦的平原，平原上到处是农场、农舍以及广袤平整的耕地。历史上，从这里一直延伸到乌克兰的土地就是欧洲的面包篮，这对维也纳和柏林的意义，如同堪萨斯州和内布拉斯加州之于美国的意义。

从山区出来后，我意识到很多边界都是根据自然地理特征，如河流、山脉、湖泊和沙漠而划定的。此处的边界是沿着山脉和肥沃的平原交界处划定的。

从第一个边检站出来到第二个边检站，都是我在前面带路。我们慢慢地沿着S曲线行进，路上有一条很长的S曲线形漏油痕迹——这里的很多卡车都漏油。我在后视镜中看到塔碧莎，她此时正身体右倾，幅度不断增大，你可以想象曲线行进都是这样的。

当我再次看后视镜的时候，发现她的摩托车左右来回摇摆，而上面居然没有塔碧莎！

我有些惊慌失措，停在路边向后看。她的摩托车仍在行驶，但我还是看不到她。车子上下弹跳，每一次后轮触地后都冲向不同的方向。

塔碧莎哪儿去了？摩托车仍在双向车道的逆行一侧行驶。塔碧莎不见了，这该死的车子还到处乱闯。

我跳下摩托车往回跑。她躺在靠近路边的地上，正挣扎着要站起来。

我吓坏了。我想她一定血流不止，眼泪横飞，衣服破损。哦，我深爱的美丽女人！我这是在做什么？之前，我从未和另一位骑手共同旅行，更不用说和一个没有经验的骑手了。我是不是让她感到不知所措、难以应付？旅程才开始一周，她就在这儿受伤了，甚至可能残废。

可是，她居然跳了起来并说自己安然无恙。我大大松了一口气。她摘掉头盔，我看到她居然没有流血，甚至没有擦伤。她的皮衣、靴子、手套、头盔、防护罩以及双腿都没问题，她真的很幸运。

摩托车横陈在远处，仍然处于发动状态，后轮仍在转动。塔碧莎没受伤，竟然能和我一起跑向摩托车。

我们关掉油门，将车扶正。一些匈牙利人跳下汽车看我们到底发生了什么事，当他们发现我们安然无恙就散开了，回到各自的汽车上扬长而去。

我担心塔碧莎，她却更担心摩托车，因为她认为自己没事儿。但是她可能已经脑震荡，而自己浑然不知，因为有时征兆在一两天内不会显现出来。塔碧莎的父母可能是对的。她的母亲说我们简直太疯狂了，她的父亲听后直跺脚，虽然他在17岁的时候就去了欧洲，并不顾父母的反对买了一辆摩托车在夏天四处狂奔。也许我应该和一位幸运之士同行，也许应该独行。

当她多次肯定地告诉我自己安然无恙之后，我们仔细检查了摩托车，发现车子也完好。我们高兴地发现它居然马上就能打着火。

我再次看了看塔碧莎，检查她的皮衣上是否有破损，是否身体受了伤而自己没感觉到。我想刚才我们的行进速度是每小时二三十英里的样子，不算快。但是她由于没有经验，不知道如何应对漏油的湿滑路面。她的皮衣没有破损，再次检查车子也完好。

这个地方靠近边界，没有地方停车去喝杯咖啡或者休息一下。所以我们什么也不能做，只能加速向布达佩斯驶去。如果塔碧莎受了内伤，那么最好还是去一个大城市而不是待在农场。

于是我们又出发了。我不得不时时留意她：我以为她摔了这跤之后驾车一定会战战兢兢，但结果完全不是这样，我们和之前一样稳速前进。此后不久我们要在边境排队，能获得短暂休息。不过，之后我们就加大油门驶向布达佩斯。塔碧莎的勇敢告诉我，她正是我要与之同行的人。毕竟，刚开始这种旅行总会遇到问题。但是，这次事故仍然让我心有余悸。与即将面对的中亚诸国和中国的路面相比，这儿的路况并不糟。可能出发前1 000英里的驾驶训练对于环球旅行来说还是不够。是不是我的顽固不化和过分乐观促使塔碧莎在没准备好的情况下就开始了这次旅行？我把思绪放在一边，我已别无选择。

前面是更多的农场、更多的平原。不难看出，尽管匈牙利曾有过辉煌的历史，但是它的未来仍在于农业。匈牙利只有1 000万人口的市场，很难建成制造基地，也很难培训匈牙利人生产高质量的商品。高质量是他们的邻居德国人的特点。

另一方面，英国、法国和德国等发达国家没有必要在农业方面与匈牙利竞争，也没有能力与之竞争。在匈牙利人拥有大片良田沃野的情况下，欧洲一直尝试对英国农民进行补贴的做法是很荒谬的。

天色越来越暗，我们驶进了布达佩斯。以前布达佩斯实际上是两个城市：布达和佩斯，分别位于多瑙河两岸，但是今日两城已经浑然一体了。布达佩斯在奥匈帝国时期是一个重要的省会城市，在第一次世界大战之前，它已十分富有。当我穿行在暮霭之中时，仿佛西哥特人穿着战衣骑马穿过罗马一般。那些精美的19世纪和20世纪初的经典石制建筑令人油然而生敬畏之情。我想它们会永远矗立在那儿，因为匈牙利人没有钱把它们推倒重建。布达佩斯正在变成一座博物馆。它在国家富裕之时修建而成，而后国家突然变穷了。在匈牙利重新富有之前，这些建筑将保持历史原貌，匈牙利人自己也不会破坏它们。葡萄牙也是同样的处境，"天然博物馆"已经存续了几十年，时间仿佛凝结了一般。

第二天我们准备去南斯拉夫贝尔格莱德。那天早晨，我参加了金融消息网的一期有关匈牙利开放的特别节目。本打算上午就结束的，但是中欧的典型习惯使节目到了邻近傍晚才结束。我和塔碧莎不得不推迟出发时间，我们都很不愿意延迟，因此我们赶紧上路，想借此弥补失去的时间。

我仍然在前面带路，路面越来越颠簸，坑坑洼洼的。路也越来越曲折，坡度越来越大，路肩却越来越少。我疲惫地前行，超过了身边的轿车和卡车。塔碧莎仍然落在后面。当我加速又超过一辆轿车的时候，看了一下后视镜，塔碧莎又不见了！我找了几分钟，仍不见她的踪影！我熄火停下车来。后面没有轿车也没有卡车跟上来，而我刚刚超过了一队轿车和卡车。我马上意识到后面一定出现了情况。

塔碧莎！我过于催促她了，而她没有经验，这已经让她之前摔了一跤，而现在我又催促着去贝尔格莱德。

我立即掉头折了回去。

我看到她正在路边捡拾东西——工具、地图、衣物、鞋子——

她背包里携带的所有东西都散落在路上。一些南斯拉夫人正在帮她。

不过奇迹再次发生——她竟然又没受伤！我沿着她的背包散落的方向，从上面看到路边的峡谷，有 10~12 英尺[①]深。摩托车跌落在下面，还有牛仔裤、背心和毛衣。

塔碧莎一切都好，她在我赶回来之前已经来来回回走了 10~20 分钟。让我难过的是她只有 24 岁，不知道自己究竟在干什么。可能我也不知道自己在干什么。我是否要在发生致命事故前取消这次旅行呢？

自从第一天与塔碧莎讨论这次旅行，我就为她担心。那时我想骑我那辆 1 000cc 的摩托车，在上面我装上了定制的座位、收音机、油箱和把手。塔碧莎想骑我那辆 1967 年产的宝马 R69US，那款车很经典，但是没有电子打火，只能用老式的踏板打火。

我很喜欢她骑那辆车，但是它需要更新，包括车体两侧的保险杠。在美国只有一个地方提供这种服务，那就是俄亥俄州。因此，当塔碧莎学习完驾驶课程并在纽约的街道上实践之后，她就独自一人在仲冬去了俄亥俄州，在那儿让摩托车焕然一新。

当时正值 1 月，天气阴冷，飘着雪花。高速路上风很疾，摩托车的轮子把路面上的冰碾成碎片。我很担心塔碧莎。她很勇敢，也很有冒险精神，但是正如她在出发前所说的，如果她不能在仲冬时节在平坦的高速路上骑到俄亥俄，那么肯定不能在扎伊尔和西伯利亚的路面上行进。时间慢慢地过去，我每天夜里都渴望听到她的声音。对于任何摩托车手来说，驾驶的前六个月是最危险的。她认为她能行，但实际上她不行。

塔碧莎做到了，她向我证明她有能力应对这次艰苦的旅程。回

[①] 1 英尺≈30 厘米。——编者注

来的路上,她拜访了住在匹兹堡的姑妈。姑妈和她的邻居都很惊诧,这个年纪轻轻的女孩竟然骑着摩托车从俄亥俄去纽约。塔碧莎没有告诉她们自己的真实意图,怕她们听到后会反对。

现在,摩托车躺在南斯拉夫的峡谷之中——散架了!我深深地吸了口气爬了下去。车子已经摔坏。尾灯掉了,行李架弯得不成样子,甚至有一个火花塞也摔弯了。

周围站着很多人,我指挥他们下来帮助我。由于挡泥板弯曲,前轮根本动不了。我们不得不把车子抬到峡谷上面。

塔碧莎认为这次旅行要结束了,车子也完了。但我仔细检查了车子的每一个部分,竟然发现它仍然能运转,虽然运转得不是那么完美。在俄亥俄涂饰的图案和条纹已经磨损,但是车子的框架没有大问题。

不过,塔碧莎显然有些受惊。自从昨天开始发生了这么多事情,就如同世界末日要来临——穿过边境,到了布达佩斯,观光,而后又疲惫不堪地朝边境进发。她责怪我骑得太快,我承认这一点。

现在已经是傍晚六七点钟。警察来了,我们向他们解释我们必须赶往贝尔格莱德,并问他们谁能带我们去。接着他们去了一个小镇子,不久带着一个伙计和一辆小拖车来。我对他们说:"感谢上帝。"但是我认识到在这个国家没有零件,没有维修工,没有宝马经销商,一切都没有。我只记得过去南斯拉夫的警察骑的是宝马摩托车,所以可能我们能找到还记得如何修理这种车的人。

塔碧莎跳上我车子的后座,我跟在小拖车后面,小拖车拖着她的摩托车。她趴在我的肩头,告诉我,刚才她想超过一辆卡车,刚刚超过去,另一辆卡车就迎面快速驶来,她赶紧躲闪,突然车子尾部开始摇摆,车子失去控制栽向峡谷。幸运的是,她及时跳到一边,否则可能已经身亡,500磅的车子压在身上可不是闹着玩的。这是非常严重的事故,幸好她安然无恙。如果车子甩向后面卡车的车道中,那么她就没命了。她有些伤心难过,又有些受惊,问我她是否应该打道回府,事实上她不知道该做什么。我很懊悔自己骑得太快,让她遇到这么多麻烦。我发誓要有所改变。

前往伊斯坦布尔

破旧脏乱的路面让我想起孩提时的亚拉巴马。第二天，正如我所愿，我们找到了一个曾在宝马工作过的维修工，那时南斯拉夫的警察都骑宝马摩托车。在他房后的临时工棚内，我告诉他所要做的就是让塔碧莎的摩托车能重新运转。他甚至在垃圾箱中找到了一个本田的旧尾灯，我们同意装上它，现在我们不可能安上原装的灯。他把行李架焊了起来。我们本来带着备用的火花塞，但是翻遍了所有的物品也找不到，可能在车子摔下峡谷的时候丢了。车子损伤最厉害的是整流罩。

维修工告诉我们："5点钟回来。"

塔碧莎去医院检查完后，我们充分利用余下来的时间，增补了一些丢失的东西，并游览了贝尔格莱德。贝尔格莱德日益衰败，显得破落、沉闷、昏暗。这座城市从未有过高度繁荣的时期，但还是有些杰出的老式建筑。历史上，贝尔格莱德在不同帝国的统治下大都是省级中心城市。但是它看起来更像美国的查塔努加，而不是亚特兰大或者匹兹堡。这里日益破落，很多建筑都是单调、方整、灰色的盒子状，没有线条，没有装饰，也没有想象力。

我们晚上美美地睡了一觉，在第二天早上5点起床向土耳其驶去。经过了几个晚上的休息和一天的放松，加上塔碧莎的自负，她决定骑车了。但是我发誓要放慢进程。

尽管这个国家单调灰暗，但是骑摩托车置身其中还是很有乐趣的。骑在车上，微风拂面，欣赏着乡间的风景，很是让人兴奋。路上没有多少停靠点，也没有太多惊奇，但是我们欣赏、感知、体验着田野、道路和空气，这种方式是乘坐飞机、火车乃至汽车都无法感受到的。

这次我让塔碧莎带路来决定速度，我们配合得很愉快。我很高兴我们只耽误了一天时间，因为我在大脑里已经勾勒出行程，推想过可能遇到的问题，并提前考虑了这些情况。

考虑到中国的轮渡系统、西伯利亚的轮渡系统和冬天的因素，我们必须设定时限。我最初把这次旅行设定为两年期的夏季旅行，打算以稳定的速度行进，并在恰当的时候在南北半球之间转换，这样我推算，在整个旅程中我们都能身处夏季，至少也是晚春或者初秋。但是，如果我们错过了从中国到日本的轮渡，那么我们也很可能错过西伯利亚的轮渡。

在美国，轮渡每天都开行，如果你错过了一班，那么等几个小时就有另一班。但是从中国到日本的轮渡和从日本到西伯利亚的轮渡都只是每个月开行一次，而且还不是完全按既定日程开行。如果我们错过了轮渡，很有可能有一两个月的时间要陷入苏联的冬天。这样的寒冬无论是对旅程还是对我们自身都是致命的。拿破仑和希特勒都曾乐观地估计他们能征服苏联的冬天，历史却证明，他们根本无能为力。此外，如果滞延时间太长，那么我们在欧洲的行程将十分紧张，在非洲和澳大利亚都会遇到冬天。如果我们的旅行变成从世界一端的夏天到世界另一端的冬天，那么就太疯狂了。因此，我们必须严格遵守轮渡的时限。

我们抵达了保加利亚。我们计划用几个小时的时间从一个国家穿越到另一个国家，其间，你永远也不知道自己会遇到什么问题，世界变化很快，而且这只是一次很简单的穿越。

不久，塔碧莎那辆车子的发动机开始出现问题，好像是油路堵塞。发动机右侧化油器阀脱落。我们沿路找回去，但是运气不好，没找到。她到路边的垃圾箱中翻找，希望能找到替代物。

我脑海里想象着是否能再碰到一辆卡车把我们拖到随便哪个地方，这儿没有人有这种特制的化油器阀。如果一直这样不走运，我们就永远也赶不上去日本的轮船。难道我们出发的时候准备不够充分，没有全盘考虑到实际问题？

如我所见，问题在于塔碧莎未能接受我的合理建议。原本我想给她买一辆宝马 R100RT 大型摩托车，像我那辆一样：带电子打火装置、盒式录音机、加热手柄，排气量 1 000cc——舒适得像家一样。更重要的是，这种车型很新，很少出问题，此外我们可以使用相同的备用零件。她拒绝骑这么一辆大摩托车。

塔碧莎举着一条看起来像黑蛇一样的东西。

"那是什么？"

"这是我们所需要的，"她说，"一条废旧的内胎。"

"得了，塔碧莎，那没用。"

"拿出你那神奇的 3M 胶带，"她说，"我已经想出办法了。"

她切下一块胶皮并把它清洗干净，用胶带把它绑在化油器的底部。我们发动车子，听起来一切正常，也不漏油了。

她给了我一个胜利的大笑，尽管我仍然担心，但我还是不由得回敬一笑。下一个城市是保加利亚首都索非亚，但书上说那里没有宝马的经销商。再下一站是伊斯坦布尔，距此 400 英里。我们必须隔几英里就停下来重新绑紧化油器底部的胶皮，并确保一直带着那条脏内胎。

"我们加快速度,"我说,"看看能不能在今晚赶到伊斯坦布尔,把车修好。"

我们加速行进,但令我感到诧异的是,到了伊斯坦布尔那个坏了的化油器阀也没松动。塔碧莎对我们碰到困难并克服困难的能力感到狂喜。

在土耳其经销商那里,我们找到了合适的化油器阀,又买了一些火花塞。塔碧莎花了一些时间和维修师一起检查了车子。从这里到东京长达6000英里的路上只有一家宝马经销商,位于安卡拉,距此只有300英里。

我们四处逛了逛,之前我来过伊斯坦布尔,但塔碧莎没来过。她在大学主修伊斯兰文化,因此对她来说这儿很迷人,她花了一天的时间从一座清真寺到另一座清真寺。我利用这天更新日志,即把一长串沿途经过的地方用寄明信片的方式告诉父母。我跑步跑了6英里,去洗衣店把衣服洗了,这让我感到神清气爽。之前,这次旅程都是压着我走,而不是我驾驭旅程。

在内心深处,我一直认为自己最终会在土耳其投资。虽然在过去的几个世纪土耳其被看作"欧洲病夫",但历史上土耳其是欧洲和中东之间的政治与经济要道。现在,它准备重返欧洲,我很难理解为什么在东西方贸易已经欣欣向荣的情况下,尤其是欧共体已经开放,土耳其仍然未现昔日的辉煌?因此尽管我一直想把钱投在这里,但我不能,不仅因为土耳其仍在中央强烈干预经济的体制之下,没有什么东西是很便宜的,而且因为政府从未打算实施重大的经济改革。诚然,这里的市场价位过高,我可以卖空,从而在价格下跌时获利,但是卖空比买多需要给予更多的关注,而未来几年我都不会太留意市场。

我和塔碧莎讨论我们将要如何行进。她把事故归咎于我们行进的步调太快，我同意这种说法。我们都认识到她需要更多的经验，因此我建议她骑在前面。事实上，从一开始我就想让她骑在前面，但是她想让我来决定步调，带路。而且，我担心她无法关注车后，因为她好像从不看后视镜。当有汽车超车的时候，她就突然转向右边，好像没看到后面的车过来一样。我要不断地提醒她："要看后视镜。"

当塔碧莎还沉浸在伊斯兰文化之中时，我们又上路了。我们驶入卡帕多西亚地区，沿途壮丽的景观很像美国的亚利桑那、尤他和大峡谷。

现在我们正身处古老的丝绸之路的最末一段，那是 2 000 年前一条从中国贯穿欧洲的东西方贸易之路。通过丝绸之路，中国的丝绸、樱、茴芹、姜和桑树被运载到西方。沿着这条路，波斯人把椰枣、阿月浑子果、桃子、染料、树脂、乳香和没药出口到中国和欧洲。印度人则把菠菜、睡莲、檀香、胡椒以及更重要的棉花运出去。

13 世纪的时候，17 岁的马可·波罗正是沿着这条路开始了他第一次去中国的陆上之旅。

我仿佛看到古代的商队，其中一些由上千只骆驼和数十名士兵组成。这些运输队伍数月穿行在这个星球上最荒芜的土地上，忍受着炙热的荒漠，有时还会遇到大雪封路。沙暴把旅行者的嘴中、眼中和耳朵里都灌进了沙子，迫使他们不得不数日耽搁。当他们从恶劣的环境中找到出路，又会被疾病和雪盲症击倒。当然，垂涎财富的强盗也是一大危险。

我们路过数以千计的从岩壁中凿出的房子，还有悬崖上人工修建的洞穴。

基督徒为了防御敌人，在这里修建了巨大的地下城市，有些甚至深达上百英尺。当我们展开土耳其地图时就明白他们为什么这么做了。这是该地区通向世界的唯一通道，因为其北依黑海，南临地中海。多少个世纪以来，无论是向东方还是西方进发的军队都要取道这个走廊，因此土耳其基督徒将他们的城市建在地下和山边，这样能更好地隐蔽起来。这些城市在过去的五年被旅行者发现，带来了观光热潮。

我的车撞在一个坑洞上，前轮有些变形，这让我很担忧接下来1万英里的路程。在安卡拉我把它扳回来，再次上路。

我们现在才发现我们的规划不够完美。从这里到日本的路上不仅没有宝马经销商，而且没有一家商店卖适用于西方汽车或摩托车的轮胎和火花塞。距离东京还有6 000英里，要跨越山区和荒漠，除了我们在车后架上带的东西，这里一无所有！我们带了四条备用轮胎，不过一旦这些轮胎用完，我们的好运也就到头了。

我们下降到海平面水平，但是黑海污秽不堪，污染严重，和我们之前预想的浪漫气息截然不同。当地人把所有的东西都倾泻进黑海，包括垃圾和工业废料，看来土耳其人并不关注环境问题。

特拉布宗是土耳其的一个省会城市，它欣欣向荣，颇具活力。从人们对我们的反应来看——他们盯着我们，兴奋地议论着摩托车——很明显最近很少有外国人光顾这里。夜晚，一门加农炮打出信号弹，表示斋月已经结束。对祈祷者的召集从清晨4点就开始了，清晰的哭声萦绕在薄雾之中。

在这样的长途旅行中，我们不可能带很多食物。我们去餐馆的时候，菜单上自然都是土耳其语。有时，我们用英语和手势的混合语言问我们是否能进厨房，他们总是同意。那里都是些大厨房，好像是在繁荣期间修建的。通常他们只使用一个炉灶，有很多派不上用场的空间，食物不多。按照我母亲的标准，这些厨房不够干净，但是对饥饿的旅行者来说还是足够卫生的。我们看着橱柜里的食物,指点着需要什么。通常只有三四样东西——鸡肉、羊肉、鸭肉等。我们不能吃生的。在饮料冰柜中,我们指着要一些瓶装水、软饮料或者冰啤酒。

然后,我们回到昏暗的餐厅等候。在那里,人们上下打量着我们。我俩,身穿遮风挡雨的皮衣和皮裤,就如同火星人闯入了他们的村子。

古老的土耳其斯坦

我在前面带路,向以前被称作土耳其斯坦的地区进发。

黑海沿岸的交通变得越发糟糕,而且我们还遭遇了离开欧洲后的第一场大雨。

当接近格鲁吉亚边境时,我曾想,如果我是个聪明的年轻人,我会来到靠近土耳其一侧的地区,把所有能发现的土地买下来。地图会透露出所有玄机:现在边境都开放了,运输贸易将重新借助几个世纪前的这条线路,昔日的繁荣亦将重现。该地区的土地售价低廉,大概花上20美元就能购买1英亩土地。这个地方迟早会成为格鲁吉亚人、亚美尼亚人以及阿塞拜疆人进入欧洲的大门,他们一直以来都是苏联最富庶的民族。

不过,我自己并未购买任何土地,因为我只投资那些我认为能快速卖出的东西,不管我是否真能做到。再说这是一种工作,而我已经不想再工作了。

在格鲁吉亚边境,汽车必须通过一处凹坑以便他们能够对车底进行检查。不过我们没有遇到任何麻烦就通过了。

我们径直奔向黑市。通常不是我们找黑市,而是它找我们。不出所料,在那些实施货币兑换控制的国家,黑市上的交易利润是极为丰厚的。此类国家的数量正在锐减，因为政府逐渐意识到控制兑换并不起作用。

那时，针对旅行者的苏联官方汇率是1美元兑换6卢布，而在黑市上我用1美元能兑换12~18卢布。我们在旅行中只携带少量旅行支票而大量携带多种硬通货现金，原因之一就是黑市商人不接受旅行支票。与注定要被政府银行"窃取"相比，我宁愿承担被盗贼抢劫的微弱风险。

在前往中国的路上，我们要穿过格鲁吉亚向中亚进发。土库曼斯坦、乌兹别克斯坦、吉尔吉斯斯坦、哈萨克斯坦，多么浪漫的名字！

在沿途，我依稀能看到由双峰骆驼构成的大型驼队。这些骆驼能负重四五百磅的货物连续行走数千英里而备受旅行者青睐。我还依稀听见骆驼嗒嗒的蹄声与驼铃叮叮当当的响声。

破旧狭窄的公路、沙石路、硬肩路并不好走，甚至连土耳其的路况还不如，虽然后者已经很糟糕了。骑在摩托车上，你必须紧盯着路面，否则任何一小块不平整的地方都能导致紧急刹车甚至摔倒。由于比驾驶汽车更需要关注路况，因此体力与精力消耗更大。虽然我以前也曾在许多国家崎岖的路面上骑行，而且还能保持一定的速度，但是由于塔碧莎担心交通事故，所以我们慢了下来。

当我们临近第比利斯的时候，塔碧莎又一次抱怨我骑得太快了。

这令我很苦恼，我一直对耽搁行程很没有耐心，我指出我们仍在旅途的关键阶段，从我的视角看问题会更好一些。

在我所有的旅行过程中，很少会有另一个骑摩托车的同伴。当然，与任何人同行就意味着要在一起，彼此很快就会了解对方的脾气，但对某人来说的必要休息对别人可能就是无法忍受的迟延。在旅途的前半段，我习惯保持稳定的行程、稳定的速度。当没有理由逗留的时候，对我来说一天骑行 8~10 个小时属于正常，这样当我遇到有趣的地方时才有更多时间充分领略它。

经过商量，我们认为由她带路可能会更好一些，由她决定行进速度，当感觉太累的时候可以放慢速度。

春天来了，我们抵达了格鲁吉亚的首都第比利斯，这是我们在苏联的第一站。令我惊奇的是，在国营酒店里，伏特加、葡萄酒、香槟和白兰地琳琅满目。这令我回想起我们沿途经过的果园，原来格鲁吉亚、亚美尼亚和阿塞拜疆这些富庶之地产出的果实也卖到了这里。这些都是制作酒品的最佳水果，例如丘吉尔喝的就是亚美尼亚白兰地。

苏联国际旅行社作为苏联国营的旅行社因高价而名声在外。半升的红牌伏特加，苏联国际旅行社的酒店要卖到 9 美元，是街边商店价格的 4 倍。

我们决定在此逗留几日，这是我们在旅途中惯有的节奏：骑行到有趣的地方就停下来一段时日。

这里处于戒备状态，仍是热点地区。军队告诫我们不要走去巴库的主路，因为可能不安全，同时建议我们取道一条风景更优美的路线。我想那条路的路况肯定更糟。我俩商量了一下，决定不理会他们的指示继续取道主路。

次日，经过 400 英里的征途，我们驶入巴库，一座石油之城。在道路的两边横陈着锈迹斑斑的管道和钻井设备，散乱地堆成一个垃圾堆。沿着里海骑行，我们看到数以百计废弃的钻井平台。没有人维持油井的压力，如果维持油井压力就能多获得 50% 的石油。然而，在此处他们只是开采油田的顶部，而后就离开了。

我们驶入巴库，这里是苏联最大的城市之一，也是苏联主要产油区的心脏。

巴库正在实施严格的戒严令，我们甚至不能找到一家夜晚仍旧营业的旅馆。

我们乘渡轮横穿里海到达克拉斯诺沃茨克（后更名为土库曼巴希）。

我们来到了里海的东岸，这是一片不毛之地。与之相反，里海的西岸则气候湿润，土地肥沃。

然后由塔碧莎继续带路，我们穿越卡拉库姆沙漠。这个沙漠十分广袤，从里海延伸到撒马尔罕①，长达数百英里，横跨土库曼斯坦和乌兹别克斯坦。以前，我到过美国西南部的沙漠，也穿越过中国的塔克拉玛干沙漠，但是卡拉库姆沙漠更为平坦、简明、粗犷。而且我们在其中还看到了农田，我在其他沙漠都没见过。

塔碧莎的摩托车机械问题不断，这让我俩几乎要把一半精力放在它的身上。我希望这不会让塔碧莎过于沮丧，但是她越来越担心能否完成旅行。

在这一地区，每升汽油花费 40 个苏联小铜板，按照黑市汇率相当于每加仑②15 美分，如果按照银行汇率，相当于每加仑 30 美分。

我们要穿过卡拉库姆运河，它是苏联灌溉系统的一部分。卡拉库姆运河有 50 码③宽，水很浑浊。我们还遇到一群群野生骆驼，也有路牌上写着"注意保护野生骆驼"，这和美国公路上写着"注意有鹿穿越"一样。

最后我们抵达了布哈拉，在那儿我们食物中毒了。

在医院，医生问我们是否有药。

"没有，这正是我们来就医的原因。"我告诉他。

---

① 乌兹别克斯坦第二大城市，撒马尔罕州首府。——编者注
② 1 加仑（美制）≈3.8 升。——编者注
③ 1 码≈0.9 米。——编者注

"我们没有任何药物,"他说,"也许你应该叫一辆救护车。"

我感到很困惑。"我已经在医院了,"我说,"为什么还需要叫救护车?"

"因为救护车上可能有药。"他说。

这让我们目瞪口呆。我们离开医院,用自己携带的药物自己治疗。

次日,我们感觉好多了,只是感到有些疲惫。塔碧莎对布哈拉很感兴趣。她回忆自己的学术研究后解释说,布哈拉曾经是中亚早期最伟大的城市之一,这里有许多圆屋顶和尖塔建筑,代表着权力和财富。

我们驶到撒马尔罕,这是世界上最古老的城市之一,也是中亚历史最悠久的城市。尽管撒马尔罕的外表很光鲜,但是这座古老的世界中心城市和其他苏联城市一样,承受着空气污染和交通拥挤的重压。城市核心区的废墟可以追溯到公元前5世纪。被亚历山大大帝征服之后,这座城市成为西方文化与中国文化的交汇点。它在14世纪作为帖木儿帝国的都城而达到兴盛的巅峰。土耳其征服者曾把它当作中亚文化中心。18世纪,撒马尔罕开始衰落,但是随着环里海铁路的开通,它又慢慢地重现生机。

撒马尔罕看起来是我们自经过巴库以来遇到的最繁荣的城市,这两城之间相距上千英里。

在市场中,我们能发现质量很好的产品,包括塔碧莎喜欢的散发着芳香的丁香花。我们了解到极少有旅行者会到撒马尔罕来。

这座城市古老文明的代表建筑是雷吉斯坦广场,它由三所伊斯兰建筑构成。高挑的线条和深蓝色的镶嵌衬托出它们的宏伟。我们凝视着它们的美丽,如同欣赏泰姬陵一般让人沉醉。在这个世界上,有些景观是不能通过照片展示的,因为照片无法准确地表达出它们的意境。泰姬陵和撒马尔罕就是两处必须身临其境才能欣赏其美的地方。

乌格—贝克（Ulug-bek）学院建成于1420年，其圆形屋顶下是演讲大厅，后面是一座清真寺。二者之间是黄金学院，其中有一个令人印象深刻的宽阔庭院。

欣赏着如此的美景，我想到距今100年前，泰姬陵孤零零地矗立在那儿，完全被遗弃。没有人去参观它，也没有人在意它。某个旅行者在一个偶然的机会发现了它，此后开始对它不断地报道介绍，才有了今天的世界奇迹之一。但是在100年前，你只需花费区区500美元就能将其买下，这是多么奇怪的事情。

在这方面，撒马尔罕与泰姬陵十分相似，甚至更为非凡。我相信将来如果有人在此开一家希尔顿酒店，一定会赚大钱，因为一旦被人知晓，人们就会像涌入泰姬陵一样涌入撒马尔罕。古旧的撒马尔罕静静地立在那里等待被人发现，如同一个清秀的乡村少女尚未被富有的城市求婚者注意。

进入中国

迄今我们已经成功穿越 6 000 英里并且继续稳步前进。驶入哈萨克斯坦的首都阿拉木图（1998 年迁都至阿斯塔纳）后，我们开始临近中国边境。

两年前我曾驾车横穿过中国，一年前到过天安门广场，在中国我度过了令人难忘的美好时光。这个国家发生的变化令我惊叹。我也读过美国媒体对中国的报道，但是我认为他们报道失实。这些记者缺乏在历史、经济和地理方面的训练，他们只能肤浅地描述表面现象，不能洞察中国正在发生什么。在我先前到达中国的旅行中，我仔细研读了中国近代史，发现事实和西方媒体鹦鹉学舌式的喋喋不休所表达的理念完全不同。我发现，不仅那些我在之前旅行中遇到的企业家朋友仍掌管企业，而且货币政策和财政政策都已放松，经济正在重新崛起。我在中国所到之处，无不显示着这条沉睡的巨龙正在苏醒。

与世界其他地方的成功企业家一样，中国的企业家正全力以赴地经营企业。20 年之后，他们将跻身世界上最优秀的企业家行列。

我们跨越边境的时候发现几乎没有游人，让我们有些疑惑。此处口岸刚刚开放，这里的官员还没有看到过签证，也没有人想用人民币兑换美元。虽然我俩都持有国际驾驶执照，但是中国人不知道应该承认它们，还是承认我们的国际疫苗接种证书。我们驶入了中国境内，很快就发现我们的四周都是人，比我们想象的还多，这是本国政府鼓励人口向西部迁移的结果。

我们驶入了伊宁，一个较大的边境城市。我们入住的所谓豪华宾馆刚刚建成，而且看起来从跨境交通中获益不少。这儿不缺啤酒，伏特加却不多。

两年前，我曾注意到每一个中国城市都在修建一家旅行者酒店。这些酒店装修得豪华高档，这让我怀疑有谁会租住它们。

我很担心穿越塔克拉玛干沙漠的道路，因为1988年我在穿越的过程中遇到过可怕的灾难。那是从吐鲁番以东开始的长达500英里的路段，之前我曾向塔碧莎描述过。那是我一生中骑摩托车经历的最可怕的噩梦——无休止地与沙丘、岩石和斜坡斗争。我们必须穿过位于沙漠中央的哈密。我希望塔碧莎安然无恙，我也希望自己安然无恙。

在崎岖的山路上择路前行，我们看到了奇怪的黑色物体——帐篷或者蒙古包，像是用羊皮或者熊皮做成的。我们停下来观望，四处寂静，只偶尔传来几声羊叫。一个长着大眼睛、穿着长裙的小女孩看着我们。他们是维吾尔族人，这些帐篷对他们很实用，而且可以快速拆卸并能用骆驼运载。

这个小姑娘五六岁的样子，有一个8岁左右的姐姐。我们给她们一些面包，她们回头望望母亲，无声地询问是否能接受面包。母亲点头后，她们拿起面包跑回到她的身边。

我们走了过去，用肢体语言和简单的英语问是否允许我们进帐篷看看。她答应了。

帐篷的内部乍一看有些空，但这只是对期望看到一堆家具的西方人而言。在一面墙的前面，一张覆盖着桌布的桌子上放着干净的壶罐。顶棚吊着一块刺绣，上面点缀着花朵，这块布可用来将帐篷内的空间分割。在一块深紫色的小毯子旁边，一只水壶放在地上。几个货盘靠在墙上充当靠背。当然，还有一些皮制品。毕竟，一年中很长时间都是严寒，他们需要皮制品。

我很疑惑为什么在这两次旅途中很少看到游牧的维吾尔族人，现在才明白，和因纽特人一样，由于20世纪科技迅速发展，游牧民族正在消失。

中国人正忙于修建一条从乌鲁木齐以南延伸到巴基斯坦的公路，另外一条是从乌鲁木齐到苏联。许多维吾尔族人要么在修建公路，要么维护公路。修建新路让他们在城市中有稳定的工作。因此，现在去放牧的人越来越少，克什米尔羊也越来越少，结果纽约的开司米毛线变得无比之贵。由于这些公路的出现，这里的文化可能会发生变化。

这就是人类的世界，不断地转换与变革，给某些人提供了机会，同时也会夺走其他人的机会。这正如大自然母亲一样，谁不接受自然，谁就将处在汹涌的洪流之中。我理解所有关于我们必须停止前进脚步的论调，也理解我们必须保留昔日美好生活方式的想法，但我不认为过去的日子有多么美好。

有些人（不是我）会看着这个妇女说，"多么可怕，我们不应该用工作作为诱饵去改变这些人的生活方式和文化"，正如我们被告知不应该改变因纽特人一样。

他们自然完全可以不停止放牧，即便城镇中有工作。这个妇女的放牧生活虽然洒脱，但也要忍受风餐露宿，忍受荒无人烟。因此，我对塔碧莎说："我很高兴修建公路，这样他们可以出去做一些其他事情。"显然大多数维吾尔族人同意我的观点。

修建道路导致开司米毛线价格上涨这件事情引起了我的兴趣，这是投资者应当思考的一个典型事例。如果他们在巴基斯坦和中国之间修建一条大型公路，那么公路肯定会对某地产生影响。每当投资者看到有巨大变化发生时，他都要思考这种变化意味着什么，变化的趋势是什么，因为这些变化，经济、政治和社会会发生什么转变，新修建的通往苏联的铁路是否会促进这种变化。

在未来的30年，大多数帐篷都会消失，剩下的帐篷，每参观一次都要给其拥有者40美元的参观费。他们要修缮帐篷，添加床铺，让你真实体验放牧经历也需要收费。此外，你要为开司米毛线支付更高的价格。（我立即给我的办公室打电话，让他们给我储备两三件开司米毛衣以备我回去穿。）但这些变化刚刚开始，只是一些表面的变化。

春逝夏来，我们从伊宁驾车穿山越岭抵达了新疆维吾尔自治区的石河子市。这是一段很美妙的旅程，只是道路有些颠簸。新疆维吾尔自治区的面积约为美国国土面积的1/6，但人口只有1 500万，与中国当时的12亿人口相比，简直微不足道。

次日，我们抵达了乌鲁木齐，这也是个大型的、发展中的现代化城市。通往苏联的铁路刚刚建成，会带动这一地区更加繁荣。

在这里，我们品尝了各种美味：烤全羊、烤羊肉串、抓饭和羊肉蒸饺。街旁的商贩卖给我们烤包子，那是一种用生面团把羊肉和洋葱包裹好而后烘烤的食物。我们还品尝了羊汤，塞满羊肉和香草的蒸饺，还有用杏仁、羊肉、洋葱和胡萝卜混在一起的抓饭。热面条佐以炒羊肉、洋葱、西红柿和青椒是这里最常见的食物，很是美味！

当然，我也学会了用汉语说"啤酒"这个词。事实上，旅行结束后，我能用40种语言说出这个词。

让我感到高兴的是，敦煌到乌鲁木齐的高速公路已经开通，上次旅行途经的那条可怕的北线道路已经成为过去。

当我在地图上寻找穿越这片荒凉地区的新建高速公路和铁路时，我看到了新兴的基础设施。古老的丝绸之路，昔日只适合骆驼穿行，而今骆驼已经被适合长距离运输的卡车和火车代替。

西起里海，东至塔克拉玛干沙漠，北依吉尔吉斯大草原，南抵喜马拉雅山脉的这片广袤地区将会日益繁荣。贸易、旅游以及与之相伴的机会都会让眼尖的企业家发现数十种致富的方法。

为什么在此之前没出现这些变化？20世纪50年代，中国人和苏联人结为友好，发现了此处的机会。两国之间的军事、政治和经济同盟需要发展连接两国的基础设施，他们计划把中国的铁路通过新疆维吾尔自治区延伸到苏联的塔吉克斯坦，而后通向欧洲。不久两国发生了分歧，自此铁路从未延伸过乌鲁木齐。

20世纪60年代，印度与中国交恶，前者与苏联结盟来反对他们共同的敌人。为了维持力量平衡，中国和巴基斯坦需要连接两国的道路运输系统，以便在遭受其他国家入侵时运输军队和物资。另一条公路贯穿乌鲁木齐、喀什和伊斯兰堡，叫喀喇昆仑公路，全长700英里，连接中国和巴基斯坦。

这些项目不仅给当地工人带来工作机会，而且促进了旅游和商贸。当地人以前因为无其他事情可做，只能悠闲地放牧，现在他们有了其他选择。

在这条南线道路开通之前，此处是世界上最难行驶的路段。道路的建成归功于人们的勇气和创造精神，部分路段需要爆破掉印度河峡谷边的岩石。在许多地方，工人必须用绳索悬吊的方式在崖壁上钻洞以便安装炸药。为修建这条公路有700余人牺牲，路旁有一些小石冢标示着他们的安息之地。

修建公路很危险，在上面驾车也很危险，因为这里经常遭受碎石和洪水的威胁。在边境的另一侧，巴基斯坦派了1万人的军队维护公路和处理紧急事务。

现在北线的铁路也已经由中国人和苏联人从两端修建完毕。这条铁路将此地区与阿拉木图相连，从这儿可以向西通往伊斯坦布尔、莫斯科和伦敦。土耳其斯坦在经历了数个世纪的原始交通运输后，将从东西南北各个方向对世界开放。我知道这条铁路和那两条中国公路将不仅对亚洲的政治、经济、社会和历史产生影响，而且将惠及整个世界。

到此为止，我们已经穿越了真正的沙漠、沙丘和绵延的山脉，驶入吐鲁番和吐鲁番盆地，这里是世界上海拔最低的陆地。

尽管天气又热又干燥，但幸好现在是5月而不是8月。在这个沙漠中狂风肆虐，比我所经历的尤其是驾驶摩托车所经历的风都要大。上一次穿越这里的时候，我必须努力保持车身的平衡。有一次我停在沥青路上，一阵疾风竟将我那500磅重的车子吹倒在地。我记得看到过一辆客车里的一位妇女努力想打开车门，强风居然牢牢地把车门封闭住了。

这两次来华旅行，都让我感到惊奇的是自从进入中国西部以来很少能看到人。在中国东部，没有一个地方你在100码以内见不到人。但是在这儿，我们行驶20多英里也见不到一个人影。

同样让人惊奇的是，此处经过人工灌溉的沙漠比苏联一侧要绿得多。不久我们就知道原因所在。不仅是因为中国人管理得更好，而且因为他们设计了十分巧妙的灌渠系统，该系统位于沙漠之下，可以将山上的水引到天然绿洲来，他们的城市就建在绿洲上。经过数百年的岁月，这些灌渠把蒸发导致的损耗降到最低。中国人不仅修建了数百英里的灌渠，而且数百年来都这样实施，这让我感到不可思议。在城镇中，水闸、沟渠等复杂的系统将水送到任何需要之处。他们甚至在每天早晨用水喷洒路面防止扬尘。有这样存续至今的系统，古老的中国人聪明地将零散的沙漠绿洲变成了繁荣的城镇，城镇周围环绕着肥沃的农田。

中国人的独创性和对财物的爱护与苏联人在过去几十年对咸海的使用形成鲜明对比。中国人把乡下变成花园，苏联人则把乡下变成了生态灾难。当我了解到是中国人首先通过有序排列种植而不是胡乱撒种来提高作物产量时，我丝毫不感到奇怪。

中国的诸多成功与经济和政治息息相关。苏联人不负责任地采取行动，播种完之后就想快速收获，而中国人对现有的土地精耕细作。这让我想起狩猎社会，例如因纽特人和其他美洲土著人，他们与自然和谐相处，因为他们知道一旦杀光动物，就再也没有了。一些中国农民劳作非常高效，他们一年能收获三季粮食。他们把作物种植到路边，有效利用每一寸土地。他们给土壤施肥，并且轮耕作物，尽其所能地让土地发挥作用。

在吐鲁番，我们需要为塔碧莎的车子更换一个气缸垫，因此我去市场转了一下，那是一个户外集市。市场上有各种漂亮的瓜果，不全是你想象中沙漠瓜果的样子，这是中国人先进的水利管理的另一项成果。

我们需要当地的货币，因此我们寻找兑换货币的黑市。哪里有外汇控制，哪里就有外汇黑市，当时的中国也是一样。如果对投资者或旅行者而言，用一种快捷和确定的方式洞察一个国家，无疑外汇黑市就是最好之选。货币的价格对于谨慎投资者的意义，相当于X射线对于经验丰富的放射专家的意义。

黑市相对于银行或官方的溢价会给我提供最重要的线索，据此我能知道这个政府想做什么。如果在银行我能用1美元兑换5个波兰兹罗提，而在黑市能兑换8个兹罗提，那么就意味着政府试图把其货币强加给自己的人民，害怕让货币价格在世界市场上自由浮动。

不用问，我就知道一个国家是否控制货币兑换、征收进口关税或者限制出口。一些政府认为控制外汇兑换能把钱财留在它们的国家，但事实上只能让钱财流出。如果允许外汇自由兑换，外部人就会把钱财带进来，这样内部人也就不用拼命地把钱财偷运出去，否则他们会一直这样做。当然，你我最不愿投资的地方是我们不能把钱取出来的地方。有许许多多的投资者按照相同的方式思考，认为市场中没有人进来进一步推高市场。这个简单的验证告诉我是否要进一步对一个国家进行投资。

如果黑市的汇率是5.5个兹罗提兑换1美元，而国有银行是5个兹罗提兑换1美元，那么情况可能就没那么糟了。但是如果1美元在黑市能兑换10~15个兹罗提，那么我认为这个国家已陷入严重的麻烦，随之而来的可能是政府崩溃或者恶性通货膨胀，每个人都会身陷窘境，社会处于极大的不稳定。

许多旅行者并不十分清楚货币价格上下波动反映了一个国家的健康程度，这如同股票价格的起伏反映了一家公司的问题与优势一样。他们没有意识到公司总裁和会计师也想努力提高股价，一个国家的财政部长通宵达旦地工作也是在做同样的事情。聪明的财政部长知道，使用暗箱操作、限制和管制的方法从长期来看是不会把外国的资本吸引到本国来投资的，只有通过创造可观的价值才能激起投资者的信心。汇率控制背后的掌控人无休止地进行限制，却不能理解为什么没有人愿意要他们的货币。

"我想兑换一些美元。"我对一个大约16岁的伙计说，他刚刚开始从事这行。

他最多只能兑换10美元，因此我让他带我去见他的老板。

现在我要保持警惕,你在出行的时候也可能听说过在黑市被交易者抢劫的故事。但与往常一样,我认为与其被国有银行人为制定的汇率抢夺,还不如冒险和黑市做交易。如果我小心谨慎,那么和黑市上的人打交道至少有机会公平交易。

黑市中这些人最喜欢使用的伎俩是调包。曾有一个旅行者告诉我,他曾仔细数过兑换好的钞票,也没让这些钱离开他的手,但是当回到酒店之后却发现,这些钱变成了一叠经过仔细切割的报纸。

另一种伎俩是人为制造混乱。当交易进行到要给你付钱的时候,他们突然一边大喊"有警察",一边消失在人群之中,或者仓促之中塞给你一卷钞票而其中大部分是白纸。因此,通常你要首先确定交易价格,而后数好给你的钱,一定要确保这些钱不离手,只有这样做之后才能交给他他应得的那份。毕竟,这也是在买商品,虽然买卖的是钱,在成交之前一定要仔细检查核对,这是全世界都适用的经验。事实上,为了防止被偷塞进假币,我们通常会到政府银行去买些货币作为样本,然后再去黑市大量兑换。

如果有人低声说"有警察",你这时要么赶紧把手里的东西还给对方,要么拿着它冷静地走开。黑市里这些人保准还会找你。

老板站在市场的入口,眼睛盯着他的伙计。他看上去二十四五岁。黑市是年轻人的游戏,我之前碰到的也都是小伙子。但是据我所知,楼上有个拥有瑞士账户的中年男子。这个土耳其老板的钱包中塞满了日元、人民币和美元。他小心谨慎地把钱抽出来,因为这是非法行为。这种偷偷摸摸的举动让我想起,在亚拉巴马如果要购买非法蒸馏出来的酒,商贩就要和政府官员勾结,并让他们分一杯羹。

"1美元换多少人民币?"我用手势和简单的英语问他。人口学家告诉我,世界上半数以上的人会讲些英语,这次旅途让我证实了这一观点。他理解我的意思没有困难。

他的报价是 1 美元换 5 元人民币。我没答应，因为之前我听说能换到 8 元人民币。现在汇率已经不如两年前了，那时中国正经历通货膨胀。当时官方汇率是 1 美元换 4 元人民币，但我在市场上能换到 6 元人民币，溢价 50%。那时一些中国人想换外国货币而不想要自己的货币，因为后者贬值太快，如同后来英国人不相信英镑，意大利人不相信里拉一样。这次兑换我只获得了 35% 的溢价。

这个老板唯一有兴趣购买的货币是美元和日元，他不要英国的英镑和德国马克。毕竟，这里是塔克拉玛干沙漠的中心地带，离任何贸易中心都有数千英里。我猜想他之所以只要美元和日元，是因为美元长期以来都是一种储备货币，而日本与中国之间存在巨大的贸易额。

来来回回还价几次后，我们决定以 1 美元兑换 7 元人民币的价格成交。

与用日元兑换相比，事实上用美元兑换更划算，因此我想用日元换成美元，然后再换人民币。根据我掌握的最新国际货币市场知识，我能十分巧妙地赚取一笔套汇的利润。因为我知道市场是怎么运行的，而这个老板不知道。道琼斯的知识还没传播到吐鲁番。

再给它几年时间吧。

在前往哈密的路上，塔碧莎发现她的摩托车发动机上有个洞。这辆摩托车除了还没寿终正寝，已经给我们带来各种各样的麻烦，我感觉它的末日就要临近了。那是一个一角硬币大小的洞，而且我们现在身处一个面积比美国还大的国家之中，却没有一个宝马经销商。

我们在路上拦下一辆卡车，把塔碧莎的车扔到卡车后面，把它运到了哈密，而后开始不停地打听。最终，我们幸运地找到一位修理师，请他焊补发动机上的洞，他一直干到凌晨 4 点半。活做得很仔细，塔碧莎在一旁监工。洞的外面焊了一层又一层，确保它在关键时刻不会崩溃。我们不知道这样是否能行，但在塔克拉玛干沙漠的确没有办法买到宝马车的零件。在中国、非洲和南美这些地区的边远地方只有这样修理了。这样的修理可能让持有证书的修理师无奈地耸耸肩，但我们也只能这样了，否则就走不出这里。

我们闲逛了一会儿。哈密仍是我记忆中那座孤零零的沙漠城市，虽然看起来比以前繁荣了一些。我仍然担心去敦煌的那段旅程，因为上次我花费了 17 个小时才走完 250 英里的路程。

在对破损发动机的忐忑不安中，我们出发了。仍然是塔碧莎带路，她不得不一边注意发动机上的洞一边注意着交通。对于发动机，我们除了用耳朵注意聆听它的声音，别无他法。

我们不断地前进，1 英里，5 英里，20 英里，40 英里……发动机仍能工作，也许它能撑到日本。

由于担心发动机，因此我们缓慢地穿越沙漠。令我们吃惊的是，中国的西部土地广袤，人口稀少，这看起来是多么奇怪。这里是中国啊，它比世界上任何一个国家的人口都多，人们都去哪儿了？

想象一下，如果美国有现在 5 倍的人口，而这些人都居住在密西西比河以东会是什么情形。中国就是这个样子。

可以想象，如果美国的东部人口增长到现在的 8 倍将会是什么样子，想象一下那样的生活条件、社会条件、市场，以及对钱财、食物和空间的争抢场景。

这就是当时的中国：东部拥挤，西部荒芜。

西安

在敦煌莫高窟，有着上千个人工开凿的洞窟，里面装饰着极为壮观的佛教壁画、文献、雕刻以及雕塑。它们被尘封了900年，直到1900年一位道士无意间发现了这些宝贝，因而与之前较早被发现的文物相比，它们保存得更为完好。

上次路过这里的时候，我曾在一位季先生开的旅馆吃饭。他待我极为周到热情，所以我想再次拜访他。我俩志趣相投。季先生已经45岁了，但是他脸上毫无岁月留下的痕迹。他对自己的生意了如指掌，因为那是他白手起家一手创办起来的。他原来干农活儿，后来开始经营一个不起眼的早点铺，向其他农民售卖早餐。慢慢地他将早点铺扩张为一个能供住宿的设施齐全的旅馆。他热爱他的事业，他的员工也非常愿意为他效力，虽然工作时间长了点儿，但他们可以挣到比为政府部门工作更多的薪水。

季先生的饭店让我联想起300多年前美国荒凉的西部或英国的旅馆。它共有六间客房，每间有四张床，都是帆布床。卫生间在走廊尽头。这就是一个标准的中国旅馆，随处可见。我们不愿意住在这样的老式旅馆，更喜欢那些专门招待外宾的新式的、更为舒适的友谊饭店。

我很想知道，近些年来，经济发展对他产生了何种影响。

季先生认出了我并热情招呼我，很高兴我又回来了。我和塔碧莎是唯一到过那里的外国人。我们很受欢迎，但对当地人而言我们是奇怪的外来访客，就像早在20世纪50年代在亚拉巴马，我们以为中国人或巴基斯坦人是外星人一样。

我们坐在一张大桌旁，季先生坚持设宴款待我们。饭菜极为丰盛，有鸡肉和羊肉，拌着洋葱、大蒜和青葱的凉面，还有好多不在英语国家生长因而没有英文名字的蔬菜。我们身处沙漠中央，他居然能为我们弄到鱼。中国人不会长距离运输肉类，因此鱼肯定是在当地捕获的，这是中国人智慧的又一体现。

他说，大约一年前经济出现滑坡，但现在一切又恢复了。经济在复苏。

和全世界其他企业家一样，季先生工作总是超时——每周工作7天，每天工作12小时——忙于他的饭店业务，忙于挣钱。对他而言，工作不是负担，他乐此不疲，就像人们做着常做的事情一样。季先生是世界上最幸福的人之一，他开心地经营着自己的生意。

一到嘉峪关——荒凉的西部沙漠与人潮拥挤的东部之间的历史分水岭——我们便出了事故。

连续几个星期，塔碧莎都是以每小时35~40英里的速度在双车道的柏油路上行驶。路两旁挤满了人。在中国，卡车、自行车以及行人从来不左右观望便径直涌入道路，这可真让人发狂。

我还能勉强适应，塔碧莎却不行。一位老人骑着自行车在她前面突然掉头，她被挡住了。路两边人太多而自行车就在她前面，她就要撞上人了。她紧捏刹车，猛摁喇叭，但前面那位老人可能耳朵有问题，也可能是故意不理她，因为在中国大型车辆得给小型车让路。她已经将速度降到每小时5~10英里，但是已停不下来，结果撞上了老人和他的自行车。

人群立刻涌了上来，警察赶到了。塔碧莎浑身颤抖，紧张得说不出话来。于是我上前处理。老人似乎伤得不重，但处于昏迷状态。虽然我看得很清楚事故不是塔碧莎的错，但依当地法律，她就是那个罪魁祸首。老人被人用手推车送往了医院。

围观的人群嘟嘟囔囔的，向我们投来厌恶的目光。警察担心我们再闹出事故，坚持要我们离开小镇。在美国，警察会领我们去警署，这样在需要的时候他们可以随时找到我们。但是在这里，他根本不担心找不着我们。我们太耀眼了，在该地区唯一的一条公路上，两个老外骑着两辆外国摩托车，警察不费吹灰之力就能追捕到我们。

我们伤心地发动车子，沿着警察指示的方向行驶，等待他的处理。

不久，警察就在长城的最西端追上我们。

"你看，"他说，"你们得为那位老人以及他的家人做点补偿。"

得知他不是来逮捕我们的，我们松了口气。我问道："好的，多少钱？"

"200美元。"

美元！在中国西部的黑市，200美元相当于一个人一年的收入甚至更多。

每次警察找我麻烦时，我都会索要收据，通常警察的气焰便会被压下去，因为他不知道我会将收据出示给谁看。

但是这位警察却毫不犹豫地给我收据。

我极不情愿地掏出钱，并请求他向那位受伤老人转达我们的关心。

我仍保留着那张在皱巴巴的纸上写着潦草汉字的收据。

汽油问题一直困扰着我们，国营加油站之间总是相距几百英里。

在驾驶过程中，我们得一直盯着里程表，心里计算着什么时候又该加油了。

有一次，油箱快要空了，而我们离城镇还很远。我们只好沿下坡路滑行，努力节省每一滴汽油。

我们来到一个四面环墙的军事哨所，走近其警卫室。我们使用手语，指着空了的油箱，试图说服警卫护送我们去哨所的加油点。但是他并无权卖油，我们只好去找哨所的所长。

在陆所长简陋的办公室里，我们向他出示了护照、地图以及准许通行的文件。他皱起眉头。我们使出浑身解数，用尽各种会说的语言，包括当地语言、英语以及手语，向他解释说我们只是汽油用完了。

陆所长对我们两个骑着摩托车的西方人出现在他的国家中部感到一头雾水，而且令他更为震惊的是，我们居然进入了军事哨所。

最后，我们告诉他，"要么以间谍罪逮捕我们，要么卖给我们点儿汽油"。

他笑了笑，指挥其手下给我们加油，而且任何人都不得收钱。

从嘉峪关出来几百英里后，油又快耗尽了。我们看见山边有人和小棚屋，路边摆着容量为10升、15升以及20升的汽油，用塑料桶和锡罐装着。路边的汽油黑市又一次救了我们。

在周游世界的过程中我们学到了许多东西，其中之一就是不必太担心耗油问题。在许多地方，黑市都会算好旅行者最有可能在哪儿耗尽汽油，然后在那儿守株待兔。譬如在中国，各城市之间相隔数百英里，黑市老板早就计划好把油运到最需要的地方，然后满心欢喜地卖给我们。

我们翻山越岭，最高曾到达海拔10 500英尺，终于来到了兰州。这是个美丽的城市，风景优美如画。

我们参观了当地市场。和上次我到这里相比，市场规模扩大了，产品质量提高了，不过价格也涨了。由于不是丰收季节，加上没有人远距离运输农产品，一个小西瓜就卖2.7美元。

我四处寻找茶馆，这对于老外总是很困难的。如果问中国人哪儿可以找到茶馆，你总无法得到最直接的答案，因为当时开茶馆是不被允许的。我想，如果一个中国人在1926年到芝加哥，要想找到地下酒吧也绝非易事。

在文化宫茶室，一群老人聚在这里，阳光透过茅草屋顶照在他们布满皱纹的脸上。他们在这里玩扑克、骨牌还有麻将，消磨时光。茶室立了一个牌子，上面写着"不准酗酒闹事、不准打架斗殴、不准乱说脏话"。一个表情痛苦、形容消瘦的中年歌手和一个三人小爵士乐队撕心裂肺地唱着，歌声里透着生活和爱情的残酷无情。可是人群里没有人关注他们。他们脸上毫无生气，任由香烟的烟雾包围着，一副懒散、昏昏欲睡的样子，似乎他们已经看透茶馆外的生活。

他们看见我们甚是欢喜，递给我们小杯茅台，杯子很小巧，我们永远也不会喝醉。中国人谈起茅台的自豪语气就像南美人对波旁威士忌，或苏格兰人对苏格兰酒一样。茅台产自贵州，是用高粱和小麦酿造，再用五六年时间发酵、储存、勾调的高度酒。酒的味道很怪，可能世上只有中国人才能习惯这种味道。喝完一杯，我就不敢再喝了。

我从女服务员那里买了一副中国扑克牌和两件夹克。夹克做得很时髦，上面绣着英文单词，但这里的人根本不知道那些单词其实是毫无意义的字母组合。虽然里面也有几个喝醉的人，但茶馆的平静依然让我感到震惊。它让我想起了亚拉巴马围坐在商店、理发店或游泳池边的男人们，他们在那儿闲聊、喝酒、赌博，就想找个远离女人的地方。在这里，男人们可以叫上一壶茶、几瓶啤酒、几杯茅台，小赌一番，随意海侃，增进友情。没人规定女人不许入内,但在里面你永远也不会看见女人。酒馆是我祖父那个俄克拉何马州的酿酒师最爱待的地方。到了傍晚的时候,我祖母就会出来找他,风风火火地闯进各个牌室。她总是感到愤怒不已。每次当她费劲找到他时,她总是说:"可恶,我告诉过你不要再打牌了!"回想那时,俄克拉何马州很干燥,而酒是禁品,全靠私酒酿贩偷偷运来。有一个荷兰酿酒师居然在镇上享有盛名。他不仅拥有一家广播电台,还持有银行股份,而且是他那个阶层最受欢迎的年轻律师之一。我一直在想,他应该回国效力或者做点什么有意义的事情,但是他和其他年轻人一样更喜欢和好伙伴们聚在一起。

在兰州我发现空气污染很严重。没有一个发展中国家对烟囱进行控制。不过,在对待河流上,中国比其他大部分国家做得好一点,可能是因为他们需要捕鱼。而苏联地广人稀,人们在不经意间糟蹋了很多内河。

中国人只饮烧开过的水。我们住进宾馆时,宾馆就会给我们几个又大又漂亮的热水瓶,里面装满开水,可以24小时甚至48小时保温。我们可以用开水来泡茶或洗漱。这是典型的中国人做法。既然热水瓶可以解决热水问题,又何必浪费燃料一直烧水呢?

从兰州到平凉,一路景色壮观。我们爬上一座高达7 000英尺的山脊,沿顶端前进。在山脊上,中国人种植了茂密的树木来阻挡风沙。山坡两侧也种满了小树苗。

不知不觉,我们看见几个养蜂人和蜂箱,然后便是大片大片的蜂箱和众多的养蜂人。为了不被蜜蜂蜇伤,我们压低头盔,戴上手套,全副武装起来。

我们了解到,这些养蜂人都是四处游走的,每人有5~50个蜂箱。不管养蜂人把蜂后带到哪里,工蜂都能紧随其后。从夏到秋,养蜂人根据花期,会在一个地方待上几天,等蜜蜂采完花蜜之后,再移到另一个地方。

无数只蜜蜂飞在空中，耳边全是嗡嗡声，这一壮观景色持续了15英里。养蜂人全家就在路边搭上帐篷，他们大多都不穿任何防护衣物，与蜜蜂和谐地生活在一起。

这是中国人生产力超强的又一例证。哪里有盛开的花朵，他们就把蜜蜂带到哪里，而不是让它们待在一个地方。由于蜜蜂的主人将采蜜期从几个星期延长到了半年，这些蜜蜂和中国人一样勤劳，它们的工作时间是其国外同类的6~7倍。

我们在中国还看到了许多其他的奇事，但没有一件比得上这绵延十多英里的蜜蜂和养蜂人。就是这种生产率、智慧和勤奋，让我们相信，在21世纪，中国人会强于其他任何民族。

在两三百年前，西安被称为繁荣的"世界之都"。它的兴起早于罗马，也极可能比罗马更富裕。

自从衰败之后，西安便成为一个普通的省会城市。一个国家、一种文化、一个企业或民族的成功——尤其是巨大成功——往往孕育着衰落，甚至是毁灭。这正是这个真实的世界告诉我们的东西。随便列举几个，曾经盛极一时的埃及、玛雅、阿兹特克、罗马、希腊以及波斯，现在都已没落。

不过，西安仍是幸运的，辉煌的历史延续了它的生命。很长一段时间内，由于长城的存在，北京一直是全国的旅游中心，但是现在西安也成为游客关注的焦点。

古代，中国君王的陵墓修建得十分豪华，甚至要求他在世的嫔妃、大臣、护卫、厨师等人陪葬。后来出现以俑殉葬，即按真人模样用陶土烧制雕像，然后以俑像陪葬。如今，有8 000余件兵马俑——士兵、战马、战车、将军、武器——被挖掘出来，兵马俑面向东方站立，保卫着死去的皇帝。

我曾见过这些兵马俑的照片，但当我第一次亲眼看见时，感觉就如同看到了印度泰姬陵或美国大峡谷，我惊呆了。好几分钟我才缓过神来，明白这些面向东方站立的军队是真的，不是幻觉。兵马俑密密麻麻的，历经了几千年历史，每看一眼我都忍不住惊叹。

其他国家的博物馆曾展示过少量兵马俑，但要想真实地看见它们，真切地感受它们的威力，你必须到西安秦始皇兵马俑博物馆。秦始皇兵马俑是在1974年被发现的，现在还在挖掘，谁知道挖掘完还会有什么发现呢？西安还有多少未被发现的皇帝陵墓呢？

和往常一样，我们住进全市最好的酒店——金花大酒店。我们见到了酒店经理，名叫约翰·布朗，一个42岁的单身英国人。他的英国中部口音听起来并不地道。他管理着500名中国员工，大多是十八九岁的女孩儿。她们打理着酒店，专门接待飞到西安参观兵马俑的外宾。酒店有自己的礼仪学校，手把手教这些女孩儿如何着装、化妆以及服务。对她们而言，这是一份极为荣耀的工作，就像35年前能当空姐一样。在这里我们听说，中国人被告知亲吻外国人是件很危险的事情，因为那会使他们生病。尽管如此，我还是对约翰的私人生活很好奇。

西安的旅游业极为兴旺，甚至许多教授都辞去工作到酒店担任职员。他们不认为这是身份的降低，而是获取金钱和名誉的途径。追求富裕生活的诱惑改变了人们的方向。

我们看见这里也有乞丐，但你一个星期看到的乞丐也没有在印度一个小时看到的多。他们在饭店外游荡，等待机会进来席卷桌上的残羹剩饭。他们不会干扰外宾。

我曾听说西安有一个巨大的鸟市。我们来回在市里穿梭，曾看见公园里坐着15~20位老人，每人手里提着一个鸟笼。鸟是中国的精品宠物：它不占空间，吃得又少。

不管怎样，我很想看看鸟市。可是我每次询问时，别人总告诉我根本没有，前两次旅行我都没有找到。这次，我在金花大酒店和一群出租车司机混熟了，终于有位司机愿意带我们前往。

他开车带我们来到一个非常小的宠物店，和美国的起居室一样大小，里面卖些猫和狗。在当时的中国，猫和狗还不是流行宠物。塔碧莎和我打着手语，嘴里学着"啾啾"的鸟叫声，比画着告诉司机这不是我们要去的地方。又去了几个错误的地方后，司机最后叫我们下车，用手指着前方，意思是接下来的路程我们得步行，车辆根本进不去。

他很英明。道路非常拥挤，人山人海。转过拐角，我们终于发现了大片的鸟市！道路两旁有数不清的鸟笼，有的放在地上，有的挂在自行车上，有的挂在树上，还有的挂在电线杆之间的绳子上。鸟品种齐全，有鸽子、长尾小鹦鹉、百灵鸟、金丝雀、燕子、画眉，还有我叫不出名字的脑袋很漂亮的鸟儿。光是鸟儿就是几百种，还有其他养作宠物的奇怪的鸡、蛇以及金鱼。

鸟市上买方和卖方在砍价。当我们和一个卖主说话时，一只鸟飞出鸟笼，越过我们的头顶，欲向山丘方向飞去。只见卖主伸出手来，一把便抓住了它，轻松得如同我从地上捡起一个苹果一样。我不知道是鸟儿更震惊些呢，还是我更震惊些。

还有两次我们看见卖鸟的人在空中抓住鸟儿翅膀上的羽毛。我们唯恐错过什么，不知道该前进还是后退。我们猜想，鸟在这儿肯定是很廉价的商品，如同我家乡的猫一样。西安的鸟市充满中国特色——高密度、商品堆积、人潮涌动。在这样拥挤的地方，出于好奇心，我们艰难地逛完了鸟市。

自从回到美国，我便告诉朋友："如果你去西安，一定要去看兵马俑。另外，别忘了去看看鸟市。"

从西安到北京

我们翻越山脉来到洛阳,一天驾驶了 500 英里。

我的摩托车后胎瘪了,这是第二次出现这种情况,以后还会出现 20 多次。我俩一起动手换下它,不过我更像塔碧莎的助手。我们还得走 1 000 英里才能到上海,可是我们只剩下两条备用轮胎了。按照厂商的指示,无内胎的轮胎一旦瘪胎,英明之举就是立即弃之。

通常,道路是双车道的柏油路,但有几个地方路况极差,比我上次来时还糟糕。不过好在路面没有被大水冲毁。当时,在中国没有路标会告诉你,"小心,前方路毁,请绕行"。

我们本打算从洛阳动身前往上海,便预订了从上海到日本每月才开一班的轮船。可是旅游局的某位官员对我们驱车前往感到惊慌失措,并威胁说要请军队介入。我们向朱先生请求通行,并拿出证明文件。可他只是一个地方官员,不愿意接受我们已经有通行证的事实。

我试图用惯用的手段贿赂他:"我知道这样做是不符合规矩的,为此我们愿意支付额外的费用。"可是朱先生并不为所动,很显然,我们不能去上海了。

这次,官方打乱了我们整个旅行的时间安排。现在已经是 5 月下旬了，受天气和往返日本轮船离港时间的影响，我们的行程非常紧迫。在西伯利亚，9月就进入冬天了，现在只剩三个月，我们一定要避开。另外，我们还要避开南非、澳大利亚和阿根廷的严冬。到了日本，我们只有13天的时间搭上从横滨开往西伯利亚的轮船。如果我们错过了，就得再等上整整一个月的时间。

不得已，我们改变计划北上北京。我们不想多走冤枉路，但我们不知道到了北京之后能做什么，如何才能到达日本。我们通常都是在这种情况下从一个国家赶到另一个国家的。旅行中有太多不确定因素，时间表的变动和延期使得我们无法提前获得签证，无法将每次轮船都预订好。必要时，我们就得半路修改行程，另辟蹊径。

很快我们打听到，北京（先转天津）到日本的轮船要等到夏天才开行。我只好寄希望于搭乘中国的航班飞往东京，但是航空公司总是很忌讳摩托车，不喜欢飞机的货舱里装有汽油和电池。他们认为，即便油箱是空的，里面也有挥发性气体，电池的酸性物质也会给飞机造成隐患。不管摩托车怎样用板条钉好，新加坡航空公司都拒载摩托车，除非摩托车是刚出厂的。

我确信与中国航空公司打交道也会出现麻烦，但不知道它们的态度是严厉还是温和。

自从离开兰州后，我们就注意到人越来越多。离开西安、翻越山脉后，我们就来到了中国富饶的、人口密集的地区。从这里到北京，一路上都是成群结队的人。在乡村、城镇，所有地方都是人。所有的牲畜和车辆——从猪、羊到人，从自行车、手推车到卡车——都使用同一条路，使得道路异常拥挤。"拥挤的亚洲人群"这一说法在这儿体现得淋漓尽致。

好在速度慢的车辆都靠边行驶，极少有车在马路中央行驶，所以幸运的时候我们可以开到每小时三四十英里。

在开往洛阳的途中，我们曾遇到一次严重的交通堵塞。我骑上前探个究竟，原来是一辆货车横在路中间，挡住了来往的车辆。货车司机把车分解开，留下不能动的部分，开着可以发动的部分回去取备用零件。只要有车抛锚，司机的反应便是立即下车，扔下车去寻找救援。没人担心车上物品是否会被偷，路上其他司机也没人下车把该死的货车挪开。其实，只要有八个小伙子就可以把货车推到路边，道路就可以畅通，可是没有人想到应该这样做。

当我掉头回来找塔碧莎时，我震住了，车龙已经排了 3 英里长。

当地农民把粮食晾在路上等着过往的汽车帮他们碾轧，把坚果放在路上等待汽车来碾碎外壳，于是我们时不时地从一堆堆的粮食和坚果上驶过。

我们从来没有看见男女在公共场所有亲密的举动。上千年来人们相互亲吻，传达爱情，这里不可能没有啊。我曾看见女孩牵着男孩的手在路边散步，还看见男孩与男孩手牵手散步，就像好朋友般亲密，就像我们在法国或中东看到的一样。

上次来的时候，我曾参加过一个下午举行的户外迪斯科舞会。我发现，男士只和男士跳舞，女士只和女士跳舞。后来有一位男士过来邀请我和他共舞，我吓得连连后退。我从未被男士邀请共舞。我拒绝了，但是在中国……我还是很不喜欢这样，而且我也不擅长与同性跳舞。

石家庄是在过去短短几年内崛起的大型工业城市。在去石家庄的途中，我们看到一个大佛教寺庙，旁边是一个军事艺术院校，我们停下脚步。

在中国，有许多城市是从 40 年前的小村庄发展起来的，人口迅速达到 300 万~400 万，规模相当于洛杉矶。如果堪萨斯州也有这样的人口增长率，那一定是举世闻名的大事。可是在中国，这一奇迹却被世界忽略。

我还发现,和上次旅行时相比,现在的加油站也越来越多了。当然,除了黑市,所有的加油站都是国营的。石家庄也有曾经辉煌于20世纪80年代繁荣时期的宾馆,但现在这些宾馆都已无人问津。

向北京驶去的路程对我俩而言非常兴奋。一个路标用英文写着:北京,49公里。就这么几个字,但看见路标就足以让我们激动不已了。这是国际化的体现。我们回到了另一个世界,那个在7 000英里之外我们于伊斯坦布尔甩在身后的世界。

塔碧莎和我相视一笑:我们骑着摩托车横跨了整个欧亚大陆。从爱尔兰到北京,9 400英里的路程,多数都是坑坑洼洼的双车道柏油路,路面状况跟美国南方糟糕的泥路相差无几,一路都是摇摇晃晃的骑车人、横冲直撞的家禽和行人。我们走过了3月、4月和5月,除了少数雨天,天气一直很好。我们曾住过五星级宾馆,在豪华宾馆内用最好的瓷器用餐,也曾在露天的集市上用苍蝇落过脚的锡盘吃东西。我们最终还是成功了。在那一刻,我知道既然我们能一起完成这次旅行,以后任何事都难不倒我们了。

我们沿着四车道的柏油路开往北京,感觉特别幸福。现在可以无拘无束地驾驶了,时速达到60~70英里。

我们经过了北京的心脏——天安门广场。在我1988年来这里时,天安门广场是一个在夏天供人休闲的场所,人们在这里放风筝,晚上坐在这里乘凉,那时的天安门广场像莫斯科红场和纽约市政公园的结合体。广场周围的建筑,天安门、故宫、中国历史博物馆、中国革命博物馆、人民大会堂、前门、毛主席纪念堂以及人民英雄纪念碑,向我们诉说着中国悠久的历史。如果你早起,还可以参观庄严的升旗仪式。

由于我们从上海搭船离开的计划搁浅,我恨不得马上飞往日本。

我们的环球旅行一定要保证都在夏天进行。

入住酒店后,我们出去观光,去了故宫。虽然北京还有许多地方值得一看,但是第二天我们还是冲到北京首都国际机场,咨询如何去东京以及把摩托车运到东京的事宜。

虽然办理旅客登机的窗口人满为患,但是货运窗口没什么业务,寂静得如同美国南方小镇。此处没有货运,也没有多少国际贸易,我猜货物可能是通过海港运输的。没有什么东西需要很迫切地运到中国。

没有旅游手册告诉摩托车手如何从伊斯坦布尔前往北京,从北京到东京的指导更少。回想我们是如何把摩托车从纽约运到香农的,我就后怕。我们不仅要给摩托车打上木条包装,而且要断开电池,放空汽油,填写无数的表格,还要与数不清的部门官员打交道。每一个部门都认为自己的部门重要,要么就是害怕让我们自由行动而丢掉工作。

5月29日,我们驾车去了机场,虽然我们是那儿唯一需要货物运输的人,但是却耗费了一整天的时间。之前我们经常会花费一整天穿越一个国家,但是这次,我们要花费整整10个小时处理各种手续——保险部门、授权部门、航空部门,自然还有好几个收费部门。我们必须给摩托车称重。令我吃惊的是,居然没有人因为为我们放掉汽油或者断开电池而向我们索要贿赂。

事实上,作为第一笔从北京首都国际机场运送摩托车到日本的业务,我们办得还算顺利。如果我们是第十笔或者第一百笔这样的业务,那么他们就会制定出一套程序,可能需要耗费你几天而不是几个小时的时间。

而且,根据我多次旅行的经验,一旦你开始穿越一个国家,那么你必须全速前进,不要停止,永远不要说我明天再来或者几个小时后再来。必须一直向前，否则永远也做不到。虽然全世界四处游历看起来十分惬意，但我们这样的旅行必须保持一定的密集度。如果总想休息休息，或者到处走走看看，抑或在出入境时被一些官僚的红章——可能要有100多个章——搞得很气馁，那么可能意味着将不能完成这次旅行，要么花费数年的时间去完成。

幸运的是，在穿越一国时，如果按照你的方式前进，那么最终需要做的仅是放慢脚步。一个人会说，"好吧，你现在去某某那儿办理"，或者说，"某某，给这些人办理一下，他们没问题"。如果你停下脚步，那么总会碰到阻碍。任何暂停都会让这些办事员有时间去思考，那些有官僚作风的人闲着无聊胡思乱想的时候，他们所做的就是找出一个理由，让你不能按你的想法行事。

即便你办完了手续，逗留也是危险的。千万不要在附近逗留，因为这些边检会在那儿琢磨自己刚才做了什么，他的上司吃完午饭回来后会怎么说。如果你想赶紧离开这个地方，那么就要立即离开。因此，一旦我们询问完，官僚们也答应了，我们最后想做的就是放慢进程在城里花上一周的时间观光旅游。相信我，下周程序将会完全不同，会更长、更烦人，甚至可能不行了。因此，我宣称我们打算乘坐下一个航班，这个航班每周一次。这样会帮助我们省掉许多无谓的文书工作。

由于担心工作人员不能准确地把摩托车打包，我们就随车看着他们给摩托车打包。因为那日没有其他去东京的货运航班，所以所有的货运工作人员都来帮忙。12个毛手毛脚的工人这样那样地想捆绑摩托车，但是都不得要领。一次，他们把塔碧莎的车子捆得过于紧了，竟然把金属货盘扣弄弯了。

最后，塔碧莎爬上货盘说："好吧，伙计们，还是让我告诉你们该怎么做吧。"

所有的货运工人都靠后站着,看着这个高挑的长发美女把摩托车捆扎好,之前他们已经尝试了两个小时都失败了。当塔碧莎完成时,现场发出愉悦的欢呼。

塔碧莎想尽可能多看些景点,因此我们当天打车进城。

在许多方面,北京都是中国最拥挤的地方,而且不是十分具有这个国家的典型特征。虽然北京聚集了最好的一切——最好的酒店、最好的食物、最好的公路和街道——但也有着刻板的博物馆和华而不实的职能部门。你去哪儿都会看到一堵灰色的墙和紧闭的大门。不过,这座城市的影响力辐射全中国。看起来令人难以置信的是,中国横跨3 000英里的土地,但即便在遥远的乌鲁木齐,时钟都要以北京时间为准。因此,在中国西部,我们早晨7点半醒来的时候天还很黑,这是因为从地理上的时区来看,事实上只有5点半。

塔碧莎想去颐和园,但是我们被告知那里正在闭园维修,给我们留下了遗憾。

中国正在快速发展,到20世纪90年代末,中国的经济总量将会位居世界第三,当然这不是按照人均来算的。21世纪上半叶的某个时候,中国将成为世界上实力强大的经济体。

那么,一个谨慎的西方投资者应该如何把握住中国经济快速增长带来的良机呢?

如果你想参与进来,你应该找一家中国人开的公司为你代理在中国的业务。例如,如果XYZ公司宣告它将直接进军中国市场,那么我不看好这家公司。但是如果XYZ公司能与一家海外华人开的公司联手,这家公司又很有活力且已经在中国获得成功,例如已经在泰国或者新加坡股票市场上市,那么我会迫不及待地购买XYZ公司或者那家海外华人公司的股票。

第二天在机场我们仍担心摩托车是否已经登机,我们问是否能到货舱看看它们。

当然,没有任何问题。

我想着如果在肯塔基机场要去货舱看看的场景,那将会花费17个官员17个小时的时间处理这么一个简单问题。摩托车正如塔碧莎放在那儿时一样,原封未动。

我们起飞离开了中国,离开了这个世界上人口最多的国家,飞向日本,飞向财富最多的国家。

第二篇

从东京到顿琴

日本：值得投资的国家

在日本成田国际机场，海关人员对我们的身份感到很困惑。美国人带着德国的摩托车从北京飞到东京，这对海关人员是有些复杂。

我们用很少的肢体语言和较多的英语，让他们知道我们的意图。但是，海关人员对过境单据没有什么经验。幸运的是，我们在伦敦的时候就考虑到了可能遇到的情况，因此记下了一位日本汽车工业协会官员的名字，他可能熟悉过境单据。海关人员给他打了电话后填写完毕。

日本和中国截然不同，在中国大多数请求都会遇到"不行"这样的答复，这可能意味着"今天不行"，"外国人不行"，"可能以后才行"，"因为我在吃早饭，因此可能不行"或者"我不了解情况"。而日本人会答应所有的请求，不管他们是否能做到，都会强有力地说"哈依"（是的）。

此时已经是晚上 5 点了。我确信，海关官员会告诉我们他们要关门了，明天是休息日，还是星期二再来吧。

但是，这些公务人员尽职尽责地处理事务，直至最后完成，尽管超时已经差不多一个小时了。他们递给我加班时间的账单，不过我很乐意支付。如果世界上其他地方的边检也能有这样的工作态度该多好！这是日本人富裕的一个原因。

我和塔碧莎驾车驶向东京帝国酒店，穿过皇居时我俩咧着嘴笑得像傻子。我们径直把车开到了大厅前——车身沾满了泥，备用轮胎在车尾摇晃——很是狼狈。不过当我们坐在豪华的房间中时，内心却充满了喜悦。

在路上我们经常要考虑一些具体的问题，如我们要从哪儿穿越下一个边境，前面的路况怎么样，要在哪儿停留，下一个城镇是否有加油站，我们能否买到轮胎……所有后勤方面的问题都要考虑。尽管穿过具有异域风情的地方总能获得惊喜，但是我们从未有过清晨从睡梦中醒来被周围环境惊呆的经历。现在我们正在发达国家的第一流酒店休息片刻，我们回想一下过去，看看我们做了些什么。

"哇，"我说，"我们刚驾车穿越了中国的沙漠。"

"是整个中国。"塔碧莎边说边大笑，很是高兴，"我们已经从大西洋骑到了太平洋。"

根据《吉尼斯世界纪录大全》的记录，之前还没有人在陆地上完成这样的壮举。

"你是第一个完成此项壮举的女人。"我说，我们都感到骄傲。

我希望成就带来的欢乐和异域的刺激能让她保持热情，完成余下的旅程，因为她在几天前已经有些打退堂鼓，表示不确定是否可以继续向前走了，可能从东京直接飞回纽约。她的车子仍不断给她带来麻烦，而且她对旅途有些厌倦。

但我什么也没说，希望在我们讨论前最好让她休息几天。

我们惊诧日本不仅与中国存在巨大差异，而且几乎和世界上所有的地方都不同：道路是那么漂亮，公园和建筑物是那么干净。这不像是到了纽约、罗马或者伦敦，这些地方有些区域让你感觉就像来到了第三世界。日本就像在一位严厉船长管理下的轮船一样井然有序。

我们把摩托车送到了本地的宝马经销商那儿，让他们把旧轮胎换下来，装上新轮胎。他们还要改装我的化油器，并检查塔碧莎车子的发动机。

回想1990年1月，我在《巴伦周刊》上预测日本的股票市场将至少下跌50%。日本当地的一家财经杂志注意到我已经到了日本，因此想知道我怎样看待日本当前的股票市场，日经指数已经从40 000点跌到了29 000点，这是否意味着已经触底了，投资者是否应该买入。

大约在一天前，我注意到当地报纸的头版刊登着东京高尔夫球俱乐部的会籍平均价格，这就如同美国的报纸刊登着道琼斯指数一样。现在东京高尔夫球俱乐部的会籍价已经高达100万美元。花100万美元成为一家高尔夫球俱乐部会员！这在我看来就是一个投机泡沫，是没有内在价值的金融膨胀，且已经达到顶峰。

当你看到一项资产的价值如同这种情况一样偏离轨道，那么就要静下来，并问问自己是否某些事情出问题了。停下来仔细考虑考虑，可能你周围的每个人都失去了理智。在1929年，你会看到股票市场有着同样的疯狂投机行为。在现实世界中，高尔夫球俱乐部会籍不可能价值100万美元。

我说股票市场和房地产市场还有很大的下跌空间，这是因为很明显市场中还没有人从下跌中感受到痛苦。除了天价般的高尔夫球俱乐部会籍价格，日本的房地产价格也高入云端。皇居所在地据说比整个佛罗里达州都值钱。

而且，我知道日本银行正在收缩货币供应，并已经宣布要挤压投机泡沫。日本中央银行的发言分量如同德国的德意志银行。意思表达出来了，但日本市场中的人除了牛市什么都不知道。他们不认为事情会发生改变，他们所知道的就是股价会上升。可是现实世界却不是这样运作的,但没有人愿意听我的言论。

我想到让他们在第一时间摆脱危险的方法。日本拥有世界上最多的外汇储备,这很大程度上是因为多年对很多国家的贸易顺差。战后,许多国家尤其是日本和德国累积财富的方式就是获得硬通货,比如美元等不会丧失价值的货币。今日的俄罗斯和中国也是采用这种方式。在这些地方,你有越多的美元、马克和日元,那么你在这些经济体中就生活得越好。

二战后不久,日本就宣称:"你怎样才能获得硬通货?你要出口。"你提供给人们硬通货般的商品,人们用硬通货来购买。他们不断告诫自己:外国人需要的是高质量的商品。日本人十分渴望获得外国货币,因此他们拼命督促工人生产高质量的商品。但是,他们的国家遭殃了。他们不能用本国货币购买任何东西,因为本国货币很不值钱,或者在国外被认为不值钱,因为他们没有任何外汇储备。

这一切是精力充沛的人在"寻找金矿"时都要面临的问题。金矿不是在加利福尼亚吗?让我们跳出这种理念吧。金矿可以是现实的金矿,可以是华尔街的繁荣,可以是得克萨斯州的油井,也可以是西安的旅游业,抑或是硬通货的积聚。勤劳的人们发现哪里有金矿,就会奋不顾身地奔向哪里。

日本的出口繁荣正源于此。人们会说日本人四处抄袭剽窃。不,事实上他们只是看到了顾客需要什么。他们看到人们需要电视机后,就依据这个事实制造出物美价廉的电视机。

结果呢? 1957年他们的经济恢复到了二战前的水平,从1957年到1970年,日本经济以每年10%的速度增长,有时比美国还快。到了1980年,日本的汽车生产超过了美国,到了1986年,美国进口汽车的1/4来自日本。

日本人的态度和美国政府的态度截然不同!美国人说:"让美

元贬值吧,这样我们就可以以低成本进行生产,从而能卖出更多的商品。"除了短期有效,这条政策从来没在世界史上发挥作用。

为什么不起作用?比如说雪佛兰汽车和丰田汽车都以每辆10 000美元的价格售卖大致相同的车型。如果美国将美元贬值30%,雪佛兰仍然按照每辆10 000美元出售,而丰田的售价成了每辆13 000美元。乍一看,这样不错,美国汽车工人的工作得到了保障。让日本人在美国市场上卖车更困难对美国会有什么伤害?

然而,在现实世界中,既然美国现在在价格上可以很容易地与外国竞争,在货币贬值的保护伞下,雪佛兰、福特和普利茅斯就都会提高价格,比如说提高到每辆11 500美元。

有人会说这样做如果能让美国国民实现更多就业,能让美国保持第一,那么就是值得的。不幸的是,那样做根本不起作用,因为路边的干洗店已经为购买雪佛兰汽车多支付了15%的费用——同它的每位供应商一样,这就意味着它一定会提高价格来补偿多支付的费用。干洗店与它的供应商们还必须共同为美国进口的所有商品多支付30%的费用——钯、钛、钴、铬、锡,还有咖啡、可可等——数不胜数。如果把这些因素考虑进去,货币贬值带来的国内经济增长和看似无成本的收益在一年左右的时间内就会消失。

另外,在定价销售的条件下,技术革新与产品改良就不会得到充分重视,这种劣势在与竞争者的对比中会越发突出,最终企业的机构臃肿和生产效率低下问题会更加明显。

结果,通货膨胀爆发了。雪佛兰的价格一路攀升,直到每辆13 000美元,甚至突破每辆14 000美元。而相比之下,丰田的价格较低,雪佛兰因此丧失了更多的市场份额。如此循环下去,美国的财政将陷入一个无法逃脱的陷阱中,成本会持续增长,货币的再次贬值在所难免。

人为地使货币贬值造成了一个永无终结的恶性循环。若非如此，意大利就不会出现经济萧条和政治腐败，以及长期的通货膨胀。扎伊尔，这个在世界经济发展中的落后者，就会成为世界上效率最高的生产者。当然，就购买力基础来讲，扎伊尔的国内货币会由于无人问津而价格暴跌。

所以，与美国政府坚持定价销售政策不同的是，现在世界上几乎没有一个国家会声称压低货币价值是良好的长期策略。英国人把英镑的贬值归咎于没有足够的时间，但是现在他们已经花了几十年的时间来调整，然而结果又怎样呢？按30年前的汇率，足值的1英镑可以兑换8德国马克，而今天却兑换不到2.5马克。如果英国人再不采取措施改变现状，那么30年后英镑会比现在的价值更低。

政府只有以下三种财政管理方式：第一，严格控制开销不超出税收所得；第二，通过贷款来弥补财政赤字；第三，发行更多货币。世界市场通过拒绝向其发放贷款和使扎伊尔的货币贬值让扎伊尔得到教训，从而导致该国货币几乎一文不值。如果美国不约束自己，让财政收入仍保持赤字，没头没脑地借贷，那么市场就会对美国做出相同的惩罚。美国越是推迟清理联邦政府的财政烂摊子，问题就越棘手。

如今，美国是世界上最大的债务国。是的，如果美国过去采取了正确的对策，的确会非常痛苦，大量靠政府税收吃饭的人将被裁员。然而，如果再推迟对债务的清理，那么当世界上所有其他国家都成为美国的债权国时，情况将会更加严峻，那必将是一个噩梦。

唯一的解救办法就是实施严格的自我约束。

一个国家必须学会竞争和创新，必须降低其生产成本，就像一家厂商应该拿来别国的录音机说："来，让我们在里面设置12首新的铃声，让它像德国录音机一样能卖个好价钱。"

英国政府应该怎样做才能挽救这种局面呢？在过去的30年里，英国政府本可以不发行那么多货币，这样就可以保持预算平衡，提高货币价值和国家的生产力，使国家更具竞争力和创新性。

英国政府和人民都应该接受并承担这种变革之痛。是的，物价会上涨，失业率会上升，还会带来贫困问题。然而另一方面，变革却可以让英国像法国和智利一样摆脱困境。

在20世纪70年代，卡拉汉首相领导下的英国政府认为，如果英国想在未来世界中拥有强大的竞争力，就一定要发展半导体业。同时，政府否决了在英国建设硅谷的提议，原因是那将会导致大量百万富翁的出现，而在理论上这会阻碍普通百姓获得财富。正如在70年代英国政府得到的教训和意大利政府现在面临的情形一样，最终，世界货币和债券市场会对此有所回应："好了，不管你是否愿意，一切都结束了。"有朝一日，世界市场会拒绝吸收更多的美元和债券。美国人能怪谁呢？难道有人会愿意购买价格过高的债券和货币吗？

然而不幸的是，最终的结果往往是战争、极度通货膨胀、经济萧条，以及其他会使百姓深陷贫穷痛苦之中的灾难将人民引上这条无法回避的艰辛的变革之路。毕竟，德国和日本都是在经历了二战的灾难后才走上这条道路的，南美洲国家的人民则为此花了70年之久。事实上，政治家们往往不能，也不愿坚持去解决这个棘手的问题。

令人费解的是，法国人竟然选择了这样一种发展模式。在二战后的30~35年间，法国出现了持续的货币贬值和通货膨胀。法国人将银行和许多大型工业企业国有化，加强价格管制，限制高额利润，同时对法国的百万富翁征收重税（包含针对收入和资产征收的税款）。"我们赚钱太容易了，"他们说，"我们繁荣和高速发展的时代就要到来了。"

然而，美好的憧憬显然没有成为现实。在二战后世界其他国家的经济正在复苏的时候，法国经济的发展却停滞了。不仅失业率上升，法国政府还持续使法郎贬值。

1983年，密特朗政府说："我们要改变这个没用的政策。现在我们要做的就是紧紧跟随德意志联邦银行。"德意志联邦银行是德国的中央银行，以其稳定的货币政策闻名。"我们将会削减税收，鼓励投资，降低通货膨胀率，使法国成为一个优质商品的高效率生产者，我们要坚持长期性的经济建设。"

令人惊奇的是，法国政府的确实施了必要的措施。法国经受住了变革之痛，沿着这条艰辛的路走了下去。

紧缩货币供应量意味着法国企业家正急切地关注资本成本，意味着高失业率，也体现了法国选民并非完全满意。但是，这将迫使法国更具竞争力，愿意为合理工资而努力工作，快速提高生产率，创造有竞争力的产品。他们的经济会变得更有效率，无竞争力的企业会迅速被淘汰、兼并或改造。法国终于找到了变革和向世界销售产品的方法。

从20世纪50年代开始，政府就不断进行人员调整。最终，人民意识到如果他们想要使国家步入正轨，他们就不得不咬紧牙关，忍受经济变革之痛。对于一个深陷经济困境的政府来说，发行更多货币和通货膨胀看起来十分诱人，但是这不会改善长期的状况。没有一个国家会因为合理的货币政策而感到后悔。

事实上，如今法国的经济发展状况比德国好——他们拥有通货膨胀率较低、贸易更为平衡以及其他一些优势。他们的状况已经改善很久了，然而具有讽刺意味的是，市场还是无法相信他们。因为世人的看法是这样的："这些家伙在骗谁呢？我们熟悉法国人几百年的历史，他们总是让步，一向很懦弱。"希特勒这样认为，威廉皇帝也这样认为。法郎一定会遭遇货币市场上的周期性紧缩，直到法国人证明自己真正有做生意的本事，就像德国人、荷兰人和智利人那样。

用金本位来加强规范货币市场会怎么样呢？我们能够，或者应该恢复金本位吗？依据法律，在金本位制度下，你可以用一定面值的纸币来兑换1盎司的黄金。这是加强政府诚信，并要求政府维持合理财政状况的一种方法。

有几种观点对金本位进行了有力反驳，其中之一是认为世界市场不应该受到两个最大的黄金生产国——俄罗斯和南非的制约，而且这两个国家都拥有巨大的开发潜力。既然它们已经在稳步发展，为什么还要给它们如此巨大的利益呢？

我对金本位有两重质疑。第一，如果金本位很有效，那么回归金本位就会严格规范政客们的行为，从而最终使不堪其重的经济雪上加霜。当情况变得更加棘手的时候，政客们就会拿出一贯作风，将问题归咎于金本位制度并迅速将其废除。1973年，尼克松总统取消了改良后的金本位制，因为政客们已经没有勇气再坦然面对了。第二，金本位也可能不起作用。这就是说，政客们会想办法编造谎言、逃避，以挽救自己的信誉。例如，一个典型的例子就是，罗马帝国的金币含金量会比此前繁荣时期的含金量少很多。任何没有政客干涉的金本位制都不会很完善，然而我们所有人都会误以为它是万无一失的。但是，当一切都明了的时候，为时已晚。

有一种可以解决金本位所有问题的方法，而且成本低廉——取消针对黄金的资本利得税。如今，由于黄金的使用会带来必然的巨额税收，使用黄金进行或指导交易以及进行一切非纸币交易几乎是不可能的，取消这项税收，人民可以根据投票来表达个人意愿，这正是制定金本位的初衷。也就是说，无论何时政客们使货币贬值或经济处于低迷期，都会有越来越多的人将注意力转向黄金。随着黄金的利用率上升，政府决策的失利也越来越明显，甚至普通人都可以看得出来。他们一定会坚持用黄金作为货币尺度来决策，而非用纸币。

无须多说，取消针对所有硬资产的资本利得税，无疑将是更好的解决办法。然后，无论决策者何时压低货币的价格，市场都将会转向黄金、白银、钻石、粮食、木材，以及人们认为适合做交易媒介的其他物品。现在，我们无法从这些物品中进行选择，因为除了政府的纸币垄断，几乎一切交易都受制于资本利得税。

有一件事是日本记者没有问到的，就是究竟当地哪一种金融资产价值被低估了。

答案过去是，现在仍是日本期货交易所的席位。

众所周知，多年以来日本商品交易市场曾经对外封锁过，这直接造成了日本商品交易规模小与不成熟的现状。与50年前的美国一样，日本当时主要以地方丝织品与大米为交易商品。

我将这种政府对市场的干涉归结为中央集权经济。就是说，日本公民需要支付6倍于世界大米平均价格的价钱来满足执政者对国家农业的保护政策。日本农民种植水稻占用了大量的土地，这已经使每英亩的土地价格上涨到一个极端的高度。由于没有人能够负担如此高昂的土地价格，所以人们的注意力都转向了远离市中心的住宅。

然而，现在日本人不得不向外国工业产品和商品敞开市场大门。他们沿袭了一些国外交易运作模式，建立了一个针对他们股票市场和日元债券市场的指数期货。打开金融市场大门的，就是允许外国人在他们的交易所中拥有一定席位。

投资者要怎样做才能赢利呢？一种聪明的做法就是在日本商品交易所购买席位。首先，其价格极低；其次，随着日本越来越多的商品交易，爆发性的价格上涨将会发生。日本股市中的席位价格已经突破600万美元,而商品期货交易所席位的价格要低得多。参照一下美国的情况:纽约证券交易所的会员价格卖到50万美元,火爆的期货市场席位价格与此不相上下。

购买席位是进入这些市场的一种简易方法。地域性的商品市场会持续发展,并且会与世界市场更加深入地融合。在未来的几年之内,每一种商品都可以随时在世界的每个角落进行交易,到那时,这些席位的价格一定会暴涨。

购买席位符合我投资理念中的两个基本原则。

第一,我们已经发现了廉价的东西。

第二,这种东西具有巨大的发展潜力。

这些道理看似简单,却是成功投资的关键。

大多数投资者都可以很容易地认识到在什么时候投入资本是廉价的,但是他们很难察觉未来即将发生的变化——这就是研究市场及其历史发展轨迹的重要之处。在我的金融学课程中,我坚持让学生们通过对历史上特定时期的一切经济事件进行分析预测来提升他们的决策能力。1929年纽约市场的下跌预示着什么呢?怎样从美国南北战争的爆发推测出曼哈顿的房地产市场价格将会飙升?二战以后,蒙哥马利·沃德预测了一次经济衰退而后全身而退。西尔斯·罗巴克准确地预言了一次增长,实现了扩张,并获得暴利。是什么影响了投资者的决策?

坦白地说,我也会犯错误,经常过早地采取行动。我不是一个短期交易者,与那些在市场上准确把握时机进进出出的人不同的是,我进行长期投资。

日本期货市场中的席位是投资者应该持有5年、10年或15年的机会,因为它可以在原有资本上增值10倍、20倍,甚至40倍。

这是一个非常诱人的投资机会——东京是一座拥有如此多投资

机会、生机勃勃、令人振奋的城市——我和塔碧莎都强烈地希望在我们旅行结束后移居到此。

日本人也不是没有他们的问题。

不管美国报纸怎样大肆地宣传，时至今日，日本的青年一代的确不如他们的父辈那样努力工作了。今天，日本再辛勤工作的人也不会像他们父辈那样做出牺牲。第二代财产继承人永远不会做出牺牲，而当财富传到第三或第四代的时候，就已经没有生命力可言了。

以前，日本人口的增长对这个国家是有利的。但到20世纪80年代中期时，人口增长率已经下降至每年0.6%的低水平，而现在是当时的一半。与此形成对比的是，美国人口以其双倍的速度增长，韩国人口则以其三倍的速度增长。日本庞大而日渐老龄化的劳动力带来的问题在20世纪末会凸显。到那时，面临退休的人口比例将会令人沮丧，加重社会和经济负担。

另外，日本缺乏自然资源，这对于一个以工业生产为支柱的国家来说是一个巨大的危机。日本必须有一个坚实的自然资源基础。除非日本人能找到一个资源提供方，不然他们就会像在20世纪30年代那样去征服另一个国家——但它绝不会成功，最终必将失败。

另一方面，21世纪需要战略合作。在同样需要资源来支持庞大人口生存的中国，劳动力比资本量大得多。西伯利亚拥有更多的土地和资源而缺少劳动力和资本，日本则拥有大量的资本而缺少资源和劳动力。这使我想到，如果日本的资本同中国的劳动力结合，共同开发西伯利亚富饶的资源，将会创造巨大的财富。

在东京驾车闲逛的时候，我们感到了一阵震颤：这是一次里氏4.5级的地震。我很吃惊，因为我曾以为任何一次地震都可以使日本毁灭，但是事实上日本经常发生地震。平均100年中会发生50次震级足以毁灭一切的地震。

再次出发的时间临近了,我实在很不情愿面对塔碧莎的决定。

"你想继续走下去吗?"我问她。

"我受够了,"她说,"在西伯利亚肯定比在中国还艰难。"

我只能表示赞同,没有人会觉得骑车穿越西伯利亚是件容易的事。

"但是如果没有你,情况会截然不同,"我说,"我需要你跟我一起走下去。"

她微笑着说:"吉姆,你不需要任何人。"

"我真的需要你。"我说,然后想说些幽默的话来缓和一下气氛。"谁修理我的车呢?谁跟我做伴呢?谁用那北欧人的美貌让我顺利通过那些高大的海关人员的盘问呢?他们会把我抓进监狱里的。"

"我讨厌我的车,"她说,"一路上都听着它发出抗议的声音,我真希望它能突然坏掉。"我记起那些寒冷的清晨,为了让车启动,她不得不对着车踢两脚的情景。

"你的车?"我说,一股希望涌了上来,"就是这个原因吗?来,我们去宝马店为你选一辆新车。"

"买辆新的?"

"你想要的任何东西。"是的,任何东西。事实上,如果没有她,我的确可以勉强前进,但是我会想念她的稳健和机械才能。我们是一个很棒的旅行团队。每当我竭尽全力想要通过海关官僚的愚蠢询问时,她都会用甜美的声音成功说服他们让我们通过。

尽管我也可以花钱买到所有的这些服务,但却无法买到她的机智、她的激情,以及我们的一路欢笑、默契配合,而这些恰恰是我十分怀念的。与我认识的大多数女性所不同的是,她把探险看作一场游戏,在逆境中坚持了下来。特别值得一提的是,我绝不是一个好相处的人,而她能够理解我、容忍我。我意识到从各个方面来看,她都是我的最佳搭档。

她缄默了。一辆新车足以使任何一个像她一样的爱车族欣喜若狂。"我想想吧，"她防备地说，"但是我不会做任何承诺。"

在全面检修我的车的经销商那里，她看中了一辆BMW R-80型号的摩托车。

坐在新车的座位上，抓着把手，闻着新车特有的令人眩晕的气味，沉醉在摩托车强大的电子启动装置中，她微笑着对我说："这可真有说服力。"

我也向她微笑着，我的目的快要达到了。果然，不一会儿，她就同意和我继续上路了。我们把她的旧车托运回了美国。

这辆新车立刻使她振奋起来。我们兴奋地买了很多旅行必备的物品，因为这些物品在中国没能买到，而在西伯利亚也很可能找不到：制动液、牙膏、编织衫、剃刀刀片、钢索、刹车片，和一整套螺母、螺栓和螺钉。想要如此轻便地在世界上如此荒蛮的地区旅行，我们就得事事提前考虑妥当。我们买了新的头盔和小巧的帐篷，以及摩托车手的专用睡袋。

经过在日本的短暂休息，我们再次踏上旅程，这次目的地是世界上最荒凉的地区之一——西伯利亚。

时至今日，这些面临日本海的西伯利亚城市也仅仅是地图上的名字——纳霍德卡、符拉迪沃斯托克（海参崴）、哈巴罗夫斯克。我们两人都非常兴奋，但自然还有一点担忧。我们要在哪里停留？会经常露宿野外吗？黑市还会保证我们一路都有汽油可用吗？那里的苏联人对美国人的态度会怎样呢？还有从纽约的苏联人那里听到的危险物"塔亚"——老虎，它们会袭击我们吗？

在世界的边缘

我们在符拉迪沃斯托克（海参崴）以东几英里的纳霍德卡新城登陆，这里是苏联海军的驻地，因此一般不对外国游客开放。纳霍德卡在二战前是一个小村庄，现在成了一个重要的渔港，放眼望去，可以看见城里高耸的暗灰色公寓房子和一个优良的避风港。此番景象很容易使人误以为自己置身于月球或世界边缘，或是一个尽管不大可能存在，但还是觉得可能会跌落下去的无底洞。

在西伯利亚海关，工作人员根本不知道过境单据为何物，他们没有在我们的护照上盖戳，而仅仅递给我们一张盖有印戳的纸。他们的松懈着实令我吃惊，因为这意味着我们可以卖掉摩托车获得一大笔免税的收入，尽管我们没有打算这样做，但这毕竟是大多数海关都会认真检查，加以杜绝的。当然，他们这样做可能是因为很少有机动车来到这里。

到了宾馆，我们开始寻找停车地点，希望能找到一个车库或者车棚。在警察局，有人告诉我们可以把车停在隔壁。

我们把车停在了木篱笆的后面，照例锁好轮子，然后用防水布遮盖好整个车身。被盖住的摩托车往往不会吸引太多的好奇心，当然那些厚脸皮的好事者除外。

包括绑在我们车上的那两个备胎在内，我们一共有两套备用零件，还有一个轮辋。为了安全起见，酒店经理建议我们把备用零件锁在位于大堂的寄存柜里。

我们兴奋地迈向这个新世界。

街道上行人很少，店铺也不多，纳霍德卡多少让人觉得恍若隔世。我在亚拉巴马就曾经见过闲置的港口。美国莫比尔港的繁荣时期早已过去，但是还算处于维护状态，而在这里生锈破损的设备随处可见。这里的码头没有安全设施，货物随意摆放，任何人都可以轻而易举地拿走任何东西。

在这里，土褐色的街道上几乎没有行人，甚至市中心也是这样。令我们吃惊的是，在这个拥有17万人口的港口城市里，竟然只有不到20条街道，每一条都各不相同。在大多数规模相当的城市都会拥挤着数百家各式各样的小店，然而在这里只有一家儿童服装店，一家百货商店，一家汽车配件商店，还有一家五金商店。是啊，为什么需要两家相同的店呢？这的确是一种浪费。另一种令我们震惊的商店是面包房，里面摆满了每天烤制的廉价面包。事实上，这里的商店既缺少商品供应，又缺少顾客。

五金商店仅有少量的螺母、螺栓和铰链，货架上几乎是空的。百货商店里摆放着100瓶4升装的桦树汁——一种味道介于苹果汁与柚子汁的饮料，还有几瓶苏联国产的浓缩牛奶、几袋面粉和几件其他物品。那家汽车配件商店简直是名不副实，店里仅仅摆放着几个轮胎、一个汽车喇叭和几个后视镜。

人们到哪里去获取必需品呢？我们大惑不解。

我们路过了一家小型银行，它看起来已经衰败到濒临破产的地步了。我坚持一贯做法，在这里用几美元象征性地兑换一些卢布，得到一张收据，以向官方证明我们的确做过应该做的事情，然而，我们密切关注着货币黑市——这才是真正的市场。

我一直与家人保持联系,通过不断地寄出明信片来保存我的旅行日志。我在宾馆和洞穴似的商店里寻找明信片,结果不但没有找到明信片,连文具店都没找到——根本没有卖铅笔或便笺纸的地方。在多次搜索未果后,终于有人告诉我在邮局也许可以找到我需要的东西。我一边满腹疑惑地向邮局走去,一边庆幸自己有远见,多带了几支圆珠笔。

这里的邮局不如爱尔兰的坎皮恩夫人的邮局或者在亚拉巴马一直伴随我成长的邮局那样有吸引力。它们看起来同其他的政府建筑毫无差别——水泥地面、刺眼的灯光以及三四个无所事事的职员。幸运的是,在桌上摆放的几件待售商品中,的确有明信片。尽管明信片上面根本没有图片,而且纸质粗糙易碎,但至少这是明信片。

顾客在哪里呢?我正在纳闷,然后立刻醒悟了:这里没有多少人需要到邮局办事。人们不会通过邮寄获得账单,也无须通过邮寄付账,所以自然也没有人会受到垃圾邮件的骚扰。当地人去邮局的唯一目的就是寄信或取信,但是我很快就发现由于苏联的纸供应不足,人们往往会使用更快、更可靠的电报。电报系统和横跨西伯利亚的铁路都是在沙皇时代由资本家出资建成的,这些就是最贴近普通苏联人生活的系统了。

明信片的旁边只有邮票和信封。我相信在苏联,邮局是你能买到信封的唯一地方。

我站在柜台前,微笑着指了指明信片,然后伸出了三个手指。女职员茫然地看着我。我再次微笑着拿出一张 10 卢布的纸币放在柜台上,又伸出三个手指,然后用另一只手指了指摆放着的明信片。"三张。"我慢慢地说。她皱起了眉头,轻轻地摇了摇头。我重复了一遍手势,这一次,她警惕地后退了一步,好像我向她暗示了一个下流的动作。

在我做了 10 次这个手势来表达意思之后，这个职员还是不能理解我想要什么。我对她的不理解感到困惑，最后找来了经理费德罗夫女士。在看了我的手势之后，她微笑着点点头，示意我她明白我是想往澳大利亚寄明信片。

"不，是美国。"我一个音节一个音节地发出"美国"这个单词。

她最终明白了我的意思，但是我竟然花了 15 分钟才买到三张明信片。我想最好还是多买点吧。作为一座所有外国人都一定会经过的港口城市，纳霍德卡并不是一座小镇，但如果在这里连买明信片都如此困难，那么在更加深入西伯利亚的地方会是什么情形呢？

于是，我买了一打明信片。在离开的时候，我意识到我开始理解并做着所有聪明的苏联消费者做的事情。当他们有机会买一样商品的时候，他们会尽可能多买一些，因为他们知道机不可失，错过这次机会就不知何时能再买到了。

我花了大约 6 美分买了这一打明信片，其中还包含足以到达苏联境内任何地方的邮资——最远可能有 7 000 英里长的距离。在面包店，有大量以三个铜板的价格出售的廉价面包——比 1 美分的 1/10 还少——美国农民拿它们喂猪，美国孩子把这样的面包当作足球来踢。

苏联已经有 50 年没有提高物价了！

这听起来很不错，甚至对消费者来说很棒——低廉的租金、廉价的明信片、便宜的面包、廉价的桦树汁，以及低成本的铰链。但是另一方面，他们除了面包，几乎没有别的生活消费品，面包自然是连政府都不敢短缺的一种商品。

现在，我们已经收集了一些德语、法语和俄语的地图。当我坐下来设计去莫斯科（6 000 英里的距离）的路线时，我发现那些在地图上本应该用小小的白色圆圈标示出来的城市之间，似乎少了些什么。

是城市之间的道路！

再看西边，在莫斯科周围，是用红色、棕色和黄色的线条标示出来的道路。然而，在从这里到鄂木斯克之间 4 000 多英里的距离中，竟然没有公路相连——没有红色、黄色、白色，甚至是间断的线条。铁路运输的线路标得很清晰，但是却看不到公路标志。

"也许根本就没有路。"塔碧莎瞥了我一眼。

"好啦，"我回答道，"他们只是没有把这个地区考察全面。别忘了西伯利亚幅员辽阔，跑遍整个西伯利亚来测绘一张地图，成本可是很高的。另外，德语和法语地图很可能没有标注公路。"

"那俄语版的地图呢？"她问道，"也不标注吗？"

我装作没听到她的讽刺，开始寻找当地人询问情况。人们摸着下巴，露出茫然的神情。有人确定是有一条路通往西面的哈巴罗夫斯克，但却不知道继续朝赤塔和乌兰乌德的方向上到底有什么路可走。

"这些城市之间一定会有相连的道路。"我对塔碧莎说。

她的眼睛睁得更大了："你怎么敢这么肯定呢？"

我的确没有特别令人信服的理由，但是，谁能相信竟然没有一条道路与这座仅仅相隔几百英里的重要城市相连呢？这不合情理。在旅途中，我发现当地百姓对本国旅游的了解往往还不如游客多。有哪个纽约人能详细地告诉你去堪萨斯的路线和路况呢？在蒙大拿又有谁能说明白怎样去伯明翰和亚拉巴马呢？在苏联，几乎没有人旅行，所以百姓了解得就更少了。假设你与亲人都生活在一起，并且只需走上一两百步就可以买到日用品，为什么还要旅行呢？

那些我询问过的人尽管都不清楚路线，却都可以确定一件事情：即使有路，也是没有铺砌过的。很好，我是在落后的亚拉巴马未铺过的路上长大的，从那以后，我都是沿着未曾开辟的道路前进，这种路我见过很多很多。

在纳霍德卡，我们遇见了几个码头工人。他们之中一个会说英语的人告诉我们，他们在前一年才知道出国的人没有特别许可就回国的行为是合法的。在苏联，他们一直以为一旦离开祖国，那么除非有特殊情况，否则就不允许回国了。他们还被告知，世界上的所有国家都是同样的情况。

"你是澳大利亚人？"在一家餐厅，一个高大友好的苏联人带着浓重的口音问我。

"不，是美国人。"我回答。

"啤酒不太好吧？"

"不，啤酒很棒。"我答道，不知道刚才的理解是否有误，因为我们正喝着伏特加。

"是的，这里几乎没有好酒。澳大利亚很好，别待在这儿。"

他晃晃荡荡地离开了，我问塔碧莎刚刚到底是怎么回事。

"跟这里不同，澳大利亚的啤酒味道很棒，"她说，"他想离开这里。"

"他喝醉了吗？"

"没有，大概只是在练习英语。"

在有人第五次提到澳大利亚的时候，我们终于明白了。经过询问，我们惊讶地发现有一个澳大利亚农民和他的家人住在距纳霍德卡仅有几英里的地方。

我们开车去找，真的发现了一个澳大利亚农民。他叫罗伯特·索科布，曾经在一个澳大利亚农场工作，几个月前离开了那边据说很艰苦的环境来到这里。他对自己在家乡发展的前途没有信心，于是像所有移民一样，想来这里赚大钱。

最初，他和妻子丽娜的曾祖父母都曾经从俄罗斯迁到白俄罗斯，成为白俄罗斯人。在20世纪二三十年代，两对老人都南下到了中国，后来他们又乘飞机去了澳大利亚。除了他们的俄罗斯血统，罗伯特、丽娜和他们的两个儿子皮特和保罗，以及他们的两个女儿安娜和亚历山德拉，完全像澳大利亚人。

罗伯特大约40岁，丽娜年轻一点。他们都说尽管已经经过三代，他们还觉得可以在俄罗斯生活得很好。他们每月的房租是5个半卢布——大约1美元，另外电费大约是每月房租的一半。这对夫妇说，他们都很想念家乡的一切——朋友、道路、啤酒。

苏联人分给罗伯特约250英亩土地，要他在这片土地上养牛。在这里，他获得了比在澳大利亚生活一辈子能获得的还要多的资产。他说，在澳大利亚大使馆的苏联人曾经试图阻止过他，说他根本不知道自己将要面对的是什么，但他还是坚持回来了。一个能够拥有自己土地的机会可比他原来每天少得可怜的工资要吸引人得多。他会抓住这次机会——移民者永远的赌注。

几家苏联杂志社千里迢迢赶来采访他。毕竟，他们一家很可能是在50年内唯一肯移民到苏联的怪人。

他们给了他一座房子，外表与那里其他的房子毫无差别——没有室内抽水马桶、电力供应落后和厨房简陋，最多只有自来水以及烧木头和煤的炉子。几乎任何一个亚拉巴马农民的生活条件都比这儿优越。丽娜有一点害羞和保守，对这次搬家感到十分困惑，并对他们来的这个新国家的恶劣条件不知所措。

他们19岁的儿子彼得正在苏联海军服役，他非常反对这个计划。他们14岁的女儿安娜对此更没有热情。当然，14岁的孩子对任何事情都不会非常热心，但这是一种没有摇滚、录音机、电话、明星照片、碳酸饮料，什么都没有的生活。

他们8岁的女儿亚历山德拉对此无所谓，5岁的保罗很高兴能拥有一辆自行车。其他的孩子都过来玩，因为他们没有。每天，丽娜都要陪安娜和亚历山德拉一同上学，因为他们还不能完全听懂学校的俄语授课。

丽娜倾其所有，用蔬菜和桦树汁款待我们。罗伯特说他想建一所合适的房子，但是他渐渐发现如果当地没有木材场，这几乎是不可能的。

"我转了一整天，试图找到一些东西——木材、水泥、钉子之类的。"他说。当地的居民只要有这类东西，都会交给他，希望能够尽力帮助这个背井离乡的人。

"我花了几周的时间把沙砾铺到车道上面，来盖住这该死的泥。"他说，"我把计划告诉了大家，之后常常会开来一辆卡车倾倒一些沙砾在上面。我没有办法付钱，他们不想要我付钱。"

政府已经承诺再给他些土地，但是他们明确地说不管他多么辛苦地劳作，都不许出售任何一块土地。他可以把农场传给他的孩子们。

我认为在这里养牛完全是一个荒谬的想法，但是也许他能够做好。如果他有坚定的信念和足够的勇气坚持下去，也许就可以成为一个在西伯利亚东部靠养牛起家的男爵。我希望如此，祝福他们一家。

在我们要离开纳霍德卡的时候，我们打开了位于宾馆大堂的寄存柜，发现我们的轮辋和备用轮胎都被偷走了。我坚持让那个名叫鲍里斯的前台工作人员去找这些东西，但他只是耸了耸肩。

"为什么会有人需要宝马车的轮胎呢？"我问塔碧莎。

"你去过商店，"她说，"为什么不会是他们偷的呢？"

她说得对。如果我用心找，我可能就会发现一个宝马轮胎在某人自制的独轮车上，或是被装饰在一间起居室里作为异国风情和身份地位的象征。幸好我们把车子停在了警察的眼皮底下，我决心在苏联期间一定要坚持这样做。

幸运的是，在日本为我检修机车的宝马经销商和我建立了客户关系。为此，我疯狂地打了无数次电话，相比之下，买明信片简直太容易了。最后，我还是成功地订购了备用的轮辋和轮胎，它们将被航运到哈巴罗夫斯克——我们希望能在几天之内到达的地方。

然后我们起程，踏上了经过塔亚（我现在知道"塔亚"是苏联人对西伯利亚蛮荒的代称），穿越6 000英里，通向莫斯科的旅程。这么早就丢失了如此重要的零件，甚至在我们离开港口城市之前，这使我看清，如果在塔亚的腹地发生意外，我们就会有大麻烦了。

穿越蛮荒之地

西伯利亚幅员辽阔。即使把整个美国本土放入其中,再将阿拉斯加和除苏联的其他所有欧洲国家放进去,仍显得绰绰有余,它依然有足够的空间再装下一个得克萨斯州。

除非在特殊情况下,否则苏联某些具有重要战略地位的城市是禁止外国人进入的。去哈巴罗夫斯克的最佳路径就要经过这样一座"封锁性"城市——符拉迪沃斯托克(海参崴),因为它是苏联海军的发源地而具有战略意义。然而令我们惊奇的是,我们并没有被警察阻拦,而是顺利地径直通过了。我推想我们离莫斯科还很遥远,因为当地警察的效率还不是很高。

正如我们听说的那样,通往哈巴罗夫斯克的路很快就变成布满沙砾和棒球状大石块的路,在上面几乎无法驾车。我们不能骑得很快,唯恐摔下去。即使如此缓慢地前进,当车轮撞到一个柚子大小的石块时,车子还是仿佛就要从我们手中旋转出去并把我们甩出去一样。骑车就像是与这条路持久作战一样。每走50或75英里左右,塔碧莎就会摔倒,我就要下车帮助她。我可以忍受这一切,但是她似乎又准备放弃了。

现在,她大概已经有了1万英里的摩托车驾驶经验,但是极少会有摩托车手经历过这样糟糕的路况。在新车的诱惑下，她违背自己的意愿和理性的判断从日本来到这里，可以看出，她是真的不想继续走下去了。路况实在太糟，前方数千英里的旅程也实在是一项艰巨的任务。"该死。"塔碧莎骂道，在第十二次摔倒后她又转动曲杆启动车子，"我一定要回家。"

"回家？"

"到了哈巴罗夫斯克之后，我就坐飞机回纽约。"

"一切都会好起来的。"我说。

"吉姆·罗杰斯，像现在这样的路况，你怎么知道会变好呢？"她愤怒地问道。

"好了，我们会习惯这种路况的。去莫斯科的路上不可能一直这么糟。"

"为什么不会？"

"嗯，一定不可能的。这就像是美国19世纪的西部地区，他们不可能把路铺到距离莫斯科这么远的地方。"

"胡说。"她讽刺地指着我们面前和身后的沙砾说道，"地图上显示这里没路，你瞧，这里的确没有。地图上没有标出通往鄂木斯克的路，我敢说实际上也不会有。"

我知道驾驶已经让她筋疲力尽，但是我非常不愿独自一人上路。"你说过你会继续走下去的，"我说，"我需要你。我们在一起长了那么多见识，我们相互支持完全可以克服一切困难。"

"你说过会有路的，可这根本不是路。我要回家。"

"好吧，很好，"我沮丧地说，"我会在下一个机场送你登机。"我曾经希望我们可以找到一条路，但是现在恐怕一切都要过去了。

我们继续前行，在这该死的遍布大块沙砾的地面上艰难地挪动。

我们跌跌撞撞，不停摔倒又不断爬起，花了漫长的五天时间从纳霍德卡到达了哈巴罗夫斯克。不过实际情况并不是完全那么糟糕，我们也没有整天赶路。这里的郊外空气纯净清新，鲜花怒放，清逸的柳絮在空中飞舞，像温暖的雪花在我们身边飘荡。在一个村庄，塔碧莎被当作一个正在旅行的电影明星，人们盯着这个金发碧眼的女人，小心翼翼地与她交谈——他们从没有见过外国人。在西伯利亚，当地人看到我们，就如同美洲土著见到第一批欧洲人一样惊奇。

在哈巴罗夫斯克，塔碧莎依然没有改变主意。飞机在几天之后才起飞，所以她下一步的打算暂时搁浅。我同她争吵、生气，因为我希望她和我在一起，但她却想回去。那些旅途中的愉快是需要与人分享的。

"不，这些路太难走了，让它们见鬼去吧，"她说，"这是你的梦想，不是我的。如果你愿意，就去环游地球六次吧！我要回家了。"

她在宾馆单独住一个房间，向我表示她是认真的。

我不安地踱步，沉思。

哈巴罗夫斯克是一座山城，悬崖耸立，俯瞰一条至少有1英里宽的大河。我心情沉重，漫无目的地走着。

我开始渐渐疑惑，自己究竟为什么开始这次旅行，思考的结果令我大吃一惊。是的，我知道很多道路都很坎坷，然而，尽管我是一个富有经验的车手，也去过很多贫穷落后的国家，却不知道未来的旅行会有多么艰苦，也不知道到底要继续走多久。我有足够的胆量，但我也很清楚一个新手不可能跟我一样。

我想起了在华尔街的那些日子，以及在哥伦比亚大学和学生们一起度过的时光。我没有教他们那些一般商学院教授的财务知识，没有教那些教授凭空设计出来的东西，其实他们每月的薪水就是他们接触到真正货币的唯一途径。我教给他们我是如何运作的，怎样像我一样投资，怎样以我分析市场与投资机会的角度来分析问题。在现代这个使用计算机和复杂的经济学模型来分析股市和指数衍生品的时代，这不是一种正统的教学模式。然而，我却用自己思考的方式赚到钱，积累了财富。

如果你问1 000个人他们想不想变富，除了诗人和神秘主义的鼓吹者，所有人都会回答"想"。当你阐明想要变得富有需要的条件时，也许在之前998个人中会有600个人说："没问题，我能做到。"但是当更进一步，他们必须牺牲生命中的每一样东西——妻子、儿女、社交活动、精神生活，或是每一种快乐来达到目标的时候，几乎所有人都沉默了。也许原来1 000个人中仅有6个人会选择继续这条艰辛的道路。

我们中的大多数人都没有足够坚定的信念用5年、10年或者20年的时间去追求一个目标，牺牲一切来实现它。然而，对于类似于奥运会冠军、世界级的外科医生、基洛夫芭蕾舞团演员这样的人来说，这种信念是必不可少的。即便如此，一切努力仍有可能白费。你犯下的一个小小的错误就有可能把一切努力毁于一旦，毁掉一个17岁少年甜蜜、美好的自我。有句老话说得好：你可以选择做生命中的任何事，但不能每件事都做。这就是培根所说的"拥有妻子和孩子的人，可以说对命运之神付出了抵押品"的真正含义。如果将他们放在第一位考虑，你可能永远都无法在3分半的时间内跑完1英里，不会赚到你的第一个1 000万美元，不能写出成功的小说，或驾驶摩托车环游世界。实现这样的目标需要全身心地投入。

当然，并非每个人都相信心中怀有目标就一定是好事。当年亚哈船长追击大白鲸莫比·迪克是正确的吗？罗杰·班尼斯特有必要打破4分钟内跑完1英里的纪录吗？埃德蒙·希拉里有必要做第一个登上珠穆朗玛峰的人吗？其实，这些目标对任何人都是值得牺牲一切的。亚哈率领他的船员实现了他的目标，只有一人幸存下来。尽管他在胜利以后可能会被人铭记，而在与大白鲸的战斗中却会因残忍地把船员们推向敌人的巨口而为人所痛恨。

好吧，这些也许听起来会有些俗气，但我在华尔街工作时的确倾注了全部的精力，全身心地投入其中，对这次旅行也是一样。既然已经下定决心，我就会立刻出发，而不会花10年的时间做准备。我会用自己的方式，义无反顾地走下去，任何困难都不能阻止我前进的脚步。

然而，塔碧莎是我最在意的人，她的陪伴甚至已经变得同这次旅行一样重要了。这种感受让我大吃一惊，因为我从未如此看重一个旅行伙伴。

如果她愿意继续走下去，我会努力为她做得更多，尽管我不会因为她的不适应而放弃这次旅行。如果她的确无法应付这件事，我能够理解。我会把她同车子一起送上飞回纽约的飞机，然后继续这场没有她陪伴的旅行。

我会非常难过，但这就是我的决定。

黑市的人又来找我了，这次是一个名叫阿莱克斯的魁梧结实的男人，他想用苏联军用皮带扣、帽子和小饰品来换我的硬通货。

阿莱克斯待人友善却不失机警，个性开朗又有点作风保守，是一个我所认识的典型的苏联人形象。

他承诺可以给我任何东西——女人、美酒、各种违禁品——只要我付给他硬通货。作为一个无畏的旅行家，并出于对冒险的渴望，我买了几美元的小饰品，作为交换，他会带我去见酿制伏特加酒的走私酒贩。

第二天，我们在公园里与阿莱克斯碰面，他与两个丰满、妖艳、表情麻木、大约18岁的女人在一起。她们除了年轻的外表，再没有其他吸引人之处。

阿莱克斯用目光示意我跟他走远一些,想说服我购买更多苏联纪念章。他说自己现在的梦想就是在日本花 5 万日元或最多 300 美元买一辆二手汽车。他说:"在日本,人们会直接把这样的车子扔掉。"苏联政府允许他免税将车子带入境,这样他就可以把这辆 300 美元的汽车以 6 000 卢布或 350 美元的价格卖掉——这是一条致富的途径。

他需要硬通货来开创这项事业,因为卢布不值钱,日本人根本不想要。在现实世界中,货真价实的货币才可靠。

阿莱克斯说一旦他成功一次,就会继续干下去。

我们回到房间休息,等待着从日本运来的轮胎和塔碧莎回美国的航班。

一天在街上,我们看到一个高大蛮横的流氓站在一家商店门口,他是那种无论哪里有东西出售都会凑过去的家伙。

我们走进这家珠宝店。那个流氓显得非常狂躁、急切。一辆运送黄金和珠宝的车开了过来。由于黄金是一种良好的保值商品,所以这些西伯利亚人都疯狂地想把手中的卢布兑换成黄金。

为什么黄金对苏联如此重要呢?我们对这个问题很感兴趣,所以去见当地国有金矿业组织的负责人伊格·索斯涅。他负责管理太平洋地区所有的远东金矿作业。我想到了黄金和石油对苏联的重大意义。在美国,一个地方国有采矿业的领导不会特别重要,但在苏联情况截然不同。伊格是一个相当于美国 IBM(国际商业机器公司)或 GM(通用汽车)总裁的大人物。

我十分想与伊格聊聊关于黄金和其他商品的话题,因为我知道他们当前在原材料领域遇到的问题也将会在其他领域出现。20 世纪的苏联在国家生存方面是一个迷人的研究课题。

20世纪20年代，苏联沉浸在国家解放和能在第一次世界大战中幸存的欢欣鼓舞中，但是到了30年代，国家的经济发展因为自然灾害和集体化进程的推进而遭遇重挫。

50年代和60年代早期，来自欧洲中部的新侨民——波兰人、民主德国人、保加利亚人等开始为苏联创造新的财富。60年代和70年代末，苏联得益于世界商品贸易的繁荣发展，以及向中亚处女地的扩张。尽管苏联没有其他国家必需的产品或服务，但是铜、小麦、棉花、钯和铝的大量出口改善了他们的境况。在几十年中，苏联都是世界上最大的石油出口国和第二大黄金出产国，所以苏联最优秀的人都在这些重要的工业和采矿业领域中工作。

然而，到了80年代，苏联人的好运结束了。他们不能在正确的时间出现在正确的地方了。西方的中央银行，包括美国的银行减缓了通货膨胀，抑制了商品繁荣。这使得没能发展成为一个工业化的、生产优质商品的苏联遭受重创。

我认为，如果苏联继续农场联合作业，情况将会越来越糟糕，也就是说，他们不得不为偿还外债和购买西方生产的必需品（计算机或小麦）付出代价。他们不得不用黄金来换取西方的硬通货，这会导致黄金价格的下跌。毕竟他们没有其他可以用来倾销的资源。

我毫不避讳地问伊格他们是否在倾销黄金。

他没有直接回答我这个问题，但我们概略地谈了很长时间。

"我们正在建立合作社，"他说，"这是一种非常高效的生产组织。"

在户外吃午饭的时候，他甚至介绍了几位合作社所有者给我们认识。这是我们在这个地方品尝到的最丰盛的一顿饭。他们的负责人乔治·阿巴罗夫对我们盛情款待，给我们提供了汤、鱼、新鲜的蔬菜沙拉、伏特加、葡萄酒和茶。

我们了解到供销合作社的建立仅有一年时间,但已经取得了令人瞩目的成功。我问他们的经营对象是什么,乔治指了指地图上一块看似有几千平方英里①的土地。

乔治向我们解释了他们是如何赢利的。他们付给工人很高的报酬,希望工人能够更加努力地工作。他们身上没有国营的采矿业一贯具有的负担和官僚作风,他们有时会把工人带到荒无人烟的地方工作一个月。工人们对于赚更多的钱总是很乐意。

黄金在数百年间已经成为金融领域最神秘的要素。

追溯到17世纪,黄金的价格曾达到过最高点。投资者们确信所有的纸币都会贬值。然而,如果他们详加了解,穿越数个世纪追踪黄金价格的轨迹,他们就会发现其实黄金的价格曾经长期都没有随其他商品的价格上涨而上涨,有时甚至会有所下跌。尽管一段时间后,黄金价格会回升,但是其本质与小麦、木材并无二致。

在几个世纪中,黄金推崇者一直宣称只有黄金才是良好的保值品。然而,从另一个角度来看,几个世纪以来,有很多商品都曾是良好的保值品,比如小麦、木材和钢铁。

早在20世纪30年代,富兰克林·罗斯福总统面对金融和货币危机,确定黄金的价格为每盎司35美元。很自然,每一个拥有黄金的人都愿意排队出售黄金,他们可以从中获得67%的利润。每个人都愿意持有美元。

第二次世界大战开始了,战争给所有的国家都带来外部影响。当然,在30年代,这种外部影响使世界经济萎缩,意味着人们将不会轻易转移黄金或为了得到货币而将其兑换出去。这时由于经济贸易的终止,黄金需求量几乎下降到零。

---

① 1平方英里≈2.6平方千米。——编者注

黄金价格保持在每盎司35美元的水平长达37年，在此之后这成了一个较低的价格。黄金产量在很多年中持续减少，直到1970年。那时的情况与此时的西伯利亚类似，政府为了减少供给而将资产价格限制在较低水平。限定35美元1盎司的黄金价格就相当于在苏联将1加仑汽油的价格固定为5美分或1角钱。

在37年的时间里，很少有人寻找黄金，也很少有新开的金矿，所有采矿行为都下降到最低水平。小规模的金矿都关闭了。一直以来，流通在世界市场上的黄金大多数来自南非和苏联，因为他们的黄金价格很低。

到了20世纪70年代，黄金价格又开始上涨。那时，制造业开始扩张，需求开始上涨，部分原因在于黄金的价格很低廉。黄金开始被用于镶牙和电子领域中。每当一种新的仪器设备出现，厂商就会说："我们使用黄金吧，这是现在最便宜的东西。"

于是黄金的价格开始上涨，不仅仅是由于供给的减少，还由于无法保持稳健的经济状况而出现了货币危机。很多人，尤其是法国人，对美国人说："我们需要你们承诺过的黄金，我们可以用美元交换。"

五六十年代，黄金价格上涨的压力不断增加，因为美国政府要在不稳健的条件下运营经济，要面对财政赤字和印制货币等问题。然后，政府开始试图人为地控制美元的价值。1962年，美国政府开始推出一种类似于利息平衡税的税种来控制美国人在国外的投资。

形势更加严峻了，1971年，尼克松不得不承认："好了，我不会继续实施这项政策了，我一定要改变。"

当然，另一个使美国在30至50年代都没有出现问题的原因是，政府规定私人拥有黄金是违法的。英国人、日本人都可以拥有黄金，但是美国人不能。为什么呢？尽管没人能够解释清楚其中的原因，政府仍说："这是为了你们自己的利益。"美国在自我保护，而此时其他国家都在超越美国。

政府根本不会考虑改变游戏规则。政府可以做的事情，你我却不能做，否则会被捕入狱。比如，与投资者达成协议，然后改变规则，就会被称为诈骗。

还记得储蓄和信贷危机吗？储贷机构对政府说："看，我们遇到了真正的麻烦。收入正在减少，我们将会出现严重的资金问题。我们无法继续融资了。"

政府说："好吧，我们会为你们而改变会计准则。你们也无须向外界公开你们的现状。"现在，如果个人对自己经营的公司采取同样的对策，我们会因欺诈而直接被逮捕入狱。

但是现在美国政府允许储贷机构改变会计准则，这样它就可以欺诈地报告其经营状况。现在，人人都清楚，储贷机构破产了，人民却要为此付出代价。政府会因此而承认自己的错误吗？当然不会。政府会说："这全都怪那几个贪婪的家伙的欺诈行为。"

的确，政府是一个帮凶。政府说："好的，改变会计准则去隐瞒你们真实的财务状况吧，我来使它合法。"这是另一个推迟危机的权宜之计。政府不仅仅允许储贷机构这样做，还指导它们如何改变会计准则。

拖延只会让结果变得更糟。所以，尼克松向欧洲人关上了大门，对那些"可怕的"欧洲人说："你们不能来这里拿走我们的黄金，尽管我们错误地毁掉了自己的货币。"

黄金的需求量持续增加。美国政府试图将它的价格稳定在35美元，但只是徒劳，因为每个人都想将他们的美元换成黄金。

在我的投资生涯中，有一条原则是我深信不疑的：一定要依据对现实的分析进行投资，而不要跟随中央银行的政策投资。20世纪70年代，中央银行一直在努力维持美国的黄金低价。中央银行和政府总在努力坚持这种价格管制，不管是高是低，是针对货币、某种金属、木材还是其他物品。然而，市场很清楚这样的价格是荒谬的。当一家央行在实施保护政策的时候——不管是35美元的黄金，还是800里拉兑换1美元的汇率——明智的投资者总会选择相反的做法。这是一条投资的黄金法则，具体地说，当黄金被保持在35美元这样的低价位时，你应该在这个价位上一直购买。

35年后，当黄金的价格管制终于放开，它的价格一下飙升到前所未有的高度。如此猛烈的反应正是长期价格管制的后果。

这就是市场的运行机制。股票、土地或者其他资产一般都会在某个特定的价格水平上波动，最终某些因素会破坏供求平衡。物价开始上涨，因为人们认识到，"噢，他们生产了新产品"，或是"铁路会从史密斯敦穿过"。这样，物价上涨就成为合理和必然的了。

由于地价持续上涨，在史密斯敦买地的做法曾风行一时。那时，我的母亲常打电话给我，说"我想买一些地产"或"我想买这只股票"。

"为什么呢，妈妈？"

"是这样的，吉姆，地价已经涨到了去年的3倍。"她兴奋地说。

"您现在不该这样做，"我说，"您不该在涨价后买，而应该在涨价前买。"

但这种情况确实十分普遍，人们往往在价格上涨后发现有利可图。报纸上会刊登类似的故事：某某因为买下了所有的土地或买了煤矿的股票而变得富有。价格之所以上涨，是因为价格正在上涨。

这种股票或土地的价格早已远远超过其本身价值。那些早早购买了土地，或由于其家族在这里定居了上百年而购买土地的聪明人现在开始出售土地了。他们开始发现情况渐渐不对头了，他们发现在当地再建一座通用汽车工厂很不经济,所以没有人再购买土地了。这样,需求就逐渐减少。

由于经济稳健,价格开始回落,我们已经过了价格的最高点。厂商有充分的经济理论说明应该将工厂建在中国台湾,而不是史密斯敦。价格的不断下跌是经济运行良好引起的。

现在是由于房价回落,人们开始出售土地。回顾过去,人们说:"谁都知道在史密斯敦购买房产是愚蠢的做法,房价已经连续五年下跌了。"

现在,所有人都在出售土地,因为这是唯一能做的事。现在是出现购买恐慌前的销售恐慌。人们尖叫着:"我不管史密斯敦的土地值不值钱,我可不想在那里拥有一座毫无价值的豪宅。谁都知道不该在那里投资。快让我解脱吧!"

价格开始暴跌,人们看到房子就要一文不值了。恐慌渐渐增强——这就是你应该购买的时间,因为过后一切就会结束,尽管可能需要一段时间,但最终局势一定会稳定下来。

是的,黄金也会产生这种情况——实质上,世界上的其他商品也一样。

正如我在前文所言,早在1980年那些博学的专家就能解释清楚为什么石油价格一定会涨到每桶100美元。无论是从数学、科学还是历史的角度看,它都会涨到这一价格。然而,他们忽略了一个重要的事情。在1978年和1979年,世界原油产量首次供大于求。几年之间,仿佛世界原油储备骤减,因为我们的消耗量已经远远超过了我们发现的储备量。但在1978年和1979年初,警醒的投资者们发现,石油产量和消耗量都在激增——这完全符合古典经济学理论。价格的上涨总是伴随着供给的增加。当供给与需求逐渐趋于平衡,并开始超出需求量时,在1981年石油产量达到最高点,而不是卖到 100 美元一桶。

我们来结束这个黄金的故事。从 1980 年开始出现了世界范围内黄金产量的增长，这是 45 年以来的第一次。从 1981 年之后，世界黄金产量逐年增加。记住，要使一座金矿投入生产需要很长一段时间。首先，需要有人决心去寻找金矿。找到之后，他还需要搞到钱来开矿，花费几年的时间来加以开发。现在，来做一个预测，然后你会发现，根据现有的金矿数目，黄金的产量至少到 2000 年之前都会持续增长。

需求在增长。

黄金的时代就要到来了，那一天正在逼近。但这还要基于供求关系，不能单靠希冀或推崇神秘主义。物价已经下跌了 14 年，最终情况会逆转，如果货币危机或通货膨胀危机对其产生一次强有力的反冲，那么黄金的价格必将飙升。

有人会说："不，除了供给和需求还有价格。"但是他们应该知道，价格是由供给和需求共同决定的，价格反映了供求平衡的位置。

忘掉拜金主义和一切其他观念吧。领会供求平衡的法则，你将会无比富有。然而令人诧异的是，很多人都无法领悟到这一点。

轮辋和轮胎终于运到了。塔碧莎最终将做出决定，一直令我提心吊胆的那一刻到来了。

"我真的希望你能留下来。"我说。

"我既想走，又想留。"她说。

"我们可以不赶时间，"我说，"如果你想多休息，我们就可以多休息。"

"关键是这些路，吉姆。在上面开车简直就像跟美洲鳄摔跤一样，一点都不好玩儿。"

"我们往西走，情况一定会好转的。"

"往西去是一段漫长的旅程，有 4 000 英里。"

"拜托你，"我说，"如果你离开，我会非常想念你的。"

"让我想想看。"她说。

我们顺利地拿到了轮胎和轮辋。我很兴奋，我意识到大概自己又可以和她在一起了。

"好吧，我会继续走一段，"她说，"但不意味着我会走完全程，我很可能在某个地方乘飞机回去。走完全程是你的梦想而不是我的。"

"太棒了，"我说，"但是你要知道，如果我没有看错地图，在接下来 2 000 英里以内的旅程中没有机场。"

我的话令她迟疑了一下，随后，她点了点头，还是下定了决心。在我们再次踏上征途的时候，我又一次感到了完整和踏实。

西伯利亚

在去往比罗比詹的途中，我三次从车上摔下，而塔碧莎一次都没有。依靠顽强的毅力和忍耐力，以及娴熟的驾驶技术，她成功通过了沿途类似于泥地、坑洼、沙砾和大块碎石等糟糕路况的考验。现在，塔碧莎的状态越来越好，或许已经超过了我。

我不禁感到诧异："难道自己的经验和智慧真的不如年轻人的顽强意志和适应力吗？"

令我惊奇的是，比罗比詹竟然是犹太自治州的首府。

在 20 世纪 20 年代，生活在苏联欧洲部分的犹太人面临着严峻的贫困状况，因而使很多人想到移民。为了解决这个问题和其他几个政治问题，苏联宣布将建立一片属于犹太人的"家园"——一个自治区。毫无疑问，这个古老梦想的实现令全世界的犹太人欢呼雀跃。这将是近 2 000 年以来，犹太人拥有的第一片属于自己的"家园"。

早在一个世纪前，俄国领导者们就开始计划开发西伯利亚了。为了避免地方保护的影响，到了苏联时期，他们想在一块人口稀少的地区建立这片"家园"，所以最终选择了这块位于比拉河和比占河沿岸的西伯利亚远东地区，占地 36 000 平方公里。

当时的新闻中记载了欢欣鼓舞的犹太人从世界各地赶到这片土地的情形。

我们去拜访了莱尼德·斯科尔尼科，他是个犹太人，他的职务在美国相当于国会议员。

莱尼德说，当时犹太人确实从世界各地涌来，包括法国和意大利，但最终只有很少一部分人留了下来。这是因为西伯利亚这片土地到处都是泥泞的沼泽和乱飞的臭虫，土地贫瘠，冬天气温甚至低达零下28℃，这一切对于新的到来者无疑是不幸的。在这荒芜的边疆，要开始一段生活，其艰难程度可想而知。莱尼德估计留在这里的犹太人只占当地人口总数的5%左右，大约11 000人。

记得苏联曾经有很多反犹太主义者，而现在几乎我们遇到的很多成功人士都是犹太人，似乎在来到这里之后的若干年中，他们已经得到了认可。

我们到达奥布卢奇耶时正是午夜，但这并不像听起来那么糟糕，因为西伯利亚南部夏天的日照可以持续到晚上11点钟。

酒店还有十几间空房，我们付了两美元的房钱——这是给外国人的价格，相当于苏联人支付的10倍。如果以黑市的汇率兑换，我们只需支付1美元，我一直感到奇怪：苏联人似乎从来不知道调整价格。

我们好像住进了贫民窟。这房子是20年以前建的，但好像建了100年而从未维修过一样。屋内有一间起居室、一间小卧室和一间配有西方标准洁具的洗浴间，却没有水。西伯利亚的旅馆同中亚各共和国的一样，床都是破旧不堪的，亚麻寝具叠放在床尾。

因为没有其他的旅客，自然也就没有餐厅或食物。当晚我们便在楼下的厨房用蔬菜、面包和带来的肉罐头做了晚饭。

我喜欢体验我所到之处的夜生活，然而这里的夜生活只是抬头看星星而已。

第二天，我们仍然行驶在布满碎石、灰尘、松土的道路上，路面坑坑洼洼且泥泞不堪，极不利于摩托车的行进。我们就在这样的情况下花了8小时走了130英里。尽管塔碧莎仍然对这种路痛恨至极，但她的驾车技术有了明显的进步。

"我的担心和害怕已经化为愤怒了，"她苦笑着对我说，"我把这些泥坑和沙砾视为一种挑衅和进攻，早晚有一天我会报复的。"

为这个女孩感到自豪之余，我对她还有几分敬畏。这是成为一个世界级车手必需的职业训练，我正见证着一次通过自制和毅力实现的完全的、真正的精神蜕变。

地图果然是正确的：西伯利亚东部铺好的路少之又少。这使我想起加拿大的育空地区，在多年以前我经过的时候，这个有加利福尼亚和纽约加起来面积大小的地区仅有21 000人。这是苏联的边疆，一片等待开垦的荒地。

记得在儿时的亚拉巴马，我最熟悉的乡村景象就是一辆平土机在维护沙砾路。如果你家乡的哪段路太泥泞或是被车轧出了大坑，就给你认识的有关专员打电话，让他派一台平土机来。

在这里，没有人维护公路。冬天的时候，人们将沙子和碎石铺在冰面上；春天到了，冰雪消融后，碎石露在路面上，有四五英寸厚。这些碎石从我们的车轮下面滑出并向外飞溅着，即使不猛烈的颠簸，也令我们颇感不安。我们有时选择道路的另一侧行驶，但是我们因此常常面临着躲迎面来车的风险。幸运的是，车辆不是很多，一天可能只会遇到30辆左右的短程卡车，几乎没有轿车。

我们走过的城镇越多，就越了解无人旅行的原因。乌苏里斯克与斯帕斯克达利尼的商品一样短缺。总之，人们考虑更多的是尽快离开这里，只有像我们这样的傻子才会在这条路上坚持走下来。当一个明智的苏联人想要走 1 000 英里的路程时，他会选择搭乘西伯利亚大铁路的火车。

不管怎样，我们周围的景象总能提起我们的精神。

天空和云彩让人惊奇，很像是蒙大拿和育空那样广阔的天空，但又大得不同寻常。那些巨大的、似浪般翻腾的云朵有一种我前所未见的形状、色彩与质地。为什么人总会觉得别处的风景更美呢？在我看来，这里的天空要比其他任何一处的都要广大。

当夕阳西下，山涧溪水向低处蜿蜒而流，朦胧的薄雾则缓缓升起。白桦和鲜花覆盖的丘陵在我们的两边倾斜而上，高出海平面一两千英尺。

有时候我们会遇到巨大的雷电，绚丽而纵横交错的闪电布满整片天空，形成一片混乱而疯狂的电网，在我们的头顶噼啪作响。

这里为数不多的几家旅馆、餐厅几乎总有一个现场乐队大声地演奏着，吵得所有人都无法交谈。

我们总是被催着和别人拼桌进餐，因为当地人早在几个星期前就已经预订好了桌位庆祝生日或是周年纪念日。舞池中大部分都是女士，看起来没人像是在享受乐趣。这个夏天，已经在西方过气两三年的伦巴舞在西伯利亚大为流行。每家旅馆餐厅里，人们总是和着同样的三四首曲子跳舞，再无其他。到处都是同样的音乐，好像某个中央音乐委员会颁布了今夏各个旅馆、餐厅必须播放的曲子。

如果有酒，那一定是伏特加。有天晚上，餐厅居然提供匈牙利红酒，让我们大吃一惊。我们仍然要到厨房去看看有什么可吃的，通常就是西红柿、黄瓜、白菜、土豆、米饭和一种肉。

情况总是这样，那么大的厨房可选的只有这几样！

当我们沿着阿穆尔河（中国和苏联的界河，中国称之为黑龙江）行进时，常常看到两边带刺的铁丝网和距离几百码正面相对的武装守卫。

在布拉戈维申斯克——一座工业城市和地方首府——我们了解到每天都会有中国的商人乘着小船来到这里,而苏联的生意人会到那边卖给中国人商品。中国人带来化妆品、衣服和纺织品。我唯一想到苏联能拿去卖的东西就是木材和伏特加,因为这里有一个红牌伏特加酒厂。当然,没有哪个理智的中国人想要卢布。

我们得知,这种伏特加是专为出口而生产的。老百姓只能通过国有商店买到伏特加,而且每个月只有两张配给券可以用来买两瓶,这意味着连酒也存在严重的短缺。我们外国人是不许在国有商店买酒的。

我们惊奇地在这个伏特加酒厂里发现了韩国工人,还在一个国有农场里发现了住在工地简陋屋里的中国工人。在另一家工厂里20岁上下的越南姑娘在纺织棉布。我想,这种情形的出现有着重要的意义。在苏联的这块土地上,为了弥补劳动力的匮乏,他们只能雇用外国劳工。

我们去见了纺织厂的厂长,一个称为常先生的越南人。我们避开他们国家战争的话题不谈,但他根本不把这件事放在心上。他说,妇女们从越南带来一大箱的商品——衬衣、罩衫、火柴、香烟和水果罐头,拿到苏联市场上卖掉,使得她们这一趟有利可图。

在姆奇诺,横穿大陆的公路变成了若干条在草地上延伸的小道。我们鼓起勇气沿着这样的路骑下去,但最后在一片沼泽地前我们却没有去路了。西边没有路,当地人也肯定地说那里从来都没有路。跨过这片巨大沼泽地的唯一途径就是通过西伯利亚大铁路。我们只好退回到50英里外最近的车站,向站长求助。

他卖给我们一张价值25美元的票,这样我们就可以搭乘一辆西去的货车,独占一节长44英尺、宽9英尺的无盖车厢了。

"那我们有吃的吗？"塔碧莎问道，"有水吗？"

"他说我们只能在上面待几个小时。"

调度员帮我们把行李装上车，固定好我们的摩托车。我们占了这辆 70 节无盖车厢的货车中最后一节。真是滑稽！我们很高兴终于结束了公路行驶。只能将就了。在各个铁路交叉口工作的员工都被眼前的情景惊呆了：车厢里居然有两个西方人和他们的摩托车。

塔碧莎很高兴顺利解决了这个问题，我也一样，高兴地大笑。

风吹进我们的发丝。令人兴奋的西伯利亚森林、田野和山丘从我们身边掠过，云彩展示着它们令人眼花缭乱的空中特技。这次绝妙的旅程是你在美国无论如何都享受不到的，美国人总是离不开公共卫生、食物、团体，他们会为此而变得精神错乱。保险公司可能会把我们送进监狱。但在西伯利亚的这个地方是没有路的，我们只能如此。

车上没有乘务员过来，告诉我们下站就是美国的特伦顿，或者说我们将在南极东方站停站 20 分钟。我们会在停站的时候到灌木丛后面匆忙方便一下，希望能赶在火车发动前上车。不过通常我们都要登车两个小时后才出发。

每 15 分钟就会有货车经过，载着你能想象的一切东西，而各条路上运送的东西常常是一样的。刚刚往东边运了一车原木，我们又看到同样的原木也运往了西边。

我们在这无盖的火车里待的时间远不止站长所说的"几个小时"。夜幕降临了。我们不得不从叫卖的妇女手上买一些土豆、蓝莓、洋葱和面包，她为了赚几个小铜板就到有货车的地方卖吃的，是车站里唯一的卖主。我们有一瓶伏特加帮助我们咽下这顿晚饭。天空不时下雨，但我们的雨衣什么作用都起不了。晚上，我们蜷缩在日本睡袋里入睡。等到天亮，我们在天然气炉上煮了些茶。

又是一天一夜过去了。

有人告诉我们在车尔尼雪夫斯克附近的路出了点问题，所以我们最终要晚了，这意味着我们在火车上得待上两天多。

在西伯利亚的高速公路上，我们经过了几个移动导弹发射器。我猜它们是发射飞毛腿导弹的，我们还看见了上百辆坦克。那些发射器有五六十英尺高，不过大多都破败不堪。

在一个大型坦克训练基地，一个年轻的战士为了体现苏美友谊，给了我们一个勃列日涅夫年轻时当坦克指挥官的速写画像的复制品，确实是大手笔。这幅画是他参加摩托车比赛的奖品。虽然他并没有看中这件奖品，但我很高兴能够有机会得到它。这幅画现在正挂在我办公室里那张破桌子的上方。

中央情报局和五角大楼拿出的那些有关苏联武器装备的天文数字全都是为了给他们自己的巨大开销做辩解——而我在这里见过的导弹发射器等军事装备因为摆在路边而生了锈，还被那些一知半解的机修工随意乱改得不成样子，大多数都已经支离破碎了，只要看一眼就足以证明它们已经不能用了。

那天下午我们行驶在去往赤塔的路上。在经过了无盖货车的一路颠簸后，我们希望能在这座大城市里歇歇脚。

一辆警车截住了我们，盘问我们到底是谁，在这里做什么，就像亚拉巴马的巡逻官拦问外地人一样。在看过我们的证件后，他们指着天，用混杂的英语对我们说，让我们最好找一个避雨之处，因为暴风雨马上就要来了。

我谢过他们后，他们便离开了。

"或许我们应该把车停到路边，"塔碧莎说，"等待雨停。"

尽管已经连着下了六天雨，但今天却很干爽。

"我以前见过暴风雨，"我说道，"我们在那个无盖火车上待了那么长时间,我今晚想在赤塔住,还能有个像样的酒店房间,而不是又在一个透风的谷仓过夜。"

5点左右,我们开车驶过一个景色如画的村庄,里面却空无一人。这太不寻常了,可怕得令我们脖颈上的汗毛都竖了起来。

村庄里黑黢黢的,一片寂静,似乎是种恶兆。我们继续前进。我考虑过要不要停下来,但我觉得这样有些冒险,因为暴风雨就要来了,而且一旦停下来就不能感受到达赤塔和某种文明带来的补偿了。

每次西伯利亚下雨的时候,只要一停车,就总也走不出去了。

后来一阵风从我们摩托车的一侧刮过,我甚至以为会把我刮倒。

风越刮越猛烈,从四面八方袭向我们。每次我们还没准备好面对这个方向要怎样稳定住,它就马上变换了方向,把我的车子掉了个个儿。我前面的塔碧莎也有同样的遭遇。

天空下起了倾盆大雨,不久变成了冰雹。樟脑球和高尔夫球大小的冰球敲打在我们的头盔上、面罩上和挡泥板上。皮夹克、厚毛衣和衬衫的保护已经不够用了,我们的后背被砸得好像被一大桶从天而落的石头击中了一样疼。我们陷入了狂风、暴雨和冰雹的旋涡中。

不到几分钟的时间,滑滑的道路变成了一条白色的冰雹与水混合的河流,这时把车立直变得更困难了。路的两边是一望无垠的田野,根本无处避雨。

狂风盘旋上升着,咆哮着,好像想把我们卷走,吹跑。我们紧握着车把,努力把500磅重的摩托车立住。我们超过了路中央20头白褐相间的奶牛——天太黑,冰雹也下得太密集,让人差点没看到它们。我们的轮子总是打滑,只有脚上的靴子还能让我们站稳。我们以每小时四五英里的速度前行,这时一头被暴风雨折磨得什么都看不见的奶牛撞了过来,我的车被撞翻了,我则四脚朝天地横在马路中央。

塔碧莎打开她的撑脚架,急忙跑过来帮我,却也滑倒在脚下的泥水和冰雹中。她帮我把车扶了起来。

我当初就该听那个警察的话,应该把车停在村庄里。我的急躁和固执让我们置于危险之中。现在什么都有可能发生——道路可能被冲毁,洪水可能淹没我们,一辆什么都看不见的卡车可能轧过我们。

她这时很害怕,眼中满是痛苦和泪水。"冰雹——太疼了!我什么都看不见!"

"你想怎么办?"我对着她喊道,"你想停到哪儿?"

她不知道。她喊着她很担心她的摩托车——冰雹不是很毁车吗?我回答道,我们得一直走,直到离开这里。停在这里什么用都没有,只会让暴风雨继续侵袭我们。

我绝不是个停滞不前的人。如果我们把车扔在这里,然后走到某个地方,谁知道我们的车,我们自己会出什么事?我们启动车子,调到最低挡,还是被冰雹遮得什么都看不见,只能紧靠着路边一点点推进。

尽管很艰难——因为我们要透过阴暗和冰雹看我们是否还在马路上,想在脚下的冰雹上立稳都很难,但我们就这样推着车走了很长时间。

暴风雨终于结束了,天空恢复了晴朗。在暑热的烘烤下,冰雹也融化了。

我们一直没机会穿上雨衣,而现在浑身都湿透了,我们的行李包和几乎里面所有的东西也都是如此。塔碧莎就在路中间脱下湿衣服,只留下内衣,然后穿上雨衣,那是她唯一能找到的干衣服。四周地面都被大风扫荡破坏过，大水从山边和路边倾泻下来，足球和西柚大小的石头砸向未铺过的路。倒下的大树遮住了路面，很多地方的路基已经被冲毁了。

"也许'暴风雨'在俄语中是'龙卷风'的意思。"塔碧莎说。

"也许是翻译中的漏洞。"我说道。

"下次警察再说暴风雨的时候，我们就停下。"

"好。"我不假思索地回答。

在一座小镇里，很多地方都浸在1英尺深的水下。我们试图买些汽油，但因为断电，油泵不能运转了。

一个当地人卖给我们一些他从破罐子里倒出来的汽油。现在天空看起来很晴朗，所以我们决定再次朝赤塔出发，这次有了一些当地的朋友开车陪同，因为我们总是能让偶然遇到我们的当地人感到兴奋。

他们带我们出了城。其中一个冲到最前面探路，回来告诉我们暴雨已经冲毁了前面的大桥。我们觉得现在就好像世界末日。

"不，不，"他们说，"我们会带你们走别的路。"

我们跟着他们回到岔路口，走向另一条路。几英里之后，我们来到了一条铺筑好的路上。这实在令人难以置信，路上竟然铺着令我们赏心悦目的沥青。没有路标，没有一辆车，没有人造物体，只有铺平的道路。

我们高兴地大声叫了出来。我们的新朋友一路开着车，挥着手大叫着，好像十几岁的孩子。天色已晚，我们朝着太阳落下的方向开去，我被暴雨浇得湿透，但我们正在飞快前进着。我穿着电热背心，握着加热手柄，想赶快把自己烘干。我的音响在大声播放音乐，一开始是威利·纳尔逊的《再次上路》，接下来是莫扎特的《G大调弦乐小夜曲》。我们遇见了又一个绚烂的西伯利亚灯光秀，左边是闪电交织，右边则是日落生成的一些我从未见过的色彩。此刻，我全然忘记了自己向往的地方、向往的事，脑中只有眼前的壮景。

我度过了一段美妙的时光，但我不断地问自己，这条路是做什么用的？为什么地图上没有标出来呢？

最后当地朋友们要回去了。他们向我解释说，这是一条秘密的军事道路，是用来运输导弹的。难怪它又平坦又牢固，也难怪它没出现在地图上！我们道了再见，有些惶恐不安地朝赤塔驶去。

整个行程中，我们一个人都没有遇到。快到午夜的时候，我们到达了赤塔，找了一个像样的房间，一头倒在床上。一开始塔碧莎因为过度紧张、疲倦和全身疼痛而无法入睡，但最后她还是睡着了。这是几天来我们睡得最好的一夜。

位于外贝加尔地区彼得罗夫斯克的西伯利亚酒店和别的镇上的其他酒店一样，什么设备都是坏的。

照明设备坏了，电梯也是一样。我们觉得浴室还能用，真是不幸中的万幸。像往常一样，向浴盆和洗手池注水使用的都是同一个可以移动的水龙头——真是经济的装置。酒店里有一条阴暗的长廊，未上过漆，残破且肮脏。

如果不是柜台有人，我还以为这个破旧肮脏的房子是座废弃的贫民窟，是家墓地旅店，然而它却是在11年前才建的。我想不出苏联人是如何建造它的，但是我们接连遇到了好几座这样的建筑，差不多都是新建的，却很快变成了破旧的贫民窟。

在遇到四五个酒鬼和我们搭讪后，我们意识到全城的人都醉了。

我们停放车子的警察局里的警员向我们解释道："两个星期前这座城市里一点伏特加都不剩了。今天我们的火车载着货物来了，所以每个人都尽其所能地购买伏特加，喝得大醉。"

回到酒店，一个70多岁、面色红润的苏联人向我们介绍自己，他叫尼科拉。他通常在晚上10点的时候关掉锅炉的阀门，但今晚他等到11点才关掉，这样我们就可以洗澡了。

第二天，我们在途经的村庄里都看到了集市。

然而，西伯利亚仍然没有街头餐馆，没有豪生酒店，没有DQ冰激凌或是麦当劳供人停下来吃快餐。旅行的人们总要自备食物，否则就没东西可吃。我们带了从面包房买来的面包。在新兴集市上总会买到些蔬菜和水果，我们常常能买到土豆、洋葱、西红柿、大葱、黄瓜、酸奶、覆盆子和美味的蓝莓脯。

与破旧的公共建筑相比，我们途经的村庄好像是从画册中走出来的一样。每栋房子都漆上明亮的颜色，以维多利亚华而不实的风格作为装饰，家家都有自己的水井。雕刻着花纹的百叶窗和屋顶上设计复杂的格子告诉路人这座房子的主人有多在意装饰。花圃在前院，巨大的蔬菜园在后院，很多人家都有温室。每栋房子都是独一无二、令人赏心悦目的，每一栋都努力超过另一栋的光彩。

几乎所有的房子都有蓝白或是绿白相间的百叶窗，上面有风景图案设计，院子和墓地的大门也是如此。坟墓的装饰反映出各个阶段的历史，一些坟墓上标记着双十字，顶上的横木倾斜着，是早先的宗教象征；一些上面的十字架则代表了东正教信仰；其余的刻有红五星，象征着共产主义和无神论。

看到这些自给自足的村庄，我意识到西伯利亚人永远都不会挨饿。虽然这里的村庄连一家商店都没有，但除了偶尔借借电报局和火车站的光，这里的村民可以说是完全自给自足的。

我们在几个村子里停了一下，想弄清楚他们究竟是什么人，这一切又都是怎么回事，因为他们的房子和冷漠的大城市形成了如此鲜明的对比——在大城市里每个人都住在有可能崩塌的大公寓楼里。

村民们总是硬塞给我们很多蔬菜。当然，他们有时也会给我们些肉，但往往都是像 10 岁的奶牛身上的肉一样粗劣，而事实很有可能就是。

他们的房子里面十分干净，墙面很白，物品摆放整齐。尽管屋里没有过多的家具，但是家家都有一台电视机。尽管没有太多节目——我注意到他们居然有肥皂剧和新闻——我实在想不通他们怎么会有这些电视台的信号。然后，我马上想到了苏联人最先进的卫星技术。在这里，除了西伯利亚大铁路和电报系统能够运转，几乎什么都无法运转，现在我终于知道他们的电视还可以使用！

乌兰乌德、济马和坎斯克

布里亚特蒙古人一年一度的盛大节日是一个传承了几个世纪的盛大宗族集会。

那些在这个充满宗教色彩、民族色彩的节日中狂欢的人是骄傲的山区人。

在一个星期六的晚上,节日的开幕庆典在乌兰乌德——布里亚特自治共和国的首都举行了。篝火在原野四面燃起——象征着大地的四角,以及几大宗族到来的四个方向。这些蒙古人凝视远方,这时喇叭吹响,放眼望去,原野中央又燃起了一堆篝火。

鼓声响起,来自东、西、南、北四个方向的遥远家族纷纷到来,展示着他们红色、金色、绿色和紫色的古老服饰。从西方来的姑娘们欢乐地跳着,翩翩起舞进入场地,南方的宗族紧随其后。伴着鼓声、笛声,身着紧身短装的人们旋转着在舞蹈。

周日会有一整天的射箭、掷链球、摔跤、举重以及赛马等多种项目的展示和竞赛。

节日设立了抽奖活动,凡购买冰箱、洗衣机等生活用品的人均有机会参加抽奖。节日的高潮部分是一份1 000卢布(160美元)的大奖,任何人只要能够骑一匹未驯服的马绕场一周,就可以赢得这份大奖。为了使观众离开比赛场地，赛场的工作人员粗鲁地把人群推到围栏之外。第一个蒙古汉子脱下上衣，绕着那匹野马转了几圈。为了避免这匹烈马对参赛选手和观众造成伤害，警察警惕地把枪对准了它，以防万一。

这匹桀骜不驯的马已被绳子绑在柱子上一整天了。人们害怕被它踢伤，都不敢把绳子解开。然而，那匹蒙古马并不配合，全然没有一点狂野本性，只是带着那个光着上身的骑手溜达了一圈。人们失望地坐回椅子上，觉得这个本应展现蒙古族勇敢无畏的精神的表演索然无趣。

我们行驶在一条土路上，济马城就快到了。路滑难走，因为下雨，路面上满是泥水。这场雨让我俩精疲力竭。

尽管小心翼翼地驾驶，我还是摔了一跤。我没有受伤，但是车上的一个行李包摔坏了，里面大部分物品都散落在了我们经过的泥泞的路上。

我收好散落的沾满泥水的地图、衬衫、牙刷和袜子，满腹牢骚地花了几个小时在综合体育中心的洗手间里，好不容易才把泥擦洗掉。在中国和苏联的很多城市都有这种体育中心，用来举办所有类型的体育竞技比赛。体育中心同时为来访团队配有储物柜和客房。

我们得知济马的意思是"寒冷"。我实在无法想象这座位于西伯利亚中部、被称作"寒冷"的城市在冬天会是怎样一番景象。

在这里，我们遇到了拉米斯·尤库斯，一个25岁左右的立陶宛人，他和表哥一起来到西伯利亚。

拉米斯的舅舅曾在这里做伐木工人。来到这里三年后，他被一棵伐倒的大树砸死了，至今已在当地的公墓安葬了39年。

很久以来，拉米斯的父母一直念叨着他不幸的舅舅——葬在遥远的异乡。终于有一天，拉米斯的母亲对他说："去济马吧，把你舅舅接回来。"

尽管陌生的西伯利亚让兄弟俩有些不知所措,但为了找到舅舅的坟墓并将遗骨带回立陶宛,让他回到拉米斯母亲身边,拉米斯和他的表哥带着那个镀铜的铅制匣子跋涉了几千英里,来到这里。

他们在一片立陶宛人定居地附近的公墓找到了舅舅的安葬处。偌大的传统十字架上面只刻着他的名字——兰蒂斯。那里年老的守墓人说他过去认识他们的舅舅,可以证实这确实是他的墓。

然而,两个年轻人最初的兴奋在与管理部门的交涉中逐渐消失,取而代之的是沮丧和失望。没有一个官员允许他们将遗骨带走,那些拒绝他们的官员让他们填写更多的表格,并要求他们提供更多部门的允许证明。

拉米斯似乎看到了当他两手空空地回到立陶宛时他妈妈失望的表情。一个多星期以来,两个人不断奔波在小城的各个政府部门之间,证明他们的身份,证明埋在墓中的他们舅舅的身份,以及那具遗骸也确实是他们的亲人,而且他们的舅舅不是因病致死,因此不必担心。

最终,拉米斯的梦想实现了。两个年轻人激动不已,同时他们也对挖开这座39年的坟墓感到惴惴不安。

他们挖掘时,天下起了雨。铁锹触碰到了墓底的一块棺木,他们从里面翻出来一个松木盒子的残余和一套衣服。他们将一块块的遗骸从松木盒子中取出来,装进匣子里,准备开启他们舅舅的归乡之路。

在离开前,他们用一个锈迹斑斑的铁钉在那个巨大的十字架上用立陶宛语刻下:"我回家了。"

在苏联大多数城镇中都有一个只供应74号和93号汽油的加油站。大多数司机为了多省几个铜板,就改变了汽车的空气压缩机,让车子烧74号油,尽管会造成发动机的磨损。每升汽油的价格相当于6美分,以卢布兑美元的官方汇率兑换就是每加仑25美分。当然,要是以黑市的汇率计算就能减一半左右——每加仑12美分。

在西伯利亚,我们总要到加油站加油。当它们没有93号油的时候,我们就会去警察局要一些。有时警察局有现成的,有时他们就会到军队给我们取一些。

在一个加油站,服务员奥尔加用英语磕磕绊绊地说:"抱歉,我只能把93号油卖给警察或是救护车司机。"

"我知道,可是我们必须用93号油。"我说,一边用手指着74的牌子,然后两个食指交叉。在苏联,这是个通用的手势,意思是"我做不到"、"不可能"或是"坏了"。我用手势和简单的英语埋怨了她几句,然后在地图上把我们的旅行路线指给她看。我说,我们有合法签证,如果不给我们与这辆车相匹配的汽油,我们就待在这里永远不走。我希望她能理解。

然而,奥尔加语气也很坚定:"告诉你,这是法律规定的,我只给警察和救护车司机好汽油。"

"我知道这样很麻烦你,"我说,"但我们的车必须用93号油。对了,你喜欢西方的香烟吗?我们不需要这包万宝路了。"

现在奥尔加的态度变得强硬起来。"你没听见吗?"她嚷道,挺直身子,努力使自己看起来令人敬畏。"你没听见吗?我已经告诉你两遍了,除了警察和救护车司机,我不会把好汽油卖给任何人,包括骑摩托车的美国人!"

路况越来越糟糕,根本没有铺过的路。当然,路面多半都有一层沙砾,上面还有深深的车辙和大坑。我们每天都精神饱满地出发,对经过的偏僻村庄中的生活景象感到惊奇和欣喜,然而在驾车一天8个或者10个小时后,我们肩膀酸痛,两腿抽筋,唯一渴望的就是痛快地洗个热水澡。不，我们的屁股不疼——这个问题我已经被问过上千遍了。骑马的话可能会疼，但不管旅程多么漫长，路况多么糟糕，这种情况都不太可能发生在骑摩托车的时候。

尽管这里很少下雨，但是我们需要靠毅力来保持注意力集中。我们一直关注着里程表上数字的每一次跳动，希望能早点走完这段糟糕透顶的路。当到了路况好的地方——地面干干爽爽——我们加速到每小时 30 英里，尽情享受那种畅快的感觉。我们每走完 1 英里都会增添几分成就感，尽管这也不断提醒我们，为了这 1 英里我们磨蹭了多久，速度又是多么缓慢。

尽管历经艰辛，那年夏天我却不向往其他任何地方。旅程中我们不断督促自己尽可能多挤出些时间来，以便有时间休息，花几天的时间闲逛、观光和探索，感受与环境的融合。几世纪前还没发明汽车、飞机和蒸汽船的时候，人们大概就是以这种方式旅行吧。我喜欢这种悠闲的步调以及灵活的计划，就像骑在马背上漫游世界，以最直接的方式观察、聆听、呼吸着一切。

我陶醉在拂面的微风中，沉迷于田野的一望无垠，以及山川、河流纵横交错的美。沁人心脾的花香吸引着嗡嗡的蜜蜂。当我们停下来时，就能够听到暖风吹过树林的声音。能来到一个本国人都可能未曾游历过的地区，遇到从未见过却很高兴见到外国人的村民，确实是件乐事。我喜欢他们坚毅的脸庞，像西伯利亚的天气般粗粝，却未曾被过度城市化所染。

我们永远无从得知在山的那边会有什么样的奇遇。能够如此近距离地观察世界，目睹世界正在发生的事情，这足以让我惊喜万分。

在名副其实的塔亚，无论我们停在何处，总会有不计其数的黑苍蝇对我们大肆袭来。不知何故，我们行驶的时候它们不会来捣乱，可是一旦停下来，我们的休息就立刻因为它们而成了一种痛苦。我从不知道它们来自哪里,也不知当我们不在这里时它们整天,甚至整年都在做些什么。

人们早已对餐馆里四处飞落的苍蝇习以为常。一次我们看见一个经理在查账的时候,居然可以对裙子上、账簿上成群的苍蝇置之不理。西伯利亚人大概从未见过苍蝇拍,若是有企业家发现这个商机来生产苍蝇拍,准能赚个上百万。

一天早上,我们把车停在路边休息。当我忙于躲苍蝇时,塔碧莎跑进了路边一片青葱的绿地。她手里拿着一束绿色植物,兴奋地叫起来。我急忙朝她走去。

她站在一片青豆田里。在美国南部,我们把这种植物叫作甜豆。因为塔碧莎喜欢生吃豆子,我们便拔了一束,坐在路边,一边忙着躲苍蝇,一边剥豆壳,吃了很多。

我担心吃了这么多生豆子后会像吃了青苹果之后一样生病,但是这些豆子确实好吃,容易下咽。在世界上的其他地区,比如中国,由于人们使用人类的粪便做肥料,因此无论我们还是中国人都很少直接吃从地里摘的东西。在中国,几乎没有人喝未处理过的水。但在西伯利亚,由于人口很少,所以蔬菜和水几乎都没有受到污染。

后来,因为吃得太饱,我们不顾很多苍蝇在身边打转,打了一个盹儿。这片豆田位于远离城市的一片荒凉的田野上,我们用塑料袋又装了几袋带走。

我们为找到了甜豆兴奋不已,部分原因是我们在苏联遭遇的可怕的饮食经历。他们的早餐几乎都是易导致动脉阻塞和高胆固醇的食物:一两个熟鸡蛋,一片面包,上面涂满了和它几乎相同厚度的黄油,还有一杯大约12盎司的苏米塔亚——酸奶油搭配优酪乳。他们其他餐也是一样吓人——肥肉,很多的面包和黄油,炸土豆,几乎没有蔬菜,饭后是糖果和蛋糕。

这样的饮食习惯，再加上吸烟、嗜酒如命，而且普遍缺乏锻炼，导致了苏联人寿命很短，男人的平均寿命只有 64 岁。这一数据在美国是 72 岁，在日本则更令人惊诧——竟有 75 岁。

我们发现路边有更多的甜豆，于是搭配着我们在镇上市场买的蔬菜和水果继续填充着我们的肚子。

10 点半的时候我们进了坎斯克城，路的一边是光辉四射的日落，另一边看起来就好像光展——那是一种我从未见过的粉色和黄色。然后，我疑惑地注视着我生命中见过的第一个首尾相接的两道彩虹。

这里的路是另一种糟糕的情况——虽然干爽，路面却布满了沙砾。我们足足花了 10 个小时才行驶了 130 英里。我俩摔倒了好几次，由于速度不快，所以没有太大危险，只是感到十分沮丧。我努力不去在意跌倒，毕竟，我从没指望这个世界上会有人为你铺好路，但是塔碧莎已经被没完没了的糟糕透顶的路弄得很是沮丧。我们已经在西伯利亚行驶了好几周，行程 3 000 英里，但是我们无疑还得在这样的路面上再走三四千英里。我们艰难地探索着这个世界上最大的国家。

我们快到克拉斯诺亚尔斯克了，这是一个外国人更熟悉一些的工业城市。

克拉斯诺亚尔斯克的人口将近 100 万，是西伯利亚最大的城市之一，也是从西伯利亚中部延伸至北冰洋海岸的庞大地区的中心。它大量出产钚，是苏联国防工业中心。1989 年苏联政府就承认这座城市设置了导弹跟踪雷达站，违反了《限制反弹道导弹系统条约》并许诺拆除雷达站。据说，苏联要在这个城市附近建造世界上最大的地下原子能工业废料倾倒站，其中一部分将会延伸至叶尼塞河的下面。我认为这个计划实在愚蠢，这已经使咸海受到了污染，但我没有向政府提出来。

我们询问了一下遇到的警察，听他说，所有这些军事行动都意味着我们必须绕行克拉斯诺亚尔斯克。地图上标明，有进出这个城市的道路，但是城市北面的路仍旧没有标示，意味着如果朝那个方向走，可能要多花几天时间，或是多走300英里。

我想知道如果我们不遵守规定，会有谁阻止我们。到目前为止，每当过桥的时候，持枪的士兵都只是用警惕的目光盯着我们。在过去的3 000英里中，我们只被拦截过一次。

"对了，我们一定不能住那边的酒店。"塔碧莎说。

我同意了。如果我们晚上把车停到警察局，就只需偶尔出示签证，但若是停在酒店，我们就得不停地把它拿出来，给满脸狐疑的酒店经理看。

"我们可以只是开车过去，不在那里住。"我说。

"太好了。"她说，这个提议让她精神振奋——终于可以绕开糟糕的道路了。"我们就住在桥的那边。只要能走一条好一点的路，我甚至愿意野营。"

我点点头。"希望不会出什么事情。我可不想让克格勃因为我们没待在我们应该待的地方而对我们产生怀疑。"

"希望不会出什么事情。"她理解地微笑着附和道。

于是，我们行驶在一条精心铺设的路上，动身前往克拉斯诺亚尔斯克城。没过多久，我们就到了一座被苏联士兵重重把守的桥。我十分紧张，但仍然直盯着车的前方，装出一副当地人的神情。我俩保持着相同的车速。他们只是看着我们通过，这使我们终于松了口气。

又遇到了一座桥，仍有士兵把守。我们仍旧目视前方，不放慢速度，我似乎感觉到他们的目光正从我们身上扫过。

到了他们面前的时候,没有人叫住我们,没有开枪的声音,我们又通过了。我甚至不敢回头看一眼。我们成功了!几分钟后,我们已经在克拉斯诺亚尔斯克的市区了:阴森的宽阔街道,破旧的现代建筑,还有许多人在一座大桥下钓鱼。

新西伯利亚及其以西

苏联是世界上最大的矿产国之一,它所有的钢铁厂、发电厂和火车都要依靠煤矿才得以运营下去。尽管国内石油产量十分巨大,但煤矿才是维持苏联重工业运转的关键。

苏联拥有世界上最大的国土面积——865万平方英里,占世界陆地总面积的1/6,几乎等同于整个北美大陆。尽管难以开发——西伯利亚至今还未被完全勘测——苏联仍是世界上能源及矿产最丰富的国家之一。在苏联,大约蕴藏着全世界至少1/4的石油沉积物,40%的铁矿石,以及1/3的磷酸盐。时至今日,甚至仍然没人能够准确把握这个国家矿藏的丰富程度。苏联的钢铁产量已经超过日本,化肥产量已经超过美国,石油产量也领先于沙特阿拉伯。然而,这种对高产出的一味追求,似乎暗示着质量、环境和生产的有效性不会得到充分的重视。

有一种理论认为,如果苏联保持较大的生产量,并将面包、租金、香烟和伏特加的价格控制在一个较低的水平,那么苏联就无须提高工资了。这个理论很有趣:如果拖拉机的燃油价格不上涨,那么小麦、面包的价格也都不会上涨。

当然,世界市场的价格始终在上涨。在20世纪七八十年代的商品繁荣期,当苏联对外出口大量的黄金、钯、煤炭、银、木材、天然气、铜、铂和石油时,他们花在钻井、开矿、种植和收割上的成本极低。20 世纪 70 年代,石油的价格上涨到了每桶 40 美元,苏联开始走运了。他们把钱投入到太空计划、洲际弹道导弹和世界领先水平的奥运体育队上。

在现实世界中,价格是能够确保合适供给量的唯一机制。一个政府要克服短缺只需提高商品的价格。我们无须让石油回到卡特年代,而是要让汽油的价格上涨,让每个加油站都能供应汽油。随着油价上涨,人们会减少开车出行的次数。价格总是与供求关系相适应,随着供求平衡上下波动。

当你处在一个封闭的系统中,所有的铜都已耗尽,然而铜价却始终控制在同一水平,那么除非被强制,否则人们就没有动力去开采更多的铜。"管他呢!"人们会说,"我宁愿去看电影或者喝一杯伏特加。"一旦铜价上涨,很多人就会说:"嘿,等一等,如果我到外面找些铜来,就能大赚一笔了。"生产者会开始增加产量。原来每生产 1 磅只有不到 50 美分的利润,而现在将增加到 5 美元。就连废弃的管子都会被人们从墙壁和废旧汽车的散热器里拆下来,扔进熔炉。然而,假如你拥有足够丰富的资源,不存在短缺的情况,那么一个封闭的系统或许会很有效。

当我们驶进新西伯利亚——西伯利亚最大的城市时,一对夫妇兴奋地打手势叫我们停车。他们开了一辆崭新的拉达车——一种常见的苏联车。

伊格·库利科夫和他的妻子瓦伦蒂娜用英语结结巴巴地介绍他们是从乌拉尔到太平洋(大约 3/4 个苏联)制造摩托车头盔的唯一厂商。

早在 20 世纪 20 年代,美国还十分贫穷的时候,苏联就已经有很多摩托车了,这是真的。库利科夫的顾客们之所以买头盔,不是为了安全,而是因为那东西看起来有西方的味道。他们曾做过一篇时尚报道,声称摩托车手是最新潮、最酷的职业。

这些头盔的标价是32美元,在黑市上只卖到16美元。大量的头盔需求已经足够让这对夫妇买进口的捷克佳娃摩托车,并搭配雅皮士的衣服和金链了。他们是苏联新兴的企业家,事业有成,甚至已经购买了第二套公寓住宅作为他们的工厂,这在当时的苏联几乎是不可能的。

他们一再邀请我们去做客。他们的屋子铺着从黑市买来的瓷砖,屋内有洗衣机、炉子、音响以及其他日用品。夫妇俩拿出从黑市买来的鱼子酱、酒和肉酱来欢迎我们的到来。

在几年前,私人生产并销售商品是合法的,于是他们辞去了在工厂的工作,专心投入到他们的头盔制造事业中。他们模仿外国图片上的模型,用玻璃纤维作为材料,制成头盔,然后拿到黑市上去卖。他们一起在厨房的桌子上工作。尽管他们要把其中一半的利润上交州政府,但工作效率却是在工厂的10倍。

"这个国家绝不能后退,"伊格对我们说,"我们必须前进,我们不会再回到老路上去了。以前的一切已经不复存在了。"

我们还见到了他们在阿富汗战争中受伤的邻居,他很胖,现在已经失业了。这使我不禁想到:瓦伦蒂娜和伊格代表着这个国家的未来;他们那位哀伤的、令人怜惜的邻居,则代表着这个国家的过去。

几天来,伊格和瓦伦蒂娜开车和我们一同旅行。他们喜欢这个想法——和美国人一起进行一段旅行。

在我们所住的那家破旧的旅馆里,竟然有双人间。但他们说他们常常在同一张床上醒来,因为他们中总有一个人会在一大早爬到另一个人的床上。

他们十几岁就结了婚，并有了一个孩子，10年过去了，他们仍旧一起做事，全力支持着对方。毫无疑问，他们之间依然洋溢着浪漫的气息。

我从他们的婚姻中发现了从没见过的东西，我意识到这种长久的爱情的确是存在的。在与他们分开的时候，我感到非常不舍。

新西伯利亚酒店拒绝为我们提供服务，因为这里提供给外国人住的房间还"不够好"。哈！他们真该看看我们曾经住过的地方。于是我们最后住进了中央酒店，那里接待外国人，不过也险些把我们拒之门外，因为仅剩的一个房间给美国人住"不够格"。哈，又是这样！他们最后给我们提供了一个套房——这是我们平时对住房的最低要求。但不管怎样，电冰箱还能用。

一条横幅醒目地悬挂在街上，这引起了我们的注意，因为这里难得有特别的活动。我们停了下来，打听到底怎么回事。原来是要过节了。为了庆祝这个节日，每个人都会带上手风琴去唱歌跳舞。我们真的很想去看看。

那天下午，手风琴手和舞蹈演员聚集在户外的舞台上。我们被引荐给一个著名的民间手风琴演奏家加纳迪·扎沃洛琴和他的妻子斯沃塔娜。他热情而慷慨，有一张典型的斯拉夫人的脸庞。他在苏联的斯拉夫地区非常有名，他有自己的电视栏目，并出版了专辑。我们知道，他的音乐和舞蹈部分体现了斯拉夫人精神的复兴。手风琴奏出的斯拉夫传统音乐悠扬动听，令人沉醉。人们为这个节日起了一个特别的名字——手风琴演奏节。

加纳迪把我们介绍给大家。塔碧莎、我与其他庆祝节日的人一起，在台上跳起舞来。

我们去了这位新朋友位于郊区的别墅，同行的还有他们的两个孩子——16岁的阿那斯塔查和11岁的扎哈。

令我们感到奇怪的是这房子的位置——离莫斯科还有3 000英里，正处于西伯利亚的正中心，四面除了大片未开垦的土地以外什么都没有。政府给他们整个城镇中的5英亩，说："好了，你们可以在这5英亩的土地上，盖你们想要的别墅。"

在鄂毕河里游泳之后，我们在这里一个被称为"巴亚"的俄式蒸汽浴室中体验了一次真正的蒸汽浴。加纳迪先是向炉中添加燃料，加热岩石，然后浇一些水在上面，便产生了团团的蒸汽。我们拿到一种白桦树枝，散发着树木的清香，据说可以用来把自己熏香。屋子里的女士和女孩们只用浴巾裹着身体，冲进巴亚里。当她们再也受不了热气了就回到屋子里，换男士们进去，就这样轮换着蒸桑拿。

我们吃着美食，跳着舞，品着美酒，时不时地蒸蒸桑拿，直到凌晨1点，度过了一段美好的时光。

我们前往位于科学城的一所很大的大学，我希望通过这里，能够对这个国家翻天覆地的变化有一个准确的把握。在这里，我遇到了一位讲英语的经济学家，叫斯维特拉娜·穆拉多娃，她在这里教授经济学课程。我便和她探讨起当前苏联的经济形势。

她说，自上而下计划的指令经济，在苏联尝试进入工业时代的早期是有一定积极影响的，但现在已经不行了。这个国家必须转向市场经济。

令人诧异的是，据说基辅的数学家通过计算得出一个结论：在充分计划的条件下，仅乌克兰一年的工业产出就需要雇用全世界人口1 000万年。这样的经济体制不但没有效率，而且导致了官僚作风，假冒伪劣商品，消费者权益的缺失，没有竞争、没有改革创新的市场，只有没有尽头的商品短缺。

苏联的贸易额仅占世界贸易总额的2%，这对一个超级大国来说实在少得可怜。

她说苏联从未出现过通货膨胀，因为苏联从不会让物价上涨，当卢布的官方汇率是 1 卢布兑换 16 美分的时候，1 卢布相当于 100 个铜板，坐巴士只要两三个铜板——不到 1/10 个便士，报纸只要两个铜板一份。即便住在宾馆里最好的房间，换算成美元，价格也在 10~80 美分。报纸已经便宜到可以被买来做包装纸。国营商店里一瓶伏特加要 10 卢布，相当于 1.5 美元。一个番茄要 5 个铜板，大约 0.1 美分，而如果你能找到私设的市场，一磅番茄只要 50 美分。商店里唯一不会短缺的就是桦树汁。

这个经济学教授说，他们刚刚开始研究如何测定通货膨胀率。她时常对身边发生的事情感到疑惑，尽管知道情况在变，却不知如何补救。

"排队购物难道不是通货膨胀的一种表现吗？"我问道，"所有浪费的时间和精力不恰恰是导致价格上涨的原因吗？"

她耸耸肩，勉强一笑。

在新西伯利亚的一个报刊亭，我买了 100 张报纸，大概 15 磅重，只花了 24 卢布，大约 2.5 美元，这就是一个他们荒谬定价的实例。报纸如此便宜，难怪他们会面临纸张短缺呢！

接着，我发现了一个 1991 年的日历，标价 40 美分，上面印有所有沙皇的头像。沙皇！我简直不敢相信自己的眼睛。已经冠冕堂皇到了如此地步，连昔日的剥削者都能被纪念？考虑到这东西在苏联解体后可能会很值钱，我便把它买下了。

我感觉自己好像进入了《爱丽丝漫游奇境》里的兔子洞，所有价格都是那么不真实。在邮局，我只花了 28 卢布——不到 3 美元——就把这 15 磅重的报纸寄到了纽约。

这个苏联妇女把我买的东西包装得很可爱，但我还是想知道他们是如何以如此不可思议的价格把货物运送大半个地球的。

塔碧莎在固定我的车头时,发现扳钳没有发出快要拧紧的咔嗒声,只是在不停地绕圈。她发现固定曲柄轴箱的柱体的两个长螺栓滑丝了——终于找到了使我的发动机当当作响的根源。

她推测这是车子在恶劣的路段上行驶时受到路面磕碰,导致混合温度过热引起的。因为散热速度太慢,这种需冷却的发动机无法完全冷却,使我的减阻装置在高温下运作,很受限制。如果不把螺栓修好,我们就哪儿都去不了。

我们四处打听修理厂,就像你在苏联买任何东西时那样。毫无疑问,这里没有摩托车经销商,但有个历史老师认识汽车厂的人。我们事先想好了一些介绍情况的话,便开车前往工厂,希望这些汽车工程师能有修理工具,帮我们解决难题。

他们的确帮了我们大忙。塔碧莎和工人们一起合作,修理摩托车。我实在想象不出如果是在美国,当你把车停在汽车厂门前找人帮忙修理你的摩托车时,会是怎样一种情形。

他们说:"好吧,我们需要一个部件。"有人想起一辆捷克的卡车发动机上有一种长度合适的金属螺栓,也是双端都带有螺纹的。他们都称赞捷克生产的零件品质绝对一流。

螺栓比我们需要的大了一些,因此他们要把它拿到车床上加工成合适的尺寸。他们使用一副刻纹和压膜装置凿出凹空,然后重新刻出螺纹。由于我对此一窍不通,所以只能希望他们对自己做的工作有信心。为了确保螺栓不会再松动,塔碧莎坚持要用一点我们买的乐泰胶水。维修结束后,车子又像新的一样坚固了。汽车工人又多给了我们几个卡车螺栓,以防万一。

莫斯科

我们在通往莫斯科的主要干道 M-5 公路上行驶了很久。不但路上的车辆比以前多了，车速快了，而且车也开得十分莽撞。随着距离首都越来越近，我们也越来越兴奋。

现在，一路都有交通警卫站。与西伯利亚的道路不同的是，这里轿车比卡车多。尽管这条路上的交通流量非常大，但在驶过大片空旷的原野之后，我们已经很难相信苏联是年产量 130 万辆的世界第五大汽车制造国。在 20 世纪 90 年代制订的第十三个"五年计划"中，苏联预计汽车产量将增长一倍，然而我对此表示怀疑。

在美国，道路上行驶着各种各样的机动车：露营车、大卡车、小卡车、摩托车、客货两用车，欧洲、日本、美国制造的各种汽车应有尽有。而在这里只有一种轿车和一种卡车。奇怪的是，这些轿车看起来像小型的意式货车车厢，但是少了几分精致，也没有真正意义上的仪表板。20 年来，苏联人总在不变的工厂里生产相同的汽车，变化甚微。我们的摩托车甚至比他们的汽车马力更大，排气量也更大。

无须多说，原因就是：当苏联人说"我们要建汽车厂啦"，他们到处寻找为他们建厂的人，让他们展示制造汽车的方法。意大利人中标了，于是，菲亚特接下了任务，为苏联建厂。因此直到今天，苏联只能制造 20 世纪 60 年代款的菲亚特轿车，却还冠以拉达的品牌。

离莫斯科越来越近，我们周围的一切也越发井然有序。

我们在一个集体农场落脚。一群莫斯科工人正在收割谷物，他们的薪水由工厂支付。然而，尽管是大丰收，一半的谷物和蔬菜都没能送到消费者手里，原因在于：拖拉机、联合收割机和卡车由于缺少部件和汽油无法使用，导致农产品运输受阻。一些在地里干活的工人和办公室人员告诉我们，把他们派到农场来工作简直是一个愚蠢至极的做法。一个工程师更直接地说，来这里拔萝卜是对他能力的浪费。

农场负责人说，今年他们恐怕又得从美国进口小麦了。

由于我们的需求大，越来越多的加油站在我们加完油后已没有供应，或是限制我们每次只购 10 升。因为我每晚都听英国广播公司短波新闻广播，听说了有关伊拉克入侵科威特的海湾危机使世界油价上涨的消息。我肯定苏联正在尽可能地抬高其海外石油产品的价格，以获取硬通货，而苏联人却把这当作另一种难以解释的短缺。毫无疑问，他们还不知道自己的石油产量位居世界第一已经有好几年了。

无论何时国家出现了问题，你只要追寻到货币的轨迹，就基本上能够了解正在发生的事情。

从梁赞到莫斯科的 150 英里的公路是全程四车道的。

尽管拥挤的路上莽撞的司机随处可见，我们愉快的心情却丝毫没有受到影响。当我们两个月前到达西伯利亚的时候，西伯利亚占据了地图上一片广阔的区域，相比之下，莫斯科还只是一个小圆点。我每天都会在地图上新画一条线，标出我们走过的路、我们现在的方位。现在，我们成功到达了！

现在，我们两人兴奋不已。眼看就要到莫斯科了，世界上最大国家的首都。我对历史和政治都有所研究，实在想不出还有谁能够征服这么大片的土地，此时我们正骑着1 000cc的摩托车奔向它的首都。

如果在西安、罗马以及撒马尔罕的鼎盛时期来到这些城市，你就会发现富有的人们以及他们无比奢侈的生活。莫斯科曾是世界上最富有的城市，但现在在这里却连一包香烟、一瓶伏特加甚至肥皂、马桶座圈都买不到。尽管莫斯科管理着这个几亿人口的庞大国家，但我们驶入的却是一座巨大而贫穷的城市，一座第三世界的城市。它大得惊人，有着你想象中只在强国才出现的大型建筑和宽阔的马路，但是缺少生气，毫无特色，没有深度。它是一个凄冷落寞的城市。

更奇怪的是，从沙皇统治以来，莫斯科市场上的商品量从未出现过增长。莫斯科是苏联最富有的城市，然而商品却没有伯明翰或亚拉巴马多。纽约的哈林区都比这儿的生活必需品多，任何人只要走进商店就可以买到需要的东西。非洲城市在奢侈品方面一向供应充足，甚至一些平常的东西像牙贴、鞋、啤酒、衬衫、袜子等也比莫斯科要多。而在这里，即使有钱，可买的东西也少得可怜。

塔碧莎来自曼哈顿的西北区，现在的住处离她长大的地方大概仅有四个街区的距离。她喜欢城市。在体验了两个半月西伯利亚的荒蛮后，她早已迫不及待地要到一个大城市去了。在纽约的时候，她就喜欢在街上四处闲逛，观察路边人们的生活，观察卖羊肉串的小贩，各种各样的商店，在百老汇卖冒牌手表的西非人，让人大开眼界的各色人种，以及一切让纽约的街道充满无限生机的事物。每当我们来到一座令人惊叹的城市时，她总要花很长时间到处走走。

她会计划好在著名的街道上漫步，像城市学家 W. H. 怀特一样观察着，把这些街道当作人们嬉戏游泳的小河。她第一次到伦敦的时候，逛了八九个小时，还意犹未尽。

因此她执意要抽出两天时间游览莫斯科市中心，时刻期待着从某一刻起一切变得乐趣无穷。如果你刚踏上巴黎香榭丽舍大道，你可能会感觉了无生趣，但是随着离凯旋门越来越近，街边的景象变得越来越有趣。所以当走在莫斯科街头的时候，她不停地思考，以为这种奇妙的转变时刻随时都有可能出现。

她在莫斯科一口气转了四五个小时，却没有发现丝毫有趣的迹象。这座城市只有没完没了、千篇一律的灰色调，让人有种压抑感。在纽约沿着百老汇一路走下去，你总能见到有几桩买卖成交。她告诉我那天晚上她甚至记不起有买卖东西的人。街上几乎没有什么商店，或者每三四个街区只有那么两家，其中一家还可能是面包房。当塔碧莎结束了她在莫斯科市区的游历时，已是精疲力竭，怎么也高兴不起来。她感到压抑，毫无快乐可言。

我们曾经听说过苏兹达尔，一个坐落在首都之外的传奇城镇，据说 1 000 年前比莫斯科还要大，那里的许多教堂则出乎我们的意料。

如果撒马尔罕的清真寺和秦兵马俑会给乌兹别克斯坦和西安带来几十年源源不断的旅游收入，那么苏兹达尔和它周围的景色将为苏联吸引上千万的游客。

在横跨苏联 7 000 英里的整个旅程中，我们见过的在建筑史上具有重大意义的建筑仅有十几座。在偏远的地区，古老的教堂因为停用而破败不堪，其中许多已经被毁，或是转作他用了。那壮丽的洋葱状圆屋顶多半被拆除了，取而代之的是普通的平屋顶。在离莫斯科几英里的苏兹达尔，却保留着大量的古修道院、博物馆和教堂，不少还完好地挺立在乡村绿色的平原上。

苏兹达尔坐落在一片原本种植小麦的富饶的土地上，在1392年归莫斯科管辖后便成了修道院的中心。之后，在17世纪和18世纪，富有的莫斯科商人展现了他们的传统精神，在苏兹达尔建立了许多小教堂——有的为夏天用，有的为冬天用。

我很惊讶苏联政府居然没有把它们夷为平地。或许因为这座城太小了，小到人们甚至都不屑于把这些宗教瑰宝改造成国家工人的公寓。又或许是因为从莫斯科到诺夫哥罗德的铁路在这些教堂南面20英里的地方经过，所以它们从没有因阻碍了工业发展而被摧毁。不管怎样，这算是世界的幸运。时至今日，这里没有空气污染、大城市的噪声，以及丑陋的现代建筑，这里依然保留着壮美的宗教建筑和迷人的田园风光。

宏伟的克里姆林宫原本是一个木结构的城堡，12世纪开始动工，竣工于18世纪。上面是一个巨大的洋葱状圆屋顶，钴蓝色，带一些金星，顶上有个十字架，周围环绕着四个它的微缩复制品，都高过了圆齿状的山墙和粉刷过的石头。

圣诞堂布满了画有17世纪后期圣像的金光闪闪的版画，其中有许多都是拜占庭和俄国东正教相结合的风格。

然而，苏兹达尔有的不只是外在的辉煌。由格洛托沃村引进来的圣尼古拉斯大教堂，朝拜者不超过20人，但在18世纪，它却使村民们认识到了宗教的重要性。

也许在当时，这些教堂不过是一些富商建造的所谓精神价值的虚荣展示，但在今天看来这些寂静的建筑，长长的拱形人行道，以及完美无瑕的天空却可以使我们的内心平静。

在莫斯科，乘坐地铁非常便宜，却比纽约的设施要好得多。它的每个车站都是由不同的建筑师设计的，悬挂着华丽的枝形装饰灯。

除此之外，莫斯科再没有什么让我们感到惊奇了。

我们仍旧找不到莫斯科的心脏——它的中心所在，也找不到任何繁华或是魅力。即便是红场——公认的莫斯科的中心，也没有出现过莫斯科人熙熙攘攘的繁华景象。这座城市就像一罐搁置了一天的燕麦粥，乏味，沉闷，了无生机。

那家偌大的政府部门商店里摆放着寥寥无几的商品。到处都排着长队，排队的人们麻木而抑郁，一脸漠然，像参加远房亲戚葬礼的哀悼者。我们猜想他们很可能不会为任何事眉开眼笑，或者他们是害怕别人捕捉到他们在众人面前的笑容，害怕被人问及："你为什么那么高兴？有什么值得高兴的吗？"私底下，人们可以和我们开怀大笑，但在公共场所，他们总是一脸严肃。

在东京、纽约和布宜诺斯艾利斯，你总会不时地遇见街角的餐厅、小酒馆或是一个可以闲逛的古董店，这里却一个都没有。在莫斯科，你不会在无意中走进哪家独特的小店，因为那根本不存在。在整个莫斯科广阔的土地上，可能只有三家可以让你坐下点杯咖啡的咖啡馆。在非洲和南美洲的许多城市里，最简陋的咖啡馆的菜单都比这里最好的要好得多。

我们收拾行装，离开了莫斯科。我们在博罗季诺停下，那里曾是伟大的战场。凑巧的是，我们到达那里的日子恰好是历史上战役打响的同一天——8月26日。可怜的拿破仑啊，他曾经在1812年在这里打过胜仗，然而牺牲了如此多的战士就已经注定了他的失败。

当我读到拿破仑向他的士兵所做的演讲时，我听到了风中《1812序曲》散发出的疲惫。

"这将是场伟大的战争，"拿破仑告诉他的人民，"总有一天，你可以骄傲地告诉每个人你参加了博罗季诺战役。让我们打赢这场战役，奔向莫斯科，这样我们就可以在冬天住进温暖的公寓了。"

这里的冬天从 9 月开始，但甚至早在 7 月我们就感觉到白天的气温急剧下降。我的脖子感觉到一股真切的寒意。在这里，早晨、晚上都是寒冷的。

那些士兵也一定感受到了这种寒冷，就自言自语地说："哦，万能的主，我们不想在这里过冬，我们想回巴黎。"

然而拿破仑说："别担心，我们将会到莫斯科去，占领那些公寓。"

他不知道的是，整个莫斯科都被烧成了平地。"好吧，"俄国人说，"你们想拿就拿吧，但我们要把能看到的一切东西都烧掉。把整座城市都拿去吧。"因此拿破仑输掉了这场战争。但在 300 年以后的今天，回顾那场战争，谁赢谁输真的那么重要吗？

我很肯定，战争双方成千上万死去的 20 多岁的小伙子更愿意老死，而不是战死在所谓的伟大战场上。有些人可能会说这场特殊的战役改写了历史，可即使拿破仑打赢了战争，真会有人认为在将近 200 年之后法国仍会统治俄国吗？

塔碧莎和我很高兴能够离开这里，因为寒风正在呼啸，这是早在中国和西伯利亚时我就担心的。

我们终于到达了布列斯特，这是我们在苏联停留的最后一座城市。

在苏联的这段旅程，从 6 月到 8 月，持续了将近三个月。能完成这段旅程，我十分激动，离开这里使我感到有些失落。然而我们也很高兴得知大部分问题在欧洲都可以很容易地解决，在那里我们会找到更好的道路、轮胎、足够的零件、药品和钱，我们可以与世界的其他地方充分交流。我甚至还可以得到一份真实的报纸，那是我在离开日本后从未见过的。但我为这个一生只有一次的旅行将要结束感到沮丧。

在边境，我们发现了一支长长的队伍。波兰人已经放开价格，并且货币已经开始自由流通了。他们的钱可以自由兑换，并且他们有合理的物价。当然，苏联还没有。因此当苏联那边还没有太多商品可买的时候，波兰人和匈牙利人已经进入苏联，以不可思议的低价买一切他们想要的东西，在波兰 1 加仑汽油要 2 美元，而在苏联只要 12 美分。其他一切东西——汽车、床单、水壶、平底锅、冰箱、电视——都有同比价差。波兰人把这些低价的商品带回他们的国家，以进价 20 倍到 100 倍的价格卖出去，赚上一大笔。

很自然，在犯了 70 年同样的错误以后，苏联人不再只是一味地控制他们的货币流通或实行价格管制，而是进行出口控制。边境警卫有一个罗列着不允许带出境的物品的长长的清单。有个人的一捆床单被没收了。我们担心那些购买的饰品、纪念章能否带出去。但警卫似乎认为我们骑摩托车不可能带走冰箱或太多床单，因此只简单地检查了一下。

前往爱尔兰

骑车行驶在波兰的乡间，是一种很纯粹的自由感。我们可以去任何想去的地方。货币可以自由兑换，因此我们无须担心找不到黑市，也不必担心没地方买食物和汽油。

一年以前，波兰的每样商品并不是很容易买到的，但现在，在华沙的每一个街区，到处都有杂货摊出售万宝路和百事可乐。在苏联，杂货摊很少见，而且只以苏联国产的香烟作为主要销售商品，而这还需要排三个小时的队才能买到。在波兰的货摊上，你可以买到衣服、糖果、威士忌、饮料、收音机、电池、手电筒等各种生活消费品，几乎都是进口的商品，这是离开东京后我们就没有见到过的。在华沙，很少有人拥有一份真正的工作，因此他们都来到街头卖东西，努力赚着每一分钱。

用完全可自由兑换的货币，聪明人可以去柏林购进货物，然后带回家来销售。

经过过去几个月在土耳其、中国和苏联的艰辛旅程后，我们再也无法对古代世界着迷了。我们待在华沙天堂一般的万豪酒店。这里有我们要的热水，有白色桌布上精心烹制的大餐，能喝到美味的咖啡，有为我们准备的柔软的床，有报纸、传真机，以及可以正常使用的电话！我可以拿起话筒和任何人通话。我甚至在附近发现了一个体育馆。我已经忘了原来这个世界是可以正常运转的。

在柏林的宝马经销处，机修工好奇地检查着我们这两辆车，想弄清楚这两辆车究竟损坏到什么程度。它们看起来好像经历了一场战争——摔得惨不忍睹，带着草草装配上去的零件，全身是泥，配件松散，刹车装置晃晃荡荡，轮胎破旧不堪。他们不得不给我的车再装一个新的曲柄轴箱，车头的轴承也断裂了。

我们向他们解释，我们这次旅程没有选对合适的车，我们本应该选择山地越野摩托车，那种 GS 型的，有更高的车底盘和挡泥板以及更强的减震器。

我俩的车子恰好都在保修范围之内。宝马公司从没想过它要为如此艰苦的旅行做担保，但是经理还是微笑着表示他们很乐意保修。因此他们对车子进行修复，为我们提供了价值上千美元的修理服务，似乎是对我们横穿西伯利亚之旅的钦佩。

之后，我们去参观了位于科隆—埃森区的世界上最大的摩托车展。

这些城市是如此的现代、干净、整齐、富有、充满活力，这给了我一种强烈的冲击，就算驶进匹兹堡和克利夫兰我也不会有这样的感触。这些城市生机勃勃，街上行人熙熙攘攘。这里的一切都是崭新的，维护良好，看上去熠熠生辉。这里是鲁尔，德国的工业区，二战期间，盟军轰炸了这里所有的工厂，军队也曾踏上过这片土地。

经常有人问我，为什么美国炸掉德国工业中心取得了战争的胜利，而在 50 年后却发现自己仍处于劣势。

这是因为那些战败国的人民会以更顽强的精神重新开始，而且他们拥有生产技术精湛的劳动者。战争过后，他们不再骄傲轻敌，而是热切地渴望工作。

在美国，人人都享有比德国更优越的工资待遇。美国的货币曾经很值钱，而那些德国人曾一无所有，没有资产、货币。他们的工人必须做大量报酬很低而且繁重的工作，因为他们痛苦地知道自己的国家战败了。他们别无选择，没有任何虚荣的资本了。

在大萧条时，美国人民由于害怕未来的风险，积蓄每一分钱，几乎不再购买商品。而在二战时期，即使他们想要花掉自己的积蓄，也买不到需要的商品。

战后，被压制了15年的需求终于爆发了，厂商无论生产哪种商品都会有市场。为了进一步促进需求的增长，负责生产的副总裁晋升为公司总裁。直至20世纪六七十年代，对营销人员的需求达到顶峰，但此时的商品需求由于其他国家的工厂开始投入生产而降低了。40年代末，美国的实际情况是，世界上其他地区的经济都遭到了破坏，美国的经理因此能够卖掉所有的产品。

当你建造一座工厂时，不管是在建造过程中还是在拟开发的产品中，都可以使用最先进的技术。过去在美国我们说："看，这是我们1939年生产留声机的方法。我们取得了一些进步，这是1947年的版本。因为一切都受到了战争的影响，因此我们已经有8年没有创新了，那么我们现在为什么要创新呢？"

然而，德国人并没有沉醉于成功之中，而是在生产流程和产品设计方面突飞猛进地发展。

在没有压力的情况下，人们不会改变做事的方式。假设一个空想家坐在那里告诉他们即将发生的事，即便言中了，他们也是什么都不会去做。一个在10年间靠设计留声机而赚了大钱的人，也需要有真正的远见才会主动更新他的产品并出售价格更低廉、功能更多的产品。这并非易事，尤其是在所有的产品都可以销售出去的情况下。

然而，这将会使你与竞争者之间的竞争激化。过去的35年来，这些竞争者一直都是德国人、日本人和几个美国制造商,比如生产激光打印机的惠普,采用了有力的策略,不仅仅超越了它的竞争者,还使自己有所突破。

人习惯于思维定式。即使人们相信某件事会在几年以后发生,他们还是会说:"那是几年以后的事,不是现在。"

二战过后,孟菲斯、伯明翰与亚特兰大的面积相当,商业机会也相当。孟菲斯与伯明翰的商务主管决定重修火车站,使其成为现代化的车站。然而,亚特兰大的官员却决定将资金投入建设一个大型国际机场。

于是,亚特兰大成为一个国际化的大城市,甚至成功获得了1996年奥运会的举办权。由于缺少能够满足条件的好时机、良好声誉和基础设施,伯明翰和孟菲斯没有申请,这也使它们自己免于成为一个国际笑柄。

然而,我怀疑在这个经济天堂的红苹果中是否会有危险的蠕虫,啃噬着欧洲的中心,直到吃掉这可爱的果实最好的那部分。

欧洲经济共同体是一个由5亿人组成的贸易体系,它最终打破了几个世纪以来将他们隔离的经济壁垒。在它的保护之下,几乎每个人都能从这个崭新、开放的市场中受益。现在他们能自由贸易,就像弗吉尼亚人可以与加利福尼亚人自由贸易一样。这一重要的新生事物构成了全世界经济的一个大分支。

但是,这种经济的综合影响,远不如预期的那样积极。这些国家彼此开放边境的同时,也出台了抵抗外界的保护政策。在过去的20年里,这种限制性贸易政策保护了机动车、电子产品、办公设备等行业。在一段时间内这看起来似乎不错,但这相当于欧洲人在播撒自我毁灭的种子。自从1970年以来,欧洲经济共同体的市场份额一直集中在冷门商品上。它的厂商只能高效率地酿酒,而不能制造电脑或其他电子产品,因为他们还没有找到强大的推动力来促进其进行行业结构调整。我认为,在未来的5~15年内,他们会为这种保护主义付出巨大的代价。

保护主义的存在是由于地方生产者一致强烈的要求:法国种植小麦的农民想得到保护而不受美国小麦的威胁;德国的钢铁工人想得到保护而不受韩国钢铁制造商的威胁;美国自动化工人想不受日本和墨西哥同类行业的侵犯;日本种植水稻的农民想在与美国农民的竞争中得到政策保护。依此类推,美国的制糖业者想远离拉丁美洲的竞争者。例子不胜枚举,生产者总是经过高度组织,大声要求保护政策。在全世界每一个国家,这样的组织都发起了政治运动,雇用说客,呼吁保护。

毕竟,这听起来是爱国的,保护美国汽车工人的就业机会,还有东北部鞋匠以及南部纺织工人的就业都是美国人想要的,不是吗?

回答是"不,我们不想"。保护主义掏空了我们的口袋,减少了我们的利润。然而,没有代表我们消费者利益的政客,我们没有代言人,无法表达意见。如果美国国会对外国的钢铁征收重税,易拉罐的价格就会上涨,尽管可能每年只涨1美分的1/8,几乎没人会在意。一辆车每年的花费可能会上涨四五个百分点,而不是原来的两三个百分点。同样,这也不足以雇用一个说客到街头抗议。

然而,随着时间的流逝,这种做法的后果将是毁灭性的。被保护的工业生产停滞不前,缺乏创新。它们生产的产品以次充好,定价过高。20世纪60年代几乎缺少国外竞争者的美国汽车行业就是一个最好的例子。当时克莱斯勒、福特和通用汽车垄断了所有的汽车生产,因此厂商提供给消费者质量粗劣而价格高昂的汽车也是很自然的了。

在全世界范围内,政治家们都不断地面临来自一些精心组建的权益集团的重重压力。而消费者没有适当地组织起来,因此无法有效地呼吁把每个易拉罐的价格降低1/8美分，把福特汽车的价格降低。

在过去的几十年里，欧洲经济共同体趋向后退，在变化中把自己保护起来，而不是勇敢地迎接变化。他们用保护政策避免了工业调整，这使其工业发展及高科技产品的生产落后于美国和日本。然而相对于印度和非洲来说，他们做得要更好些，但是跟中国和韩国比起来就要逊色得多。

不过，现代经济中的一条铁律就是：每个国家都不能通过回避调整，来回避不断的资源优化配置，在世界的不断变化中保护自己。

这个世界将会发生变化，任何怀疑这一点的人都没有动脑子。世界不仅会转变，随着新时代的到来，变化速度还会越来越快。唯一急需解决的问题就是国家应如何应对这些变化，是改革、竞争，还是止步不前，陷入困境。在日本销售设计精良、价格便宜的汽车时，美国还要继续生产以次充好的汽车吗？难道在美国公司无法自行设计的时候，美国人就一直不购买日本的随身听吗？

一个政府的责任之一就是要营造一个能够使它的文化、社会、商业和制度适应变化的环境，否则就要毁灭。这听起来似乎太严酷了，但是变化几乎是在不知不觉中发生的，这比经济停滞、高失业率和最终灾难性的经济崩溃这些由长期保护主义造成的后果来得缓慢、温和得多。

能举出相关的例子吗？苏联、非洲、墨西哥以及拉丁美洲的每一个国家都是实例。

回到我们熟悉的文明社会，塔碧莎又开始怀疑自己是否还要继续下去。我们最初的计划是横跨欧洲，穿越非洲到达好望角，乘飞机飞到澳大利亚和新西兰，飞到南美洲的最南端，最后骑车北上直到阿拉斯加。穿越中国和苏联的西伯利亚对她来说已经算是一个壮举了。

我们遇到了一个名叫法里克斯的德国人，他曾经骑着一辆宝马摩托车穿越非洲。他给我们介绍了一些道路情况、签证信息以及可能会遇到的问题。在慕尼黑，我们去达尔购物，这是一家可以买到非洲陆地旅行所需装备的大型商场。

法里克斯和达尔似乎让塔碧莎相信，穿越非洲将是一次极富乐趣的旅行。毕竟，这里是达尔——一家为了配备穿越撒哈拉和丛林的物品而特设的大型商场。当然，我们从未见过一家能为去撒哈拉的任何人配备装备的商店，现在我们见到了。达尔使穿越非洲大陆看起来就像一件所有人都能做到的事。如果有一整家商场都在提供装备，穿越撒拉哈又能有多么遥不可及和令人望而生畏呢？

我们将要骑着摩托车穿越非洲，穿越整个撒哈拉沙漠和泥泞的扎伊尔沼泽。曾有传言，那些活着回来的幸运儿中，一些人瘫痪或是成了盲人，一些人跛了或是缺肢，还有的成了骷髅一样的人——眼睛凸起，皮肤脱色，唇齿分离。

如果说西伯利亚是未知的蛮荒，但那里至少没有战争和疾病。非洲，却意味着会有象皮病、虱子、麻风病、伤寒症、几内亚线虫病、肝炎、黄热病、肺结核，当然还有疟疾。非洲，还意味着瘟疫、脚气病、霍乱、天花、痢疾、因流动的水污染而导致的盘尾丝虫病和死水导致的血吸虫病，加上舌蝇和神经系统非洲锥虫病（昏睡病）。如果我们得病了——不可避免地至少会染上一种——就一定非常严重，非洲几乎没有有效的药品，更不用说医院了。有关非洲的一些书上描述了旅行者们中暑、脱水、精神错乱、呕吐，以及两种能把人折磨好几天的痢疾。

还有一些非洲旅行者挣扎在死亡边缘，有的死于不为人知的原因。我们知道一些关于非洲贿赂的说法。有人曾问我旅行中最害怕的是什么，我说是过境。边境守卫完全有权掌控旅行者，可以不准许旅行者的任何要求。非洲边境的大多数路口都非常偏僻荒凉,与外界几乎没有交流。

另外,那里还有战争,很多事实都是无人报道的。在非洲根本没有文明战争一类的东西,参战者不会十分乐意地帮助两个天真的旅行者体验一次狂想家的冒险。在他们的战争中,每个人都想方设法杀死他人,保全自己。

更重要的是,我不怕损失钱财,包括我的车、旅行装备和一些钱——但是我担心塔碧莎!塔碧莎年轻、高挑、金发、美丽,我还敢带她再走得更远吗?

我们会在哪里停留?安全吗?我们甚至不了解非洲以及更远一些的南美洲对我们虎视眈眈的危险动物。我们对那些食肉动物的习性一无所知,比如鳄鱼、河马、犀牛、鼓腹咝蝰、鬣狗、曼巴、红尾蚺、黑豹、携带狂犬病病毒的蝙蝠、野狗、狮子、老虎、猎豹、花豹、大象、大猩猩、毒蜘蛛、狒狒和巨蟒。所有这些动物,或者大多数都生活在丛林里。我们听说花豹是非常大胆而聪明的,它们会静静地守在你的帐篷里等你回来。

但是假如这些全都是怯弱的美国人的想象呢?假如这些只是过去的非洲呢?即便如此,我们仍担心汽油、钱、备用零件、道路、语言、食物——谁知道会出现什么情况呢?我们甚至不知道自己还对哪些情况不了解。

我和塔碧莎已经驾驶摩托车从爱尔兰经过中国、日本,穿过苏联的西伯利亚又回到爱尔兰,现在我们在伦敦逗留。如果我们要环游地球,下一站就是非洲,从突尼斯到好望角。

"我会继续走下去,"在伦敦休息了几个星期后,我对塔碧莎说,"我已经开始了环游世界的旅行,现在走了一半,我将一直继续下去,直到完成。"

接下来的几天我们一直讨论这个问题,而我又一次不敢肯定她是否会留下来。

终于在一天晚餐的时候她说:"好吧,我去,但你要答应我,我们要慢慢地走,不要总是催我。"

这个承诺并不难。横跨中国和西伯利亚那 2 000 多英里的路太艰苦了,全是未铺过的道路,路面泥泞,高低不平,而非洲的道路可能会更糟糕。

要做的准备太多了:接种预防黄热病、霍乱、破伤风、伤寒症和肝炎的疫苗;集中办好去非洲国家需要的一打签证;买帐篷、蚊帐和过滤器;准备一些摩托车备件——衬垫、火花塞、尖凿、滤波器、保险丝、拉线;找些氯片、一把可折叠的铲子、指南针、抗生素、食盐片剂和无色唇膏(对日复一日不断被风吹日晒的干燥嘴唇来说十分重要);还有地图,我们需要地图。这份清单似乎没完没了,但是如果想在非洲避开冬天,供我们做准备的时间已经所剩无几了。

几个小时以后,我和塔碧莎来到了伦敦的大街上,很高兴仍然能够在一起相互支持。我实在想不出我还愿意和谁去完成这次旅行。

为了完成一个真正从大西洋到太平洋再返回的旅程,我们很快离开英国,前往爱尔兰。

我们接来了塔碧莎的妈妈,作为给她 50 岁生日的礼物,希望这次看望能够减轻她对女儿的担心和思念。她坐飞机来了。尽管她有爱尔兰血统,却从未来过爱尔兰。作为一名韦尔斯利学院的毕业生,她曾是选美冠军,现在除了作为妻子和母亲,她正在计划从事第二个职业——医务护理。

塔碧莎的妈妈哭着恳求女儿不要继续和我一起走了,乞求女儿能在她老得不能动之前回美国。然而,现在的塔碧莎已经拿定了主意,于是她努力想使母亲放心。

在都柏林,我们翻看了《凯尔斯书》,这是一本公元806年手工制作的340页的书,被称作世界上最美丽的书。现代旅游业已经抓住了这本书。在它的光环下,收藏这本书的图书馆设有特别指南、纪念品商店和专项旅游。当我还是个学生的时候,只要到图书馆就可以看到它,现在我们要浪费一大堆废话才能读到它。

我想去看纳尔逊纪念柱——伟大的英国海军英雄纪念碑,记得还是学生的时候我曾经爬上过它。但它已被炸毁,150年的历史不复存在了。人们总是做这些事,好像摧毁这些纪念物就可以改变历史。

在顿琴我们拜访了那位女邮政官,她为我们经过中国和日本并穿越苏联再回来看她而兴奋得大叫。我们一边品茶,一边分享了很多明信片、地图和故事。

沿着南部海岸,我们遇到了摩托车手凯文和巴里,他们曾在第一次见面时帮我们解决了难题。他们邀我们去一家摩托车酒吧,我们就接上了塔碧莎的妈妈,让她坐在我的摩托车后面。这个康涅狄格的主妇被我们的整个行程弄糊涂了,但不得不承认她喜欢驾驶摩托车时那种狂野的自由。她也开始对摩托车文化有些认识了,觉得自己该早些发现那些粗犷的摩托车手的迷人和赏心悦目。

她和我们旅行了一个星期,回到英国后仍然依依不舍,她怕这成为女儿活着的时候见她的最后一面。

为了得到签证,我们在伦敦拜访了阿尔及利亚、津巴布韦和尼日利亚驻英国大使。塔碧莎已经下定了决心,她准备走下去。下一站——北非,然后我们一直穿过撒哈拉沙漠、中非和南非,最终到达开普敦。毕竟,我们现在已经环游1/3个世界了,为什么不一直走下去呢?

第三篇

● 从顿琴到好望角

非洲：征服撒哈拉

在突尼斯，带有阿拉伯和意大利个性的男人最令塔碧莎头痛，他们就像一颗颗不稳定的炸弹包围着她。每次塔碧莎单独外出，男人们就会不怀好意地盯着她，尾随在她身后，朝她发出调戏的声音。在街上，男人们还故意用身体挤撞她。虽然突尼斯的大部分女性都穿着西方服饰，但塔碧莎的黑皮夹克和太阳镜太招眼，让当地人觉得她就是一个"浪荡的西方金发女郎"。

我们到达的时间是1990年11月，离多国部队开始轰炸伊拉克还有几个月，空气里充斥着紧张的政治气氛。但突尼斯城是一个现代化城市，是阿拉伯世界的瑞士。

向东北方向10余英里是迦太基古城遗址。在过去的3 000年里，光是这个称呼就在全世界范围内引发过恐怖、死亡、嫉妒以及猜测。一想到要见到这个传说中的城市，内心的畏惧程度就像要见到西伯利亚、撒哈拉、安第斯山脉或麦哲伦海峡一样，这些地方我曾阅读、研究、为之惊叹过，但从未想过身临其境。

迦太基是腓尼基泰尔城（Phoenician city of Tyre）的狄多女王（Queen Dido）建立的一个海上共和国。它在地中海西部称霸近千年，直到罗马势力的到来。罗马决心将迦太基完全摧毁，双方发生了三次海上战争，最后于公元前146年结束。加图的"名言"——"迦太基必遭毁灭"成为事实。罗马对迦太基长达三年的围攻最终以一场17天的激战告终。罗马人攻破了城池，据说，他们先用火焚，再用犁头行遍所有的土地，而后在犁沟里撒满了盐，他们要让这个曾经最富饶的城邦永远贫瘠荒芜、无人居住。

身临其境，我实在不敢相信这片小小的遗迹就是曾经辉煌的迦太基。纵然迦太基曾统治过古代世界，罗马人却将它如此彻底地毁灭——数个世纪来将迦太基的地基当作采石场——这一毁灭不禁让人喟然长叹。在这里再也看不到迦太基文化，剩下的只有罗马文化。

很难想象，曾经统治世界的海军就在眼前这个小港口驻扎。不过，汉尼拔的疆域从这里一直延伸到欧洲，最后跨过阿尔卑斯山脉，直逼罗马。南部海港曾是商业船运中心，北部海港是海军基地，中心的岛屿是迦太基海军总部。令我感到惊讶的是，史书上说这儿可以停靠多达220艘战船。

城市傍依海港的地理位置得天独厚，但在其巅峰时期人口也不可能超过两万人。对这里的人们，我怀有与对撒马尔罕、莫斯科以及西安的早期居民同样的震撼。我很想知道，他们都是些什么样的人，是如何取得如此巨大的成就的。我唯一能想到的就是，当其他人都在小船或独木舟上谋生时，驾着轮船的专业航海员就可以获得统治地位。

在被罗马攻陷200年之后，迦太基再次成为地中海地区的宏伟城市之一。从公元439年到公元533年，迦太基一直是汪达尔国的首都。后来拜占庭人征服迦太基，公元697年，迦太基又被阿拉伯人洗劫一空。

突尼斯的历史要相对平淡得多。这里曾是迦太基的要塞，随着迦太基一起被毁，之后便成为现在的突尼斯。这里面积不大，曾先后是罗马和拜占庭的富饶小镇。公元 9 世纪,艾格莱卜王朝第四任统治者易卜拉欣·艾哈迈德一世在这里定都。

城市有一部分是现代法国式的,设计是实用主义风格,景色平淡,没有什么有趣的特征。在伊斯兰教比较开放自由的城市新区闲逛时,不会意识到自己身处伊斯兰国家,更不用说身处非洲了。老区破旧的废墟与功能化、从容大度的新城区的融合再次生动地告诉我,没有什么是永恒不变的。

因为这里是被驱逐的巴勒斯坦解放组织的家乡,我们行事非常低调。为了不引人注意,我们甚至请人打造了另一个车牌。新车牌上只写牌照号码,没有写上"亚拉巴马"或注册国家的字样。反正全世界都这样做,没有人发现。

眼看我们就要横穿撒哈拉沙漠了,这是摩托车旅行的又一项挑战。

撒哈拉是全球最大的沙漠,面积比美国本土 48 个州的面积总和还大。沙漠自北向南最宽处有 1 200 英里,自东向西的距离超过从洛杉矶到华盛顿特区的距离。沙漠的南北两端尚有铺好的路,但中心地带将近 500 英里的地方全是毫无生气的沙丘和岩石,完全无路可循,而我们必须穿越这里。

我们计划沿西部大沙海前进,这个沙海如果在世界上其他任何国家,都将是第一大沙漠。但在撒哈拉,它就算不了什么了。它的面积有 7 000 平方英里,周围是它 20 倍的沙的海洋。

6 000 年前,撒哈拉还是热带大草原,类似于现在的东非。在公元前 5 世纪,狩猎采集者曾在这里游荡。罗马时期,居民们在这里放牧牛羊,安居乐业。在基督时代到来之前,马是这里的主要交通工具。只是到了后来,撒哈拉变成沙漠之后,骆驼才取而代之。

这又是一个自然界惩罚人们破坏环境行为的例证。如果塞拉俱乐部早些成立，它可能会请求"上新世最高法院"颁布法令，禁止科罗拉多大峡谷侵蚀西部大片肥沃的土地。

虽然撒哈拉贯穿北非所有国家，但它的主体部分位于阿尔及利亚。阿尔及利亚是得克萨斯面积的3倍，但其5/6的地方都是沙漠。1993年，全国共有2 600万人口，只有10%的人居住在这大片沙漠之中。

要到达并穿越撒哈拉，对于现代旅行者而言，是一个巨大的挑战。在撒哈拉，不仅没有道路，也没有旅馆，没有加油站，没有餐馆。任何穿越的方式都是艰难的，因为中间没有铁路，也没有公路。这里的天气要么极度炎热，要么极度寒冷。除了偶尔会出现绿洲，这里没有水，也没有食物。道路要么没有，要么就是路况极为糟糕。

我们买了宽檐帽、水壶、油罐还有沙漠旅行者的必备品——枣椰，这种食物在沙漠里不会腐烂。我很想买一辆卡车或者干脆挂在它后面，让卡车司机带着我们向南走。在这一段旅行中，最好有备用的交通工具，并额外储备一点汽油、食物和水。

就像我们不愿意在冬天横跨西伯利亚一样，我们很不希望在夏天穿越撒哈拉，担心高温会灼伤车子和我们自身。

在我的摩托车生涯中，我一直期待这次旅行。塔碧莎却很害怕，似乎很肯定将会发生什么特别糟糕的事情。

我无法判断她这次女性的直觉是很有把握还是过度担忧。

我们发动车子，驶向阿尔及利亚。

路过欧洲的军事墓地时，我们看到墓前竖着统一的白色十字架，这里沉睡着在很久之前的战争和起义中丧生的人的亡灵。看到这片墓地，想到这些年轻的英国人和法国人就这样埋在离自己家乡几千英里之外的沙漠之中，我们难免伤心起来。而且，我知道他们的后代根本不清楚他们为何牺牲，甚至不知道自己的祖辈是为了某个神圣却被人遗忘的信念而战。

人们记得的只有拿破仑,因为他出征整个欧洲,带来了法国大革命的恐怖,因而遭到广大人民长时间的憎恨。但谁能说出曾有多少人死于 18 世纪波兰与瑞典的战争呢?从前波兰王朝以及瑞典王朝都曾统治过重要的帝国,但现在不仅那些王朝灰飞烟灭,那些 20 多岁的年轻人誓死捍卫的边境也一改再改。现在看来,这种战争本身就是一出闹剧,必定会在历史舞台上匆匆落幕。

在旅途中,我们发现了很多纪念古代战争的雕刻石碑。其实,在现在看来,极少战争是真的有意义的。如果历史是一幅反映边境变更和权力中心转移的自然全景画,那么为什么要牺牲这些年轻的生命来加速或放慢这一无情的过程呢?

我的反战激情产生于在牛津的那段时间。在贝利奥尔学院,我经常走过一条石头小径,石头上刻着成百上千个死于第一次世界大战的英国青年、上校以及中尉的名字。在小径尽头还有一片石区刻着第一次世界大战期间在贝利奥尔牺牲的德国学生的名字。1905 年,英国和德国是最快组成盟军的,从德国派往贝利奥尔学习的人数就可以看出来。可是到 1914 年,两国又开始相互残杀,真是荒谬。

记得有一个晚上,我和几个跟我年龄相仿的西班牙朋友一起唱歌饮酒。我突然想到,如果美国政府决定与西班牙开战,在几个星期之内我和这些朋友就得战场上见。我觉得恐怖极了。我从没有如此清楚地看清战争的本质,就在那晚,我的思想发生了转变。

阿尔及尔比突尼斯城规模要大,历史要悠久。在塔碧莎的眼里,这儿虽有卡斯巴(Casbah),但不如开罗有趣。

大多数人都知道,在 20 世纪 40 年代,卡斯巴是一个集市,周围是旧式建筑、高高的通道,还有带屏风的阳台。

由于签证是有期限的,我们无法在动身之前获得所有国家的签证。于是在阿尔及利亚，我们开始办理去余下国家需要的签证。我们四处寻找扎伊尔大使馆，花了整整两天时间。最后我们先找到了大使的官邸，然后发现大使馆就在马路对面。

从经济角度来看，阿尔及利亚一团糟。在非洲，阿尔及利亚是个不小的经济体，国内生产总值有530亿美元，人均国内生产总值达2 170美元。虽然大型工业国家的人均国内生产总值为12 000美元，而在撒哈拉以南的非洲，包括南非，人均国内生产总值只有400美元。阿尔及利亚有着丰富的石油和天然气储备，但是它并没有管理好这些资源。

19世纪六七十年代，阿尔及利亚经济发展迅速。但经济发展并不是因为政府管理得当，而是因为油价不断上涨。表面上看起来政府制定的经济政策适当，其实是因为当时它赶上了70年代石油经济繁荣的好时期。

现在，石油和天然气出口占阿尔及利亚外汇收入的95%。一旦油价下跌，国家就会遭受重创。阿尔及利亚的食品生产原来是能自给自足的，但现在却高度依赖进口。国家失业率高达25%，通货膨胀率超过20%，人民流离失所。

阿尔及利亚黑市活跃，因为国外的任何东西都不允许进来，包括西方的报纸和杂志。

这个国家的货币是我们遇到的极为荒谬的货币之一。在黑市我们可以用1美元换30第纳尔，而官方汇率却是1∶10。如果只有20%的收益，一般人不愿意违犯法律去黑市；但现有200%的收益，谁都甘愿冒险去黑市换钱。

由于没有人可以合法地从国外带入商品，所以阿尔及利亚的物资非常匮乏。国家的外债已经高达200亿美元，大部分硬通货收入都用来偿债了。如果中央银行有富余的硬通货，合法商人就可以买入索尼电视机、汽车、意大利鞋以及新西兰羊肉，再卖给合法顾客。但现在硬通货都用于还债，中央银行所剩无几，商人就无法进口，所有人都饱受穷苦。

加重他们经济问题的是在国家价格管制下，油价越来越低，结果导致挥霍性消费。就像在苏联，面包价格下降后，男孩儿们就把烤过的面包当足球踢。为制止挥霍性消费，阿尔及利亚应该把所有能卖的石油全部以全球市场的价格卖出去，以换取更多的硬通货。

波兰也曾经出现过类似的情况，波兰人和阿尔及利亚人一样，产出少，无力进口。最后波兰忍无可忍，采取了上述做法。他们让货币自由兑换，结果奏效了。波兰货币兹罗提的汇率飙升，但不要紧，因为这是真实的汇率。结果，商品不断涌入，一切都开始好转了。

可惜，波兰人没有想到他们需要采取其他措施。的确，现在有了万宝路香烟和丰田汽车，但他们没有意识到他们需要向外销售点什么才能有钱购买这些香烟和汽车。

几十年来以次充好的工艺、管理不善以及近乎零资本投资使得波兰无力有效生产出他国需要的产品。但政府又觉得它不能解雇这些生产效率低下的工人，于是印制了钞票给这些工人，天真地希望出现转机。

印钞机使得整个经济回到了原点，新一轮问题又出现了。通货膨胀再次出现。由于政府不可能回头控制汇率，没有人需要更不值钱的兹罗提，于是货币的价值再度下降。一旦政府开始印制没有任何价值的钞票，就没有人会需要这些钞票，民众可不是傻瓜。虽然你称它为钱，但没人会买没有任何价值的东西。

在驶向撒哈拉的途中，我们经过了更多的罗马遗址。村庄的市场上还有丰富的农产品，大堆大堆的柚子、枣椰、梨子和苹果，其他产品就见不着了。慢慢地，周围的乡村就变成沙漠了。我们越靠近撒哈拉，市场上的物品就越贵。只有汽油因受政府控制而价格低廉，是欧洲市场石油价格的零头，黑市价格的1/3。

撒哈拉沙漠从阿尔及尔南部400英里处延伸开去。塔碧莎仍然很不安，我却开始兴奋起来。我一直都很喜欢穿越沙漠，沙漠的荒凉就像一首诗，让我感觉浪漫。这样的沙漠又像一个严厉的市场，它不允许你犯错，逼迫你头脑清醒，全神贯注——这不是很美妙吗？

我们缓慢南行，尽可能地带上更多的水、食物和汽油。地形越来越复杂，路面越来越干燥。蔬菜成为稀有品，加油站也相距越来越远。周围的环境越来越不适合动植物生长。

向南行驶两天后，我们来到姆扎卜河谷，河谷的五个村庄里居住着莫扎比特人。

我们在加达亚歇脚。加达亚是五个村庄中最大的一个，和其他四个村庄一样，它建在山上，顶部有一个独特的、未加任何修饰的尖塔。

我们已经走过了阿尔及尔城市文明的部分，那儿几乎没有妇女戴头巾。而这里的妇女从头到脚都包着棉布，只露出一只眼睛从头巾的缝隙中看路。

我们住在山坡上的一个三星级酒店，从山上可以俯瞰整个村庄。我们此前还行驶在完好的两车道柏油路上，但撒哈拉沙漠的气息已经扑面而来。为了找人帮我们运载一些额外的供给品，我们开车来到当地的露营地。从卡车到越野车，我们逐一询问是否有人南行，是否愿意为我们有偿运载轮胎和生活用品。

我们碰到一个法国研究生，名叫皮埃尔，他和我们同路，而且手上正缺现金。我们一拍即合，我和塔碧莎给他钱，他帮我们运载帐篷、备用轮胎、水壶、燃油罐。他开的是一辆破旧的小型货运卡车，车窗和车灯都罩着粗粗的铁条。他的脸上长满青春痘，不过总是面带微笑，看起来非常有魅力，而且举止彬彬有礼。他肯定是个不错的旅行同伴。

接下来三天，我们这个小型旅行队走了 1 000 英里。这是旅程最轻松的一段，因为沙漠中的这段道路是铺砌好了的。

每分每秒，每时每刻，沙丘都向我们展示着它的精致、优雅与雍容大气。这一成不变的美景改变了我平常欣赏世界的方式。沙丘被狂风之手抚摸出美妙的曲线，没有哪个雕塑家或工程师可以再现这一美景。此情此景不禁让我想起了塔碧莎身上完美柔和的曲线。

在 12 月初，我们到达了塔曼拉塞特，传说中沙漠最荒芜的部分北端的起点。它是以一个著名的漂亮女人的名字命名的，是撒哈拉的地理中心。

塔曼拉塞特是我最喜欢的小城之一，这里随处可见越野车、泥屋以及沙漠旅行者。我们在这里休息了几天。虽然这个小城是新建的，很干净、充满生气，不过还是有羊群在街上闲逛，在非常时尚的房屋外还拴着驴和骆驼。超市里卖的大部分商品都是罐装食品、桃子和肉。

当地人大多缠着肃穆的穆斯林头巾，裹着白色长袍。不时还可以看见撒哈拉的游牧民族柏柏尔人穿着蓝色长袍、骑着骆驼穿梭往来。这些部落成员频繁往返于尼日尔和阿尔及利亚的边境，丝毫没有意识到他们穿越的是国家边境。他们的行为也告诉我们，在这沙漠中央划分边境是件多么无趣的事情。

早先，塔曼拉塞特是法国人的边区村落，在 1950 年只有 30 人。但现在已有 3 000 人，发展实在迅速。

对于非洲的长途旅行者而言，塔曼拉塞特是重要的交通要塞，是穿越非洲大陆的必经之地。旅行者们之间的友情油然而生，我们相互分享地图和旅途趣事。

"千万要留意尼日利亚羚羊的主人。"

"到津巴布韦要住月亮酒店。"

"这儿的路已被水冲毁，挑山间的路走。"

旅馆酒吧是休闲的好地方，有冰啤出售，在塔曼拉塞特的沙漠地带冰啤可不多见。皮埃尔叫上了一位他在露营地认识的马里女士和我们一起饮酒。

我们和一位在非洲旅行了 11 个月的日本人交换了信息。他叫山本真，是我们遇到的又一个曾在非洲学习了两年的日本人，他正倾其所有周游非洲各国。我们碰见过搭便车及骑自行车的单身旅行者，也碰见过来自巴黎上流社会的夫妇，他们穿着名牌服装，开着名款越野车，甚至还从慕尼黑带来了名牌食物。

塔曼拉塞特主干道两边是两排破破烂烂的餐馆，每家都在屋里屋外摆上几张破旧的桌子，周围还有小商贩卖烤鸡。

旅行者们聚在这些餐馆里，相互询问问题，收集信息。

旅行者的车子就停在外头，就像早期美国西部的马匹一样。我们可以看见各式各样的车，有电动车、日本自行车、丰田轿车和越野车，车身上挂着沙梯和备用制动装置，拴着铁铲，顶部还绑着睡袋、露营设备以及装衣服的铁箱。每辆车都带着备用轮胎以及大量绿色或灰色的油桶和水桶。

街边餐馆的闲聊主要围绕三个话题：边境官员、部落以及穿越撒哈拉的风险。由于车子抛锚或缺少燃料，每年都有不少欧洲人和非洲人命丧沙漠。

一年前，有一个法国家庭开着越野车去阿尔利特，车子偏离了主路，在半路抛锚了。在他们等待救援的期间，母亲一直用日记记载着她、她丈夫以及两个孩子与炎热、饥渴以及绝望抗争的过程。但是，他们没有等来救援，在极度虚弱中，母亲用几乎无法辨认的字迹写下了最后一篇求助日记。

几个月前，一个由10个人5辆车组成的旅行队沿着同样的路线出发。在撒哈拉这个没有路、只有绵延不尽的岩石和沙丘的地方，迷路是经常发生的事情。这支旅行队也迷路了。其中一辆车已经毁坏，车上的人换到其他四辆车上。接着，又有三辆车抛锚或没油了，10个人全部挤在了最后一辆车上。结果，这辆车不堪重负，也熄火了。这10个人就这样在炎炎烈日下于等待中离开人世。

一个接一个这样的故事让我们对即将面临的危险头脑冷静下来。虽然不断有人告诉我们要在没路的情况下一直沿主道行驶并不容易，但显然，我们需要不惜任何代价地保证不偏离主道。

在其他谈话中，旅行者们还一一告诉我们哪些边防守卫很乐意帮忙，哪些需要贿赂，被抓的走私旅客遇到了多么恐怖的事等。阿尔及利亚因为急缺硬通货，于是和许多其他非洲国家一样，对外汇进行极为严格的管制，坚持要求旅行者把身上所有的硬通货换成它们国家毫无价值的第纳尔。

在通过一连串非洲国家的途中，旅客不可能兑换10~15次货币。不但因为在当地货币贬值以及支付对方兑换费用之后旅客会损失金钱，而且有些货币根本无法兑换。出了阿尔及利亚的边界，就没有人需要第纳尔，该国的南部又没有银行。

因而，所有通过非洲大陆的旅客都迫不得已成为走私犯。对于当地国家或者边防守卫而言，搜寻未申报的货币就成为收入的主要来源，于是他们绞尽脑汁搜查旅客所有可能的私藏之处。通常，除了没收查到的私藏货币，他们还对"走私犯"处以罚款，罚款的金额往往是搜到货币的两三倍。于是，在这儿的餐馆内，众人就兴致盎然地讨论到底该在哪儿隐藏违禁品,是藏在身上好呢,还是藏在车上好。

我和塔碧莎没有私带药品或其他违禁品,唯一让我们忧心的就是该把钱藏在哪儿。之前我把钱藏在腰带里,庆幸的是一路走来都没有边防官员发现。我们的一辆摩托车座位底下有个脏脏的、满是灰尘的口袋,里面装了本溅满污泥的小册子。我们把钱夹在小册子里面,认为边防员应该不会检查这么污秽的地方。车子的油箱下面有一根空管子,我塞了点钱进去。

旅行者们的冒险精神让我们深感意外。我们碰到两个来自阿姆斯特丹的教师,他们拿出一两年的时间来非洲旅游。我们还遇到一个正计划从伦敦返回老家的新西兰人。他说,新西兰共有300万人口,平时总有7 000人在英国。在整个非洲旅途中,除了一个传教士家庭,我俩再没遇到其他美国人。

塔曼拉塞特是最后一个有路的小镇,在这里我们要到海关和移民局办理出境手续。在护照、过境单据以及货币申报表上盖好出境章后,我们这个由两辆摩托车和一辆卡车组成的迷你旅行队正式出发,驶向撒哈拉心脏地带。

出了城之后,由于没有路标,我们只好问路。在来塔曼拉塞特的时候,路一直都很好走,是两车道的柏油路,路况维护得很好。但从其他旅行者口中得知,从这儿开始向南,就没有路了,只剩下梦魇般的沙漠。出城31英里后,柏油路果然逐渐消失,车子开始在沙子上行驶,无论往哪个方向走,都是沙的海洋,情景就和电影里一样。

由于沙漠平坦又开阔,旅行者很容易沿任何方向前进。为了不迷路,我们循着一个有两英里宽的卡车车队留下的轨迹前进。但如果遭遇沙暴,卡车的踪迹就会被掩埋,我们就只能靠指南针导航了。

有 15 分钟的时间，塔碧莎的摩托车扬起的沙尘一直往我喉咙里呛，后来我实在受不了了，就要求停下来商量对策。为了避开沙尘的影响，我们排开阵列，塔碧莎在最前面，我在她右后侧约半英里，皮埃尔在最后，离我几英里远。

我们越往里走，路面就越沙化，两边是成堆的沙丘和矮小的岩石。沙完全覆盖了路面，似乎在威胁我们不要再前进，否则也将我们一并吞没。

我们偶尔会看见路标，都是插在沙堆里的长杆儿或者 55 加仑的大桶。我们便沿着路标的指示前进。

如果有轮胎的踪迹还没有被沙掩盖，塔碧莎就会跟着它们走。她希望我们跟踪的那个人清楚自己的方向，希望我们跟踪的千万不要是土匪或走私犯什么的，不希望那个人最后也迷路了。在她前面约有 50 辆卡车往返过，她便跟着最深的车印走。每隔三四个小时就会有一辆卡车超过我们，我们顺着卡车的方向走却总也跟不上，这让我们不禁怀疑是否偏离了主路，当然如果有主路。每次看见卡车，我们就会舒一口气，感觉我们没有偏离正确方向，但旋即它们又在眼前消失的时候，我们心里的疑云便又回来了。

看到一堆堆的汽车残骸，我们就会感觉好一点，这说明我们可能正在主路上。既然备用零部件是大家都急需的东西，那么这些就肯定是路人替换掉的。很显然，很多人都曾经过这里。

塔碧莎在前面带路，她开得很缓慢，小心翼翼地挑选沙地上最坚硬的地方走。可是不管怎么小心，她还是会陷进沙子里，沙子堵住了排气管。这时，团队协作是最重要的。我从车上下来，在支架下放一块木板以防支架陷下去，然后我开始把沙一点一点地从车轮下挖走，希望她能把车子向前开一点。我们随身带了一把折叠式的军用铲子，但它不太好用，还不如用手挖沙来得快。

等我把沙子挖走，塔碧莎却无法加速。她得慢慢松开离合器，不然车轮飞速旋转起来只会让她陷入更深的松软的沙子中，同时她还得保证不烧坏离合器。每次闻到石棉燃烧的味道，我们就心惊不已，因为我们忘了多带一对离合器踏板。在沙漠里，前进15英里要花上三个小时，我们总是不停地陷入沙子，然后就是挖沙、推车。

等塔碧莎的车从沙堆里解脱出来后，我就向前走上一段，看看然后怎么走最好。通常我们不能直行，因为前方的沙更松软，我们只好从两侧另辟蹊径。

有时我们会经过一片岩石区，生长着一两片矮小的灌木。有时，沙面变得很结实，我们就可以以每小时35英里的速度呼啸而过。

我们必须十分警惕那些松软沙子形成的深坑，曾有数不清的车子为这些陷阱所害。

第一天我们花了10个小时，只走了75英里。

那天晚上，我们个个筋疲力尽，但内心却充满成就感，感觉我们三人战胜了无边无际的沙海。我们就在沙漠里安顿下来，用煤气炉子烧茶。这儿根本不需要搭帐篷，地面除了沙子什么都没有，跟火星似的。天也不会下雨，空气干燥且凉快，不会有露水。我们也不用担心受动物或虫子袭击，因为这儿方圆几千英里都没有生物的迹象，没有一片树叶，没有一只蜥蜴，没有一只蚂蚁，甚至连一只蚊子也没有。

沙漠出奇的寂静是我始料未及的。由于没有生物，这儿没有我们平时听到的自然界的声音。没有鸟鸣声，没有昆虫嗡嗡声，没有飞机经过的声音，没有树叶摇曳的沙沙声。那时我才明白，我以前从来没有见识过真正的寂静。

虽然不忍亵渎这片寂静，我还是打开收音机调到了英国广播公司的新闻。多国部队和伊拉克的局势又紧张起来。我们很庆幸自己远离纷扰。

睡到子夜，我和塔碧莎都自然醒来，周围很亮，感觉有人开着灯似的。我们钻出睡袋，漫步四周。

这里的星空比阿拉斯加和西伯利亚的都要明亮。满月已升起，透过没有水汽和污染的沙漠空气，月亮显得又亮又大。我们走到哪儿，月亮就跟到哪儿，映在地上的影子清晰逼真。我们拿出一本书，在月光的照耀下，阅读一点儿都不成问题。

皎洁的月光，柔和的沙丘，万籁俱寂，这一奇特又令人舒服的夜景把我和塔碧莎拉近，气氛无比浪漫。我甚至觉得这里虽然行路艰难，但却是度蜜月最好的地方之一。

第二天我们早起后继续前进。

沙丘顶端被风吹出了沙坑，沙坑不是很深，但有些流沙堆在坑里，让我们步履艰难。车子时不时被绊倒，汽油就从油箱和化油器里溢出来。沙漠在和我们较劲，试图占据上风。

我们遇到了越来越多废弃的汽车，大多在厚厚的沙堆边，有的侧翻着，有的整个头朝下翻了过来。这都是沙坑惹的祸。可能他们开得太快，撞进沙坑车便翻了。我想起一部老卡通片里的景象：茫茫沙漠中，一个水洼边露出几根白骨。只不过在这里，我们看到的不是人的白骨，而是汽车的残骸。

我们还在蹒跚前进。即便真有主路，我们也无法辨认到底哪个车痕在主路上。任何一个车痕都可能是通往希望的生路，也可能是通往绝望的死路。在没有明显路标的情况下，车痕经常向四面八方发散，我们没有办法，只好爬上废弃汽车的顶部，向南眺望，看看能否找到下一个路标，哪怕看到下一堆废弃的汽车也好。我们相信，这些汽车遗骸是主路的标志。

虽然已是12月，天气依然很炎热，日出一小时后烈日就开始烘烤着我们。白色的沙面吸收了太阳的全部射线然后再反射过来，我们头顶和脚下都受着热浪的袭击。一到中午，我们就汗流不止，尤其是陷入沙子中时。有几次，我的上衣和裤子全部湿透了。在我25年的驱车生涯中，除了在艰苦的西伯利亚，浑身湿透还是第一次。

在进入撒哈拉几天后，我看见前方有两人身着白色服装，骑着一辆双人自行车。我想，这肯定是海市蜃楼。

我边自嘲边观察，等待这一炫目的白色幻觉消失。可是当我们开到这一幻象前面时，身着白色的两人居然扭过头来，盯着我们黑色的挡风镜。

我惊诧万分，打手势叫他们停下来，并脱口而出："天哪！你们在做什么？从哪里来？"

他们是一对度蜜月的法国夫妇，正骑着自行车穿越撒哈拉。他们非常开心，精神状态极佳。我们骑五天的路程他们得骑上十天。

又过了几英里，我们遇到一个正向北走的意大利人，他的摩托车已经坏了。我们提议将他送回南边的阿尔利特，可是他却拒绝了，担心他的车子被土匪劫去或是丢在沙漠里。

我们油箱里的油不多了，而他已不再需要汽油，于是我们用水和他交换了汽油。他盼望能有一辆卡车过来，带上他和摩托车继续北行。我心里却有个大大的问号，要是这就是条人最稀少的路怎么办呢？

想想那些我们曾在塔曼拉塞特听说的有人再也没从沙漠归来的故事，我现在还常常想起，那个意大利摩托车手是否还在那儿等待着卡车，撒哈拉无情的沙漠上是否有他的尸骨和车子残骸？

终于，我们到达了沙漠南端平坦的部分。矮小的荆棘告诉我们附近就有水源。

当我们以 35 英里的时速奔驰，身后扬起长长、高高的尘土时，塔碧莎放声大笑起来。我们跨过了撒哈拉沙漠，她极度兴奋，大声嚷着，手舞足蹈。

我也感觉好极了，庆幸我们没有葬身于那个寂静迷人又死神围绕的火星般的地方。那是我们旅行中最艰难的一段，历经几天的艰辛，总算有惊无险地走了过来。我们高速前进，我一遍一遍地唱着："哦，骑士小姐，你真了不起，你让我为你疯狂。"

当我们停下来喝水时，塔碧莎还在咧着嘴乐，兴奋地回忆说："一年级的时候，有个星期日我第一次去滑冰。我还记得我独自滑过整个湖面时内心的激动。我不停地对自己说，'我太自豪了！太自豪了！太自豪了！'我现在的感觉也是这样——我太自豪了！太自豪了！太自豪了！"

撒哈拉以南

我们跨过阿尔及利亚进入尼日尔境内,一切都变了。

我们正走出北非,进入阿尔利特,黑非洲的第一个大城市。当我们一路南行时,路边的景色从单调的沙丘变成了断裂的岩石、杂草以及灌木,这些天来我们终于见到了植物的生机。

在离阿尔利特几英里的地方,我们看见了炊烟。我们经过了一个法国人经营的铀矿厂和飞机跑道。

越靠近阿尔利特,路就越好走。沙路很结实,我们可以飞速前进。前方还出现了一条四车道的路,显然,它是通往铀矿厂的。

阿尔利特也是一个旅行者城市,有各种老式与新式的房子,有泥砌的小屋,也有现代的住宅。不时可以看见丰满的妇女身着露胸衣,背着孩子,头顶物品,毫无顾忌地在街上闲逛,走过理发店、烤肉店和炸油饼的小摊儿。

我们坐在一家餐馆里,喝着褐色大桶装的非洲啤酒。身为美国人,我们在阿拉伯北非地带时刻战战兢兢,而此时此刻,灯光在黑暗中闪烁,黑人向我们投来微笑,我们立刻感受到一股惬意和放松。

皮埃尔只用了半杯威士忌和一包万宝路就搞定了一个当地女孩,为此,他相当得意。

和塔曼拉塞特一样，阿尔利特是个传播故事、修理车辆以及采购零部件的地方。我们在这里花了一天，一边考察地形，一边调整身体，恢复体力。我们了解到，由此向南150英里都是平整的道路，这都归功于铀矿厂。工厂要将矿石运出去，于是出资修路，顺便给当地做了件大好事，整个地区的经济也逐渐繁荣起来。

阿尔利特城的店铺整晚都营业，街灯似乎在欢迎着远方的客人，整个城市好像就是为外来旅客服务一般。

塔碧莎病倒了，发着高烧。我们到阿尔利特的当晚，她的病情加重，身体越来越虚弱。第二天晚上，她的情况很不稳定，一直辗转反侧无法入睡。后来她服用了几片阿司匹林，才勉强睡了两三个小时。

我们决定再住一个晚上，让她多休息一下。那天晚上，我们在几个小餐馆流连忘返，畅饮可乐、苏打水和啤酒，痛快地吃着羊肉串和羊奶酪。

第二天，我们向南骑了300英里，到达津德尔。塔碧莎感觉更糟糕了，只好不断服用阿司匹林，拼命喝水。为了让她更好地休息，我们在津德尔多待了几天。她仍发着高烧，我担心她是在撒哈拉或者阿尔利特中暑了。

在进入尼日利亚时，我们遇到了最糟糕的边防守卫，他高高的个子，穿着绿色制服，徽章上印着他的名字和头衔：易卜拉欣中尉。

"喂，你们是美国人，"他很无礼地叫道，"那我知道该怎么对待你们了，就像在肯尼迪机场你们美国人怎么对待我一样。当时你们搜遍我全身，现在我也要彻底搜查你们。"

我想，他说得没错。

当中尉看见我们正在听英国广播公司的广播时，便问道："你们能听懂豪撒语？"豪撒语是当地语言，英国广播公司确实有这种语言的广播。由于尼日利亚是英属殖民地，他说着一口漂亮的英语。

我耐住性子回答道："不，我们不懂豪撒语。"

他愤愤不平，因为他懂我们的语言，而我们却不懂他的。他想知道我们来自哪个部落。

"我们不属于任何部落。"

这让易卜拉欣中尉变得更加傲慢。

我向他出示过境单据，可是我却由于疏忽拿出了没有盖尼日利亚印章的单据。

他变得暴躁起来，上面居然没有他的国家。

"我们是非洲最大、最强的国家，"他咆哮着说，"我们不是第三世界国家，我们是世界强国，是富裕的世界强国，你们最好明白这一点。"

他检查了所有我们认为应该带的文件：摩托车的行驶证、国际驾驶证、疫苗接种证明、入境签证、照相设备的所有权证明、旅行保险表格、过境单据以及护照。

对我们的早有准备，他感到很不爽，于是和同伴开始对我们进行搜查，不放过车子的每一个细节。我们刚把一包香烟忘在柜台上，转眼工夫就不见了。不过幸运的是，我们不用贿赂他。搜不到任何东西，他最后放弃了，对我们很厌恶地摆摆手，放我们通行了。

到现在我才开始意识到，遇上这样的守卫，每次入境我们就得花上一天，走过整个非洲我们就得多花两个星期的时间。

塔碧莎还在发烧，仍继续服用阿司匹林。在我们穿过尼日利亚途中，我们经过了一个又一个军事关卡，每个关卡都耗费我们大量时间。每次守卫检查我们的证件和车子时，我都忍不住质问：一次又一次的检查到底有什么意义呢？难道他们不知道这样做会把那些给他们带来急需的硬通货的旅行者赶走吗？

皮埃尔没有足够的远见在北非就搞定签证，结果他用在贿赂上的钱远远超出预算。由于我们有约在先，我不得不再掏点钱给他。不过我觉得还值，因为他帮我们载着额外的供给品，这让我感觉很安全。

塔碧莎一点儿也没好转。我敢肯定她是中暑了，建议她多摄入盐分，多喝水，苏打水、瓶装水，什么都可以。尽管她需要休息，但我们实在害怕耽搁在尼日利亚，这儿有太多的军事关卡要应付。我俩顾不上她发烧的身体状况，都想尽快赶到喀麦隆，尽快甩开恼人的关卡问题。

在尼日利亚最后五英里的地方，我们遇到了一段极难走的路，走过这段路花了我们不少时间。路面曾经有水流过，现在像干涸的河床。路面常有坚硬如石的泥块，还有一两英尺深的大坑，我们得小心翼翼地择路前进。

虽然我们走过了撒哈拉，但马鲁阿的天气更炎热，热得让人喘不过气来。在这里，我们看到了自阿尔及尔以来最像样的宾馆。它甚至还接受信用卡消费，这对现金已不多的我们来说无疑是雪中送炭。宾馆的房间崭新干净，里面有空调，还有游泳池，以及很现代的酒吧，这一切让我感觉像在梦境。洗澡的时候我们都不敢相信居然有热水！对一般的美国人而言，这种条件不过相当于一个小型城市的假日酒店。但对我们而言，这个宾馆就像丽思卡尔顿酒店。虽然我们不顾塔碧莎的健康状况马不停蹄地赶到这儿，我们还是觉得离开尼日利亚是英明的决定。

塔碧莎开始咳嗽了，第一晚就很严重。她服用了更多阿司匹林，但根本不管用，她的病痛丝毫未减。原来胸部的疼痛现在转移到了耳部，她的耳朵疼得厉害。到现在为止，她已经被病痛连续折磨九天了，仍不见一点好转。

"我需要帮助，"她说，"疼得越来越厉害了。"

我们很幸运，及时赶到了正确的地方。在宾馆隔壁就有一个张姓中国夫妇开的私人诊所。

我把塔碧莎带到诊所。张大夫怀疑她感染了疟疾，想给她抽血化验。

以前听说过非洲诊所使用二手针头传染艾滋病的故事，塔碧莎有些犹豫。张大夫拉出一抽屉的一次性针头，个个都用消毒袋装着，塔碧莎这才放心。

这位中国大夫不仅有现代化设备，还有私人病房。这里可不是那种只能摆下一张床、水泥砌成的简陋病房，而是带空调和淋浴间的高级病房。

我买了水果和苏打水，抚摸着塔碧莎的头部，安慰着她。她躺了48小时，在病床上度过了圣诞节。

皮埃尔再次请求我多给他点钱，然后找了家便宜的旅馆住下。他每晚都和当地不同的女孩逍遥。我提醒他小心艾滋病，可他笑笑，把我的忠告当作耳旁风。

张大夫诊断出塔碧莎患的是支气管炎，开了一些抗生素。他很高兴我们付给他硬通货，而我则惊讶他的药费很便宜——包括所有抗生素、病房费用以及护理费等，一共才几百美元。

马鲁阿的确是个有趣的地方，不枉我们在这里休息了九天。

我们和一个长着蓬松金发的德国人熟悉了，他叫迪特里希·莱因哈特，长期住在国外。他拥有一家旅馆和一家餐厅。我们和他度过了几个夜晚。

早在20世纪70年代的时候，莱因哈特无意中发现了一个在非洲赚大钱的方法。他把车从欧洲开过来，然后在当地以高价出售。接下来几年，他单程运了20次，有时一次运两辆。一时之间，他赚得盆满钵满。受利润的诱惑，紧接着就有其他商人加入进来，个个都满载而归。慢慢地，随着同行人越来越多，利润越来越薄，他便金盆洗手了。

现在，30多岁的他和妻子经营一家餐厅、一个纪念品商店、一个酒吧和一家旅馆。为满足旅行者的需求，他还开着一个汽车修理店。他们有两个孩子，雇了不少用人，一家人过着悠然自得的生活。

不过，从他们的谈话中不难听出，他们的生意也日益艰难了。再也没有旅行者像他们昔日那样穿越非洲，汽车走私犯也没有了。在80年代末期的时候，非洲旅行越来越困难。货币严重贬值，管制越来越严厉，非洲经济问题重重，频繁的战争更是让旅客胆战心惊。

非洲国家把西方国家招揽游客的技巧学得炉火纯青。在早些年，你开车到非洲边境可以长驱直入，最多塞给边防守卫一包香烟或一瓶威士忌。那时候，很多游客根本没有签证、过境单据之类的文件。他们可能在自己国家惹了麻烦，或者在国内过得不称心，想到国外开始新的生活。

莱因哈特夫妇很喜欢现在的生活，但日子越过越难。孩子们慢慢长大，夫妇俩不希望孩子们在非洲成长，因为非洲已不如当年他们20多岁的时候那样有发展潜力了。

移居他国的人总会遇到这样的问题。通常，移居的人都是在躲避家乡的某种麻烦。移居非洲的西方人就如同矮子里的巨人，由于没有强大的竞争者，他们很容易出人头地。自从吉姆爷[①]时代开始，移居者就发现，他们不用太拼命就可以过上不错的生活。

现在莱因哈特正在寻找新的出路。他在苦苦思索，何时他可以返回德国。

塔碧莎一恢复，我们就到一家豪华的法式餐厅饱餐了一顿。

餐厅名叫萨莱特。我们品尝着精致的菜肴，心情却很沉重。餐

[①]《吉姆爷》是英国作家约瑟夫·康拉德于1900年出版的小说。——编者注

厅主人名叫吕克·菲利普,是个法国人。他经营这家餐厅45年了,如今已80岁高龄的他仍让餐厅保持着巴黎一流餐厅的品位。所有侍者都穿着白色传统制服,举止无可挑剔,酒是法式红酒,所有食物都严格采用法式烹调法。

菲利普夫妇把一切都从法国搬过来,包括文化、礼仪、器皿和餐具。但是,现在餐厅就要关门了。自从独立运动开始后,游客明显减少,能欣赏这家餐厅的知音更是难觅。他曾劝说儿子打理生意,可儿子却跑到好莱坞拍电影去了。

在妻子去世之后,菲利普曾将餐厅关闭了一段时间,不久前重新开张,老先生想把餐厅卖出去。但是,在撒哈拉沙漠周围,没有人愿意出钱购买这家餐厅,因为它品位太高,维持它是一种负担。

和许多其他人一样,菲利普将要失去他一辈子的工作。在旅行过程中,我们不止一次听说这样的故事。不管一个人取得了多么伟大的成就,不管他建立了多么辉煌的房屋、博物馆、文化,甚至国家,一切都会消失。没有什么是永恒不朽的。我们参观过多个像迦太基那样辉煌一时又被推翻的城市,多个曾经富庶文明又被毁坏的家园。不管城堡曾经多么雄伟,不管它已经存在200年、500年还是1 000年,最终它的废墟上照样长满藤蔓。不管一个帝国、国家、企业或者王朝曾经多么强大富饶,它都难逃陨落的命运。

菲利普会一直经营这家餐厅,直到他再也无力经营,或者直到他离开人世。那时,政府可能会接管餐厅,生意会日益惨淡,因为没有哪个喀麦隆政府官员会按菲利普的方式来打理。菲利普曾有过辉煌的岁月,但物是人非,一切都不可能再复还。

报纸上大幅报道着发生在邻近的乍得的血腥战争。

马鲁阿士兵曾冲进公园、动物园,对动物进行扫射,再残忍地将它们吃掉。每年扎伊尔都会爆发一次血腥的枪击战。这些武装冲突让我想起那个星期天晚上酒吧里的争斗，除了喝醉酒的当事人发泄情绪，对其他人毫无意义。

虽然喀麦隆地处是非之中，我还是很看好它的未来。它的国民能受到很好的教育。在1990年世界杯足球赛中，喀麦隆还进入四分之一决赛，这可是非洲国家首次打进前四名。

拥有丰富的自然资源以及有文化、有远见的国民，喀麦隆终有一天能成为投资之地。这个国家高瞻远瞩，将法语和英语都定为官方语言，从外面两种不同的文化吸取发展的营养。国民不仅意识到了外面世界的存在，政府还鼓励他们进一步了解世界。这一点非常难得。

到了适当的时候，投资者就会将资金投入农业、金属、木材以及食品生产行业。他们会买下财务状况良好的企业，然后再卖给南方邻国，如南非以及博茨瓦纳，或者卖给北部的欧洲国家。

喀麦隆面积很小，部落不多。这儿的边界不用再重新划定，至少不像非洲其他地方那样边界复杂。

非洲的许多边界都是人为划定的，是当初那些殖民主义者骑在马背上界定的。譬如赞比亚只有780万人口，却有25个不同的部落。看着地图，你都难免怀疑这个国家到底是怎么形成的。不论从地理因素来看还是从种族角度来看，它的边界都没有任何意义。可能正好英国政客和金融家塞西尔·罗得斯经过某地，它就成了边界。

看看苏联的分裂，以及东欧边界的重新划定，我相信非洲的边界也会发生变动，直到边界与自然的地理分布以及种族分布相一致为止。

重新休整之后，我们出发南行。道路状况尚可，我们节省了不少时间。但行驶1 000英里之后，我就感觉身体有点僵硬和酸痛。经过12小时的驱车劳顿，我们到达班吉。班吉是中非共和国的首都，曾为法国的殖民地。由于前晚我们在外露宿，因此当天我们决定享受一下现代的休息方式。

在新年前夜太阳下山之后，我们赶到并住进了诺富特酒店。我们头昏眼花，疲惫不堪，就想吃一顿热乎乎的晚餐，于是我们来到酒店隔壁的纯品康纳饮料店。后来发现那是一个夜总会，其喧闹和时髦程度一点儿也不亚于巴黎市中心的酒吧。餐厅内一派闹新年的景象，到处摆放着西式的装饰物，有香槟、法式大餐、威士忌、彩旗以及怪诞的派对帽。我们喝了几杯香槟之后倦意顿失，和别人一起跳舞、交换派对帽、吹口哨，狂欢了几个小时。

和许多第三世界国家一样，中非共和国也曾经历过鼎盛繁荣时期，但现在经济衰退了，房屋破旧不堪，贫困的迹象随处可见。聪明的印度商人和阿拉伯商人在非洲繁荣时期来这儿赚钱，但很快就像老鼠预感到船沉一样，他们匆忙卖掉生意，离开了非洲。

警察已经三个月没有领到薪水了。晚上出门的时候，我们经常要贿赂那些叫住我们检查护照的警员。当地警员称其为小费或"礼物"。通常给1~5美元，他们就心满意足了。他们知道，如果索要更多，只会给自己带来麻烦，因为我们会举报他们。

中非共和国最大的问题在于货币。其他非洲国家的问题是货币贬值，但中非共和国恰恰相反，它的问题是货币太坚挺。10年前，该国货币与法国法郎等值，而现在已和德国马克相差无几。如果中非共和国现在能对其货币重新定价，那么可能汇率要下调很多。但是，中非共和国的汇率是在物价很高的时候确定的，现在改变货币的价值非常困难。

由于全世界的商品价格都是按美元来计算的，中非共和国便遭受着双重打击。美元相对于德国马克的价值已经下降了60%，因此中非共和国现在的收入要比20年前少得多。表面上看，商品的价格降低了很多，经常能达到50%，但严酷的现实使中非出口产品获得的有效收入只是以前的20%。更糟的是，中非共和国供养着庞大的警察和军队，他们不会为国家创造任何经济价值。

这是个多么奇怪的地方。城市里街道脏乱，连电话亭也没有。可是这样的街边却有不少高级的法式餐厅，菜品之精致可与巴黎和纽约的餐厅媲美。不过，由于这里荒诞的货币政策，菜肴价格也不亚于巴黎和纽约。

时值1月，我们甚至喝到了新鲜的法国薄若莱酒。在我最爱的弗莱迪餐厅，我喜欢上了意大利宽面，里面的酱料是选用长得像鲇鱼的一种大型河鱼烹制而成的。我们还品尝了一种混有伏特加酒的冰冻果露，弗莱迪称之为"上校果露"。我们已经身处第三世界心脏地带，离上次享用如此美食的马赛相距十万八千里，而我们居然还能轻松地抽到古巴雪茄，喝到香浓的咖啡。

班吉，这个以附近的乌班吉河命名的地方，正涌入大量从农村来城市找工作的外地移民。这里的房子非常现代，道路宽阔，路两旁是杧果树和火红的凤凰树，中心市场上一片生意兴隆的景象。

城市的黑人居住区名叫"五公里"。那儿实在太棒了，因为夜生活的狂野久负盛名。酒吧、餐厅以及舞厅到处都充斥着各种疯狂的活动。我们在新年那天出去逛街。整个城市一片繁荣景象，夜生活一直持续到第二天中午。

在拜访政府部门获取许可和签证的过程中，我们发现了一个鲜为人知的秘密，中非共和国仍像法国的一个殖民地。

在每一个黑人官员的隔壁办公室或相邻办公桌都有一个法国人，黑人官员要随时向法国人汇报。法国官员是"顾问"，就如同肯尼迪时期美军在越南共和国的称呼一样。

我立即注意到了这儿与前英国殖民地的区别。法国的影响无处不在，比英国对其过去殖民地的影响更显而易见，英国与其殖民地已经彻底划清界限。连中非共和国总统的参谋长以及总统护卫队的指挥官都是法国人。法国为了鼓励教师前来执教，给教师提供了大笔的奖金和税收优惠。法国总统吉斯卡尔·德斯坦还要不时同曾献给他大量钻石的中非前"皇帝"会面。这在巴黎已有丑闻传开，因为人们并不理会非洲后殖民时期政治的真正内涵。

我们经过一排房子，看起来像是政府修建的贫民区。窗户已经破损，墙砖已经剥落，草坪无人修理。

我新认识的一位非洲朋友告诉我："那是一所大学。"

"建了多久了？"我问道。

"大概20年了。"他回答。

我大为不解。法国政府修建它，将它作为外国援助的一部分。我们在非洲见过多处西方文化遗产，可是不管是美国留下的，还是欧洲殖民者留下的，都没有被好好利用。这实在让人感到困惑。

接着我们经过一个已有10年历史的体育场，外表破败不堪，显然已年久失修。10年前，一些欧洲机构来到这儿说，"你们需要一个足球场"，于是他们出资建造了体育场。可是，10年后，体育场正濒于坍毁。

现在我们必须做出一个决定，一个我们苦苦思索了多天的决定。

摆在我们面前的有两条线路，哪一条都不好走。第一条是经扎伊尔前进，可是扎伊尔是热带雨林，面积是美国的1/4，我们曾听说那里是世界上最难走的路。第二条是取道安哥拉，可是安哥拉正发生激烈的内战。

和塔曼拉塞特以及阿尔利特一样，班吉就是旅行者的十字路口。我和塔碧莎盯着地图研究，还不停向每一个旅行者咨询信息。

从西面来的沃尔特对我们说："扎伊尔的路很难走，如果你们早几个星期出发还好一点，那时扎伊尔正处于干燥季节。但现在临近雨季，再好的丛林道路也将泥泞不堪。"

我想起了欧洲著名女作家伊萨克·迪内森，她曾住在肯尼亚首都附近。她还没有靠近扎伊尔，但她在《走出非洲》一书中就写道，在雨季她根本无法进城。

从地图上看，安哥拉的路要好走得多，但我们并不确定。由于战事纷乱，没有旅行者穿越那里。虽然战争慢慢平息，但说不定哪天又会爆发。扎伊尔虽然没有战争，但在雨季官方会临时封闭道路，沿途还可能没有加油站。如果雨季持续不停，我们就可能在偏僻的村庄被耽搁几个星期甚至几个月。如果那样，我们就没有机会赶在南美寒冬肆虐之前穿过火地岛或安第斯山脉了。

反复权衡之后，我们决定选择安哥拉。既然英国广播公司说安哥拉战事已平息，那么一个不确定的危险总强过一个既定的危险。对于曾与撒拉哈沙漠、非洲不成路的路以及西伯利亚恶劣的土路进行过较量的摩托车手来说，通过战区要比通过当地人称为路的几千英里的泥坑要好。

在纽约，帮我管理办公室的尤妮斯准备辞职，她在辞职前找了一个名叫贾德的年轻人代替她。她说他是个电脑奇才，他精力充沛，办事效率很高。听说我们要经过安哥拉，他马上帮我们从驻纽约领事馆弄到了穿越安哥拉的许可证，并快递给了我们。公司有个这么能干的帮手，令我放心。

决心已定，现在我们的问题就是如何到达安哥拉。

班吉没有路直接到布拉柴维尔和金沙萨。法国领事告诉我们，我们三辆车要到布拉柴维尔，唯一的方法就是先乘驳船从刚果出发，横穿金沙萨，到达扎伊尔最西端。从那儿我们可以直接南下到安哥拉。

"记住，"她说，"驳船上没有人，也没有食物，预先买好所有需要的物品。"

"走吧，"我对塔碧莎和皮埃尔说，"我们去看看驳船。"

顺河而下

驳船有一个足球场那么长，船身锈迹斑斑，十分破旧。船中心放着成堆的木材和装满货物的箱子，甲板上挤满旅行者，当然都是非洲黑人。驳船将顺着乌班吉河前进。乌班吉河最终流入刚果河，扎伊尔人用"海纳百川"来形容它。由于雨季还未到，所以船要走八天。

船要沿着刚果河穿越丛林，我感到一种莫名的兴奋。我们就要在甲板上睡在睡袋和帐篷里了。这可是一次冒险，不过这是唯一的南下之路。

1月下旬，我们把摩托车和货车停在驳船上，在甲板后部支起了帐篷。

到了预定时间，一艘拖船便过来了。一共有4艘驳船连在一起，船上共有几百人，就像一个在河上漂流的"村庄"。整个"村庄"都由拖船拉着前进。

每天，船上的商人会摆开一排桌子，形成一个临时市场，兜售面包、药品、渔网、盐和肥皂。过道上挤满了吆喝叫卖的人，连低廉的火柴盒也被当作宝贝叫卖。我从别人那里买来了鲇鱼、鳗鱼，还有一种长着大大嘴唇和奇怪触须的深水鱼。

农民以及渔民们携其家人带着鱼和农作物顺河而下，前往布拉柴维尔的大市场。在船上，他们把鲜肉做成熏肉，把粮食磨成面粉，一路卖给沿途的村庄。有一只7英尺长的活生生的鳄鱼被绑在一根柱子上。它怒目圆睁，似乎在警告我们，一旦它挣脱身上的绳子，一定会让我们好看。

在我们驳船旁边，挂着猎户和渔民的独木舟，他们向站在船边的商人出售猪肉、羚羊、香蕉和鱼。只要我们的驳船停下来，甲板上就会涌上一群村民兜售小海龟、蜥蜴、小猪、蛇，甚至还有一篮一篮的毛毛虫。

我们穿过大片丛林，里面有被砍伐、碾轧、燃烧的痕迹，但经过人们的挽救以及丛林自身的生长，依然是一片生机盎然的景象。慢慢地，驳船驶进了通往布拉柴维尔的宽阔水域。

在早餐时候，同船乘客吃面包、喝茶。在下午晚些时候，他们吃一碗木薯粉和豆角。木薯是一种野生根茎植物，我们从来不爱吃，因为它总让我们想起难以咀嚼的生面团。让我们没想到的是，熏烤过的鳄鱼肉又软又嫩，像鸡肉一样。有时，邻船的乘客会邀请我们一起分享幼虫、车前草、毛虫以及烤猴。我们后来才明白，之前那个法国人说的"船上没有人也没有食物"是指"没有西方人和西方食物"。

第一次出门在外的塔碧莎拿出操持家务的本领，搭起了一个简易厨房。我们身边不仅随时有食物原料，还有出发前从欧洲带来的食品。因此，我们吃得相当奢侈。

我们的右侧是刚果，之前叫法属刚果；左边是扎伊尔，之前叫比属刚果。我们正经过地球上最肥沃的区域，有些科学家称之为"地球之肺"。这儿每年的降雨量达100英寸。雨水经过热带阳光的加温，渗透到刚果近2 000万平方英里的地下，滋养了成千上万的物种。沿岸可以看到各种各样的树木、千姿百态的花卉、形态各异的哺乳动物，还有数不清的各种鸟类、爬行动物以及两栖动物。

驳船本身就是一幅充满生机的画卷。

和往常一样，皮埃尔精心打扮，在船上跑来跑去，寻找当地少女。通常，他只需用几句甜言蜜语、几根西方香烟或者一些戴在耳朵、脖子以及手腕上的小饰品，就能迷倒不更事的女孩儿。

每天我们的身边都上演着一幕幕生存、死亡、调情、交易、冲突以及和解的闹剧。经过如此近距离的生活，我们和船友都彼此熟悉了。

到晚上，我们就钻进帐篷拉好拉链，毫不马虎地拍死每只蚊子。可是每天凌晨，我们还是被嗡嗡声吵醒，那些蚊子不知何时早已钻进帐篷。

船一停下来，那些赶羊的船友就上岸为羊群寻找树叶和树枝。我们这个流动的"村庄"上就飘荡着畜棚的味道。

公共厕所在拖船的后部，排泄物直接冲入河里。在厕所旁边有两个直接使用河水的淋浴器，任何人都可随时使用。早上和晚上这里都会排上长长的队伍。我和塔碧莎选择在人不多的中午洗澡。

拖船的水泵不停地从河里抽水，因此淋浴器的水是无法关上的。由于没有单独的更衣室，我们必须在小淋浴间里换衣服，要想不打湿衣服可不容易。河水温度正在下降，好在还不是很凉。洗完之后，水还在哗哗流，我们要想办法把自己弄干并穿上衣服，以免再度弄湿。

我们的驳船不只是个"流动村庄"，还是个"流动购物中心"。

驳船经常停靠在真正的村庄旁。村里的女人挤上船来买盐、肥皂以及其他生活用品，船上的商人则下船到村里去卖鱼和赌博。

那些村庄有的不过是河边几间茅草屋，有的则是盖着茅草屋顶的泥屋。大多数房屋都有院子，主人每天都打扫，院子里干净得寸草不生。这让我想起亚拉巴马许多黑人家里的后院。我在想，每天打扫院子让其不长植物会不会是一种文化传统，一种让他们在移民西部和奴隶制时期顽强生存下来的传统?

  晾衣绳上挂满衣服,独木舟停在丛林里高耸入云的树下。当身穿蓝色牛仔裤、头戴宽檐帽的男人们驾着独木舟通过浅水时,小孩们就嬉闹其中。

  每次驳船靠近静谧的村庄,我和塔碧莎就下去散步。

  我们在一个村庄仅有的商人货摊旁有好几次都碰到了一个阿拉伯人,他总是孤身一人,穿着传统的长袍。在丛林里他显得鹤立鸡群,在这个有600个刚果人的村庄里他是唯一一个身穿长袍的商人。我猜想,这些阿拉伯人就像移居国外的莱因哈特一样,在缺乏竞争的环境里极易生存下来。

  在一个村庄里,一个白人小伙子开着一辆破旧的路虎越野车。他从我们身边开过去,四分钟后返回来,用法语问我:"你是谁?"

  他叫让·迪耶普。三年前,他和妻子安杰莉可离开巴黎,开始做木材运输的生意。刚果正再次吸引商人来此经商。他被一个法国木材运输公司外派出来运输桃花心木以及其他国外木材。他机智、灵敏、文雅而且成熟老练,看起来一点儿也不适合生活在阴暗的丛林之中。

  我们待在驳船上已经好几天没有洗个舒服澡了,这位新朋友邀请我们去他家洗热水澡,这对我们来说可谓享受。

  我们驱车经过一栋房子,我以为那是一所学校。

  "不是,"让说,"那是一个火柴厂。里面满员,但几年了也没生产出一盒火柴。"

  我问道:"员工什么也不做?"

  "他们天天都去上班,是'坐'班,"他答道,"6个员工、1个老板,一共就7个人。"

  20年前,朝鲜决定将火柴厂作为礼物送给刚果。除了木材,刚果什么也没有,所以送个火柴厂还是有意义的。

但不幸的是，工厂最终效率低下、毫无竞争力，这似乎是所有集权经济发展商业的结果。政府无法销售火柴，一方面是因为刚果受定价过高的中非法郎的影响，另一方面是因为这里没人懂得生产火柴的工艺。在这种情况下，政府还不能解雇员工，因为这是家国有企业。我记得刚果国家航空公司只有两架飞机，却有400多名员工，都是一群集权经济下充当摆设的员工。

每天这7个人都来火柴厂上班，但无所事事。他们一年休两个星期的假期，之后接着回来消磨时光。20年过去了，他们竟没有生产出一根火柴。

在拖船的卖力工作下，我们4艘船离开了班吉。到达刚果河的时候，我们的驳船队伍已经增加到了7艘。

刚果河！刚果河的平均流量为每秒4.1万立方米，是世界上年流量第二大的河流，仅次于亚马孙河。刚果河的通航河道有8 500多英里长，航运能力非同一般。著名小说家约瑟夫·康拉德描述它为"一条伸直了的巨蛇，头在海里，尾巴留在大地深处"。

一艘更大的拖船来接替工作。随着乘客增加，原来那个"流动村庄"现在变成了"流动城市"。约瑟船长身兼船长和市长两职，要随时判断这个"城市"的状况。如果当地的警察试图找我们索要平常的衣物，约瑟船长就会出来交涉。他很乐意我们把啤酒放在他的冰箱里，不时我们会邀他一起喝一杯。

他微笑着但很严肃地告诉我们，这不是一艘简单的船只，它提供的是一种社会服务。这个没有路又缺少船只的世界，非常依赖他的驳船服务。

"我是这个地区唯一的市场，"他解释说，黝黑的脸上泛着自豪的光芒，"是方圆几百英里内唯一的药店、诊所和酒吧。我把城市生活带给人们。"

船长的话透露出他超人的智慧。我们的队伍再次扩大,已有11艘驳船,承载上千人。甲板上烟雾从炉子和火盆里缭绕升起。乘客挤满了每一个过道。有妇女在给孩子喂奶,有的冲孩子大声嚷嚷,还有女人边洗衣服边唱歌。男人们则打牌或者掷色子。时不时还可看见有人当起了临时理发师。在一艘船的后部,一个胡须浓密的男人在屠宰一只猴子。

随着我们前进,船上的物品更加丰富起来。现在商人的桌子上增加了未开封的肥皂、透明纸包着的饼干、面包、大米还有烤羚羊。一个女巫的桌上摆着玻璃瓶、麻醉药、护身符、羽毛和各种各样的精美饰品,还有一只风干了的猩猩手掌,据说它可以给主人带来神秘的魔力。还有的桌子上卖蚊香、四环素、治疟疾的药丸、瓶装的青霉素粉末、皮下注射针头,以及一堆堆颜色鲜艳的胶囊。

有一个桌子上摆着用瓷器和锡碗盛着的毛虫,这些食品对旅客来说就像薯片和法式食品一样香气袭人。

最后我们共有13艘驳船,全部由绑在最前面4艘船中间的那艘拖船拉着。

更多的驳船让皮埃尔有了更大的闲逛空间。他从不同的船上挑选不同的刚果女人厮混,有时一天能找好几个。

有一天船正缓慢前进,突然砰的一声,船身下面被狠狠撞击了一下。我和塔碧莎都被甩到船边。

几乎所有人都失去了平衡。装着肥皂和盐的箱子从交易桌上摔下来。我们赶紧抓住船的扶手。现在已经接近干燥季节的尾声,雨季很快就要来临了。现在水位很浅。我们撞上一个沙洲,搁浅了。

在驳船前方,约瑟船长向后推着拖船,想把我们推开。拖船又推又拉,忙活了一刻钟也毫无进展。我们被困住了。

看到船工将拖船从驳船中央解开,我们感到些许不安。拖船开进了河面。我有些担心。船长是去寻求援助了吗？如果这些驳船漂走了怎么办？他或许知道自己在做什么，或许并不知道。刚果河的舵手到底接受过多少培训呢？

到河中央，约瑟船长启动了拖船的柴油发动机。拖船向我们开来，似乎要撞上来，他真的撞上来了，不是轻轻地而是猛烈地撞击过来。结果，还真奏效了，拖船把最左边的那艘驳船撞离了沙洲。

我们13艘驳船再次紧紧绑在一起，在无人指引的情况下沿浩瀚的刚果河前进。

后来拖船尾部冒烟，是约瑟船长开足马力，冲向驳船后方。要不是他很熟悉水域，及时找准位置，钩住拖船，我们这13艘驳船一定会四散开来，撞向河流两岸，那就真有大麻烦、大危险了。

不过船长很清楚他在做什么。在他熟练的指挥下，我们又顺利起航了。

终于，我们到达了航行终点布拉柴维尔。

我们在这个"流动的非洲村庄"里住了13天。船一靠岸，商人们就立即下船，以最快的速度在码头组成了一个集市。就像殖民时代美国人等待大西洋彼岸运来的物品一样，成千上万的城市居民都涌入集市，购买新鲜的商品。一天之内所有商品都被抢购一空。

布拉柴维尔，刚果最南端的城市，也是刚果的首都，比班吉繁华多了。第二次世界大战期间，这里曾是自由法国陆军戴高乐将军的驻军之地。

在一个仓库的一侧挂着一幅列宁的巨像——手高高地举过头顶。

在布拉柴维尔郊外，我们参观了世界上第一个大猩猩孤儿收容所。

这20只大猩猩孤儿都是护林员带来的。按照现在的法律，这些护林员可以没收所有待售的猩猩。收容所是一位名叫约翰·阿斯皮诺尔的英国保守主义者出资兴建的，他在英国拥有两个野生动物园。为了建造并维护这家收容所，他已经耗资 150 万美元，还打算再拿出 100 万美元添置更多设施。这个收容所说不定将成为一个研究日益稀少的灵长类动物的研究中心。

这些大猩猩孤儿中，有不少曾目睹自己的母亲被猎人杀死。猩猩的老师亨利告诉我们，就像 3 岁小孩儿一样，这些猩猩也会因为童年惨痛的经历而留下心理创伤。幼小的猩猩们需要 24 小时的监护。亨利是个年仅 30 岁出头的英国动物学家，他向我们解释道，猩猩母亲绝不会丢弃自己的孩子，通常都会把孩子抚养到三四岁。

就像一屋子 6 岁的小孩儿一样，小猩猩们个个都有自己独特的性格和古怪的表情。亨利告诉我们，根据研究结果，黑猩猩有 99% 的基因与人类类似。观察完这些猩猩孤儿，我也相信他们和人类有着紧密的联系。

这些小猩猩性情各异。有一只比较大胆，趁我不注意就跑来拍我的脚，然后迅速跑开。有几只则比较害羞。还有几只非常顽皮，很有表现欲。它们和我们嬉闹玩耍，似乎很想和我们说话，想要一一告诉我们它们的性格。它们和一屋子的猫有着本质区别，猫从来不让我们知道它们在想什么。

这个收容所的面积共有 20 英亩，其目的就是为这些猩猩重回丛林生活做准备。亨利说，虽然它们待在收容所里，但它们保留了适应丛林生活的生存本能。这时，我脑子里冒出在驳船上那只风干了的猩猩手掌。想到这些猩猩孤儿的手掌说不定也会摆在女巫的桌子上待售，我就觉得毛骨悚然。

一只 2 岁的猩猩在我身上爬上爬下，亨利斥责它。它在悻然离开前还拍拍我的背，似乎在安慰我，叫我不要生气。

愤怒的羔羊

扎伊尔的首都金沙萨是我们离开阿尔及利亚以来见到的第一个大都市，可这里一切好像都不正常。扎伊尔的固定电话不好使，上流社会的人物出门都带着对讲机或者手机。在酒店，所有服务与商品的价目都以美元标示。而以当地货币标示的价格则每天都在上涨，包括报纸的价格。餐馆的菜单上没有价格，每顿饭都会伴有一份新价目单。

就在我们准备出发离开的前两天，英国广播公司广播说，在我们即将经过的安哥拉，又爆发了激烈的武装冲突。

我们再次犹豫了：到底是取道安哥拉，还是选择走扎伊尔？真是个两难选择！如果选择安哥拉，一路的硝烟将比西伯利亚的境况还糟。而选择扎伊尔，我们的必经之路，南下通往南部地区的中心卢本巴希的主干道听说也是一路泥潭。

为了寻求咨询，我们找到美国大使馆，向一位名叫菲尔·科文的官员解释了我们的处境。我们想知道如果选择安哥拉会出现什么情况。我们也知道他无权多说什么，因为美国支持安盟（争取安哥拉彻底独立全国联盟），美国使馆正受到密切监视。

"就说说我们应该避免什么，"我说，"不用涉及机密。"我开始明白大使馆官员有多么不情愿看见本国国民了。他们有着体面的工作，坐在舒适的办公室里，拿着高额的薪水。在被派遣的国家，他们受人尊敬，有着极高的社会地位。但是现在却跑来几个浑身带着麻烦、问题、抱怨以及哀伤的祖国国民，真是搅坏了一天的好心情。

虽然安哥拉距离这儿只有几英里之遥，这位官员却摆摆手说："我不清楚。"他答应打电话给一位政坛的朋友问问看。

可是当我们第二天再来时，菲尔的表情更为冷淡了，简直是冷若冰霜。

"这儿没有人知道任何有关安哥拉的事，"他板着面孔说，"但是千万别去那里。"

我猜想，他是不想担风险说出可能会伤害我们的信息，或者他和其政坛朋友认为我们是间谍。总之，我们现在是孤立无援了。

接下来的 24 小时，英国广播公司报道安哥拉的战事正持续升温，可我仍旧不愿意在泥地里开上 1 500 英里前往卢本巴希。

凡是走过扎伊尔的人都能说上一些恐怖的故事，我可不想"锦上添花"。

但另一方面，虽然安哥拉的路好走一点，我又不想被乱枪射死或被劫为人质。所有旅行者还向我警告过安哥拉的地雷。据说，安哥拉腿脚不全的人数是全世界最多的。

每次选择扎伊尔的想法占据上风的时候，我就不寒而栗，那可是非洲后殖民时代闹分裂的典型。

扎伊尔的面积相当于加利福尼亚、得克萨斯与阿拉斯加三州之和，是撒哈拉以南非洲的第二大国家。扎伊尔物产丰富，拥有大量的矿藏，包括钴、铜、钻石、锡、锰、锌、银、镉、金和钨。咖啡、橡胶、棕榈树、可可，还有茶树在这儿都非常容易生长。庞大的内陆水系遍布全国，也提供了强大的水电能源。然而，尽管自然条件优越，扎伊尔的人均收入却是非洲最低的。数年来，由于腐败、出口价格萎缩、大规模外债、资本冲击以及通货膨胀，扎伊尔的经济一直在灾难边缘徘徊。

简言之，扎伊尔本可以成为一个经济强国，结果却沦为全世界十大穷国之一。

当时扎伊尔货币与美元的汇率已经是3 000∶1，而且仍在继续贬值。扎伊尔人每天都要去银行查看汇率。到我执笔写到这儿时，汇率已是几百万扎伊尔兑换1美元，几个月前是70万扎伊尔换1美元。这种恶性通货膨胀往往是国家政治、经济、社会崩溃的最后一个前奏。

除了物价飞涨，扎伊尔和许多非洲国家的政体都在分崩离析，因为已没有美国人或苏联人再在背后支持那些政客。原来在冷战时期，美国和苏联这两个超级大国每年都耗资几百亿美元在非洲"添油加醋"。扎伊尔领导人蒙博托和其他非洲国家领导人一样，曾一度周旋于两国之间，直到他意识到美国人比苏联人更看重他们的钻石、铜矿以及煤矿。

蒙博托·塞塞·塞科的意思是"可怕的常胜勇士"。他现在是世界巨富之一，个人资产高达60亿~80亿美元。

扎伊尔的少数上层人物开着崭新的奔驰，行驶在破旧的道路上。他们在欧洲购物，把孩子送到欧洲上学。

对于扎伊尔余下的3 500万国民而言，生活苦不堪言。铁路还是殖民时期修建的，因为缺少燃料火车很少开通，公路则多半被毁。学校里没有教科书，没有纸张，也缺乏有才干的教师。看不到什么公共设施、图书馆，连医院里的药品也少得可怜。经济已经处于停滞状态。住在刚果河沿岸的扎伊尔人相对比较幸福，因为他们还有生意可做。我们一路看到了许多快要倒塌的仓库、房屋以及水塔，大型的橡胶和棉花种植园业已荒废，再次回归丛林。即便种植出橡胶和棉花，也没人来收获，因为卡车根本无法开进村庄。在这里，谁也无力期待更好的生活。

我曾在街上看到，有商人销售奔驰和宝马轿车，却无人卖穷人们最需要的交通工具摩托车和自行车，也没人卖便宜点儿的轿车，像丰田或者菲亚特。

安哥拉的局势更加紧张了。我们只能选择驱车从扎伊尔境内经过或者直接飞到南非，但若搭乘飞机便违背了我的梦想。

于是，我们还是选择骑车。我们动身向南部的卢本巴希驶去，接下来第一站是基奎特市。

庆幸的是，路不是很糟糕，是硬硬的土路。第一天我们行驶了300英里。离开惬意的花花世界，皮埃尔不是很开心，不过还是跟了上来。有时他那辆笨重的卡车会把我和塔碧莎甩在后面，有时我们又会超到前面去。

由于转错了一个弯离开了主路，我们来到一个矮人村。后来我们发现那儿是未开化的非洲底层地区。他们4.5~5英尺高，身材比例匀称。因为我比一般美国人的个子要矮，所以看到这些矮人我备感亲切。终于我也有高于别人、扬眉吐气的时候了。为此，我还买了一个当地的石弓作为纪念。

虽然在城里有少量矮人给黑人当用人，但是绝大多数矮人都住在丛林，衣不蔽体。他们不像其他部落一样移居城市，为什么要进城屈服于人呢？

我很惊讶地发现每加仑汽油只需2.5美元。我猜不出，是因为政府控制价格安抚人民，还是因为货币再次急速贬值，汽油价格的上涨跟不上货币贬值的速度。

"嗨，吉姆，"皮埃尔在马库库村向我哀求，"你有钱，再给我一点应付今晚吧。"

"不，我答应给你的都给了，"我说道，"我不会再给你钱了。"

看他用鞋跟蹭着地面，我知道他还想说什么，不过他还是走开了。对于他一次一次地索钱，我已经厌恶极了。我想，他是不是还停留在巴黎的童年时期，把我当成他父亲的朋友，可以无止境地索取帮助。可是，这是现实世界，不是他年幼时被宠坏的巴黎。

他阴沉着脸，约我们在前面的天主教会相见。一整天我和塔碧莎挥汗如雨，在扎伊尔的主道上赶路。所谓主道，不过是上面有车子轧过的两道深深的泥痕。

日落时分，我们赶到了教会，已是疲惫不堪。这里没有旅馆，若能遇到好客的传教士就相当幸运了。弗朗西斯阁下让我们住在教堂主厅右侧的客房。教堂不高，呈正方形，里面有许多空房间。周围是宽宽的、带顶的长廊，廊顶由拱柱和圆柱支撑着。这个教会与其他教会不同，只有非洲人出现。

我们在路上奔波了一天，但是皮埃尔比我们更糟糕，他比我们晚两个小时到。在泥里陷了几个小时，他已经筋疲力尽，汗流浃背，浑身都是泥土。他一到就找我再次要钱，我拒绝了。哼，我又不欠他的。

曾有人告诉我，我性格中的一个重大缺陷就是如果别人逼我，我一定反抗到底。回想在亚拉巴马的时候，我们受到严格的家教，从小按规则办事。我以前从来没有逼迫过别人。但自从搬到纽约后，我遇到不少打破规则的人，于是我变得暴躁起来。

不过，原因还不仅如此。我的暴脾气也有遗传因素，我的父母、兄妹以及曾祖父母性格也这样。他们都很聪明，富有勇气，可惜不断错失机会，最终一事无成。在20世纪四五十年代，我的祖母格拉迪斯在俄克拉何马州的雨果市担任通讯社记者。在那个男权的现代社会，她可是个独立主义者。她矮小瘦弱，身高不足 5 英尺，却常常跑到监狱去采访杀人犯。不过，她嫁给了一个名叫达奇的男人，他威风时曾是学校学生会主席、足球队队长。但到我见到他们时，曾经的辉煌早已成为褪色的回忆。

祖母格拉迪斯错过了她所有最好的时机。她明白，生命赋予人们的比她已经得到的多得多。她内心有些沮丧甚至恼怒，那种恼怒就像小男孩发脾气一样。我深爱祖母，心里极不情愿事情最后变成这样。这是我对别人抢走我的东西感到不爽的另一原因。

所以我拒绝给皮埃尔额外的钱，一旦我让步，他就会得寸进尺。

我们站在车道上，从教堂里出来的人都围在我们周围。他不停地要钱，一点点凑近我，而我坚决不答应。他变得疯狂起来，一拳向我打来，我踉跄后退。他比我高大强壮一点儿。几个当地人把我们拉开，劝我走开。我真的被激怒了。后来皮埃尔在前面的长廊里露宿，我和塔碧莎则跑到对面找了个房间住下。

因为皮埃尔的事情而烦心，我久久没有入睡。那晚，我有生第一次遭遇彻头彻尾的热带风暴。雷声响彻天际，吓得我从床上跳了下来。滂沱大雨引发洪水，冲毁了地面，塔碧莎的摩托车倒在地上。我不得不半夜出去把两辆重达 500 英镑的摩托车推到我们卧室门外的走廊上。暴雨一直到黎明才停。

我本想在皮埃尔醒来之前赶紧离开，让他自己在这儿自生自灭吧。可是不巧，他也一夜未眠。清晨一起来，我和塔碧莎就跑到我们存放装备的教堂前面。那里聚集了十几个非洲人，正和皮埃尔用法语聊天。

看见我们，皮埃尔马上走过来问："我们什么时候出发？"他看起来比昨天更疲惫。

"我不知道你在做什么，"我回答道，"我们正准备离开，但并不打算和你一起走。"

在我整理行装的时候,他在一旁反复思索我刚才的话。接着,他的手伸进背包,拿出他那把猎刀。此前我曾多次见过这把猎刀,但现在我却感到一丝凉意。

他手持猎刀向教堂后部溜去。刹那间我反应过来他的目标是摩托车——我和塔碧莎离开这儿的唯一交通工具。

我没有跟在他的后面,而是赶紧从教堂的另一端绕过去。当我奔跑着转过最后一个拐角,皮埃尔已经靠近了我的宝马。他正在打量车子,似乎在考虑该从哪儿下手——轮胎还是油箱。虽然他无法破坏发动机,但还有很多地方供他下手。看样子,他是打定主意要毁我的摩托车了。

我扯开嗓门,用力叫道:"不许碰我的车!"

皮埃尔抬起头来,很惊讶的样子。然后他一步步逼近我,手里举着那把猎刀。

"吉姆,我要杀了你!"他嚷道。

为了躲开皮埃尔和他的猎刀,我慌忙跑开,溅起一片泥浆和污水。我忍不住边跑边想,他知道我不喜欢被人称呼吉姆,所以故意这样叫我,目的是把我支开。

当人命悬一线时,脑子就会转得很快。我不想和他还有他的猎刀发生正面冲突,只想把他从摩托车旁引开。我断定,虽然他比我年轻25岁,但绝对跑不过我。他吸烟,而且我从未见他锻炼身体。所以,我全速向教堂前面跑去,准备到那儿再把他击倒。我暗暗希望到时会有其他人来帮我。

我边跑边回头,看他是否跟过来,有没有折回到摩托车旁。我还用英语大声呼救:"救命啊,他有刀!"我真是够笨的,扎伊尔人只会法语。

在教堂前面有几个人,他们听不懂我说什么,但已经发现事情不对。在我就要跑到教堂前的时候,他们中四五个人便向我这边奔来。我继续向前跑,直到看见他们拦住了皮埃尔。

我不清楚他们具体做了什么。他们人多,而且马上又有更多人加入进来。总之,他们控制了皮埃尔,夺走了猎刀,把他拉进教堂里面,然后叫了警察。

所幸的是,警察很快赶到了。我向警长报告了事情原委。然后他又去问皮埃尔,结果皮埃尔竟然反咬我一口,说我拒绝付他工资。他说,我是他的老板,老远把他带到丛林里来,如今我应该支付他返回巴黎的路费。

我真冤枉。我解释说,他想杀我,我希望警方把他拘留。我们想继续南行,又不想他跟上来。据我们推测,他肯定几天后就释放出来了。

警长表情严肃,面带愁容,似乎他并不擅长处理外国人之间麻烦的纠纷。警长大约6英尺高,蓄着浓密的胡子,体重有两三百磅。在众多看热闹的围观者面前,警长故作镇定,摆出一副经常处理类似纷争的样子。

"你希望我逮捕他?"警长用法语问道。对法语,我只懂几句少得可怜的寒暄语,所以一直是塔碧莎做翻译。

"没错!"我说,"他想杀死我。不信你问问在场的人。"

"好的。"他下达命令,警员们便向皮埃尔走去。接着他又对我说:"你得付20万扎伊尔。"

我目瞪口呆。"付钱!为什么?"

他耸耸肩。"逮捕他需要很多费用的。让我看看你的护照。"

"好的,"我说道,"一切都没问题。我们还有签证,一应俱全。"

他瞟了一眼证件,然后塞进口袋。

"我想我们最好一起回到城里等待事情的处理。"他说。

这意味着我们要背道而驰，走 70 英里到伊莱博，一个中等城市，那儿有一个军事驻地。因为实在不想耽搁时间，于是我提出我们要按原方向前进，不能耽误旅行计划。不过，我也意识到在这个非洲赤道地区跟他们讲什么"南美洲南端南极的冬天即将来临"，肯定没人会当回事儿。

伊莱博有一条主干道，也是脏兮兮的，确切地说是一片泥淖。在城市中心有一个警察岗亭，警察站在一个倒立过来的垃圾箱上指挥交通，这种老式的岗亭已经很久没人使用了。

我们在城里的中心饭店订了最好的房间。该饭店名叫棕榈酒店，是 20 世纪 20 年代早期殖民主义者为迎接比利时国王来访建造的。房间极为宽敞，里面装饰得富丽堂皇，外面是开放式的大露台。超大的浴室里居然摆放着现代的洗浴设备。楼下是个餐厅，但基本上是个摆设。

"先生，"服务员用生硬的英语问道，"你们需要几桶水？"

我先是愣了一下，然后询问塔碧莎的意见。后来我们要了两桶。

我们很快明白服务员的意思了。虽然我们的浴室曾是国王用过的，但已经很久没有供水了。如果要洗脸、洗澡或者冲厕所，我们得用河水。后来我们在地砖上摆了一排水桶。

不过，饭店也不是一无是处，住一晚只需要 1 美元。如同在苏联一样，物价在很早之前就已经定好了，即便在货币贬值期间，也未曾调整。

我们最要紧的事情就是赶快离开这儿。我们马不停蹄地驱车到了警长的办公室。

警长坚持让我们支付一切我们制造的麻烦引起的费用，所有的加起来需要 20 万扎伊尔。

"什么费用?"我问。

塔碧莎接着翻译:我们得支付皮埃尔入狱的费用,支付他的膳食费用,以及看管他的费用;虽说警长更喜欢美元,不过我们可以用扎伊尔支付。他可不傻,他们国家的货币每天贬值 1%~2%。

我要求拿回护照。

他却说护照放在他那儿会更安全。一旦我询问他的名字,他就转移话题或者不理我。

没办法,我要求给金沙萨的美国大使馆打电话。警长的脸上立即放光——真是个好主意。他提出亲自领我们去城里的电话亭。

我暗想,先通过电话找到美国大使,然后坚持要他派人来处理这件事。

有了警长的陪同,我信心百倍地穿过骄阳,来到城里唯一的电话亭。这里是一个综合服务区,除了电话亭还有游泳池、篮球场以及酒吧,就是没有一个是开放的。

警长拿起话筒,不停地拨弄。"瞧,电话坏了。"他分明是得意扬扬,可边说还边装出一副歉意的表情。

回到饭店,我又反复考虑这件事。

接着我想出一个主意,然后翻箱倒柜找出笔和纸。写完信,我来到邮局,那个不到 20 平方英尺的小屋。我把头探进邮局办事员的窗口,把信递给他,交代送到向北几百米之外驻金沙萨的美国使馆。

"信没法寄。"他说。

"为什么呢?"

"邮资不对。"

"那要多少邮资呢?"

他摇摇头。"信不能寄。我们不送信到那个使馆的。"

如今我们的事在伊莱博尽人皆知,所有人都不愿意得罪那个警长。

我来到邮局外面看看是否有邮筒可以把信投进去,结果什么也没找到。即便有邮筒,也是白费心机,因为那个警长掌管着全城的邮局系统,就像顿琴的坎皮恩夫人一样。对这儿进进出出的每一封信或卡片,警长都了如指掌。

在伊莱博警察系统里位列第二的是一个留着髭须的瘦瘦的警员,他是城里专司移民的官员。可是在这儿,移民官员的职责谁也说不清楚。好几次,他都邪恶地笑着跟我们说,他要把我们关进监狱。在这个丛林内部,我们进入了"好警察与坏警察"的游戏。

和警长一样,这位官员也不愿意说出他的名字。我和塔碧莎便称他"雷恩"(Rayon,意思是人造纤维)警员,因为他总是身穿华丽、光鲜的人造纤维衬衫和裤子。

这两位警员可不同于我们在班吉碰到的几个美元就可以打发的街头混混儿,他们是放长线钓大鱼。他们坚持不说出自己的名字,万一东窗事发,他们能轻松地躲避上级的追查。看来我们得下大力气。

第二天晚上,我们邀请警长来饭店共进晚餐。

像往常一样,他穿着制服,满脸傲慢。从谈话中,我们得知他来自扎伊尔的其他地方,不是本地部落成员。

不过,因为当地没什么好吃的,他也很难在我们面前摆阔。我们在饭店请他吃了野猪、木薯、猪肉还有鸡肉。饭后,他邀请我们去警局隔壁的舞厅。

舞厅是一块四周有围墙的空旷之地。乐队在一侧演奏,中心有顶盖的地方就是酒吧。在西方音乐和非洲音乐的混杂下,成百上千的人在这儿跳舞直至凌晨三四点。

警长很少来这儿，因为这是年轻人聚集的地方。我们三人都坐在桌旁饮啤酒，自然是我们买单。我们得装成他的朋友，讨他欢心，希望他能把护照还给我们，好让我们继续前行。

皮埃尔的护照也被扣留了，他被安置在一个廉价的旅馆里。我们谁都走不了。从和警长的谈话中我明白，除了想要钱，他的确不知道该怎么处理这件事情。

往常他能判断出当事人的动机，从道德上进行裁断。可是我们和他之前的麻烦制造者太不相同，所以他实在无法裁定谁对谁错。最后，他想出了一个他认为绝佳的主意。他要带我们到当地的天主教堂，让传教士们帮他弄清真相。

让·皮埃尔牧师和另外两个比利时牧师都已经70多岁了，自二战期间就住在伊莱博。他们共同拥有一栋大房子和几间客房，房子都是五六十年前建造的。他们还自己发电。

这三位牧师只是顺便进行传教，他们的主要工作是管理当地唯一的啤酒生意。星期天他们组织教堂礼拜活动，平时则在出售啤酒，似乎啤酒比圣酒更能让他们完成使命。

我们向牧师说明原委：我们曾花钱请皮埃尔运载额外的用品，而他把钱花得精光，还袭击我，他还想找我索要返回法国的费用。

让·皮埃尔牧师说："让大家聚到一起——你们、警长还有这位年轻的法国人——把问题理清楚。"

我们兴高采烈。感觉这里就像是当地法庭，具有丛林风格。说不定在牧师们的担保下，我们很快就可以起程了。

我们在牧师那里待了一两天。塔碧莎已经焦虑不安，不过仍保持坚定沉着。因为她的法语比我好多了，所以她得留下来帮我翻译，要不然她肯定回饭店去了。

就在我们各执一词时，我们被一个年长的比利时人拉到一边。

他叫吉尔伯特·蒂尔博格,住在100英里之外,为了他的煤矿生意在这儿等船。他暂时和那三位牧师住在一起,因为他们是他的老朋友,也是方圆几百英里之内仅有的白人。

"让我来告诉你们这儿解决争端的一些事情,"蒂尔博格说,他压低声音不让其他人听见,"如果你卷入纷争,最好赶紧想办法抽身。如果闹到当地法庭,官司会打上几年,你就再也无法脱身了。"他暂停下来。我的脑子里突然出现一个场景:得准备一大堆礼物来摆脱当地律师和法官的纠缠。他想了想接着说:"我们这几个白人根本不希望路过此地的少数外国人有任何意外发生,那会让我们更麻烦。"

我明白他在说什么。如果我们输了官司,那么那种"可以宰宰外国人"的思想在当地就会更加根深蒂固。而如果我们赢了官司,扎伊尔人会颜面扫地,必将拿白人出气,对象或者是他,或者是那三位牧师。

"要尽快用最简单的办法解决问题。"他说。

他的最后一句我听得格外清晰:拿钱走人,忘掉自己的原则。

我答应为皮埃尔支付返回金沙萨的费用。他可以去那里的法国使馆,寻求返回巴黎的帮助。

让·皮埃尔牧师问他,我们是否曾说好要支付他返回巴黎的费用。他还算诚实,没有撒谎。他回答说,事情并不是那样的。

牧师又问我:"你该支付的都付给他了吗?"

"是的,"我说,"我还付了更多的钱。"

让·皮埃尔牧师接着问他钱都哪儿去了,他耸耸肩,一笑置之。牧师转而问我他都用钱干了什么。我说,这一路上他把钱都用在酒和女人上了。虽然极不情愿,他还是承认了,似乎害怕在牧师面前撒谎。

于是让·皮埃尔牧师说，我们并不欠皮埃尔什么，他现在的困境都是自己一手造成的。如果我们愿意帮他回到金沙萨，那是因为我们慷慨仁义。

当然，这只是个非正式的裁定，因为牧师不具备执法权。我相信，扎伊尔没有一个真正意义上的法律权威。

让·皮埃尔牧师告诉警长，我们是遵纪守法、负责任的好公民，应该放行。回到城里，警长冲我们微笑，说他也认同牧师的判断。只要我们付清在伊莱博的所有审判费用，就可以起程了。

简言之，无论牧师的裁决怎样，警长都要向我们收取高额费用，这笔钱相当于他从别处收来的收入总和。

就像秃鹰盘旋在临死的牛身边一样，警长的下属们最近每天都来警局。他们也想和警长分一杯羹。

我和塔碧莎曾周密计划，干脆逃跑算了。可是我们曾听说，骑着摩托车我们根本无法向南远行。从这儿到卢本巴希一共600英里，路已经被官方封闭，直到雨季结束才会开通，而且沿途还没有汽油。

我还想，不让跑，干脆回金沙萨的美国大使馆好了。

塔碧莎说，这样做很愚蠢。警长开着四轮驱动汽车很快就能赶上我们，或者他可以通过广播、锣鼓以及任何非洲古怪的通信工具来逮捕我们。

我不得不承认，塔碧莎的话有道理。我放弃了。

到了第六天，警长邀请我们去他家吃饭，我们见到了他的家人。我猜想，我们的护照就在他的抽屉里。虽然我们称得上他的半个"犯人"，但他对我们还是相当客气。他跟我们闲聊道，在这个恶性通货膨胀的地方，他的薪水居然是固定的，而且他已经好几个月没有领到薪水了。在这种经济混乱的情况下，任何原本诚实、正直的人都可能做出不道德的事情。可能，向我们索取费用是他唯一的经济来源。

我们遇到的所有人，包括老人、店主以及学生，对我们都充满好奇。警长向他们一一介绍，说我们是受过良好教育、有文化的人，罗杰斯是位教授，不是罪犯，真正的坏人是皮埃尔那个骗子。尽管如此，他还是坚持要钱，不然不让我们走。有一次他还说他会拿出其中一部分钱把皮埃尔送上回金沙萨的驳船，让他和我们背道而行，从而保证我们的安全。

于是我放下心来和他达成协议：我付他钱，他让我们离开伊莱博。

我手上并没有足够的扎伊尔，不过这对他来说不是难事。虽然银行关闭了，但当地的货币兑换处会随时为他营业。

在兑换处，我看见一堆堆的美元和扎伊尔。经过一番讨价还价，我把美元换成所需数目的扎伊尔。

等钱一到手，警长就说，我们现在要做的就剩下移民官员的审核了。

审核？移民官员？

他指的是……雷恩！

我们上当受骗了！之前雷恩一直对我们不怀好意地笑，现在我终于明白其中的含义了。他要最后狠敲我们一笔。显然，他和上级警长已经达成协议，一旦警长敲诈完，就把"肥肉"送到他那儿。

被人这么一耍，我再也按捺不住，火气一下子蹿了上来。

"别急，"警长语气平缓地说道，"都结束了。只是让他看看你们的护照，就可以放行了。"

这位新朋友把手轻轻地放在我的肩膀上。就在他碰到我的那一刻，我全身发麻。我无法判断他是真的出于好意，还是阴险地把我们这只羔羊送给另一个屠宰者。

"我会带你们过去。"他依然笑着对我们说。

雷恩走出办公室。扎伊尔官员的办公室都一样：没有装修，一张桌子，几张椅子，墙上空空如也，窗户上没有玻璃，如果有东西也是木质窗格子。

雷恩长相龌龊，他的每一个动作都给人狡诈的感觉。就算在纽约、伦敦，他也是个龌龊的角色。在扎伊尔内地，他看起来更加不堪入目。

他的办公室一侧是间牢房。但我们经过的时候，牢房的门正好开着，我看见里面有一个犯人，浑身只穿了内裤，警员们走进去就开始揍他。皮埃尔没有被关进这样的牢房，因为对西方人而言这太恐怖了。

我问看守员，那个犯人所犯何事。结果得知，他偷了四头猪。他要一直待在牢里，直到他向警察支付10万扎伊尔。

雷恩坐在桌子后面，从他闪闪发光的脸和光鲜的衣服可以看出，我们到了他的管辖之下，他的喜悦心情一览无余。立即，他要求查看我们的文件。

我几乎快笑出来了。如果查文件是他的绝招，那他就惨了。我们的文件应有尽有。

他把各种文件从头看到尾，然后又反复翻看。

"总会有错的！"他有点恼羞成怒。

到第三遍的时候，他开始逐页逐页、逐行逐行、逐句逐句地仔细查看。没错，我们有签证；我们有通过钻矿区域的许可文件；我们还有所有相关的特殊许可证以及车辆证明文件。

我不禁得意起来，庆幸自己当时在金沙萨的时候听了一位领事官员的意见，办理了经济部门的许可证。虽然当时花了我一天时间，但比在这儿被查出问题强，那可不是一天就可以解决的问题。

从文件上挑不出任何毛病，雷恩便要求搜查我们的所有物品。他叫人把我们的摩托车骑来，在他的亲自监督下，他的属下还打开了我们的行李包。他们仔细搜查车子和行李，看看是否能搜出禁运品。他们没有查到我们塞在车子各个角落的美元。结果雷恩一无所获，连根毛发也没找到。

一通搜查下来，雷恩还是没有抓到任何把柄。于是他重新审视了情形，随之便诬陷我们私藏了两个同性嫌疑人。几天前，两个分别来自澳大利亚和新西兰的男性旅行者在饭店开了一个房间，如今两人都不见了。

"他们和我们不是一起的，"我告诉他，"我们根本就不认识他们。"

"但你们当时和他们在同一家饭店，"雷恩不可一世地说，"你肯定知道此事。"

"但这又能说明什么呢？"我说，"如果你认识他们，为什么不逮捕他们？"

"他们没有钱。"雷恩说。

有生以来我第一次被噎得说不出话来。我想起曾在扎伊尔其他地区见过有同性别的人开一个房间，便如实告之。

"最重要的，你非法兑换货币。"雷恩无视我的反应，越说越兴奋。

"那些扎伊尔——我换来付给警长的？"我结结巴巴地说。

他点点头，一副幸灾乐祸的样子。我更加疑惑了。根据任何一本手册，兑换货币都是合法的。他就是在找碴儿，真是欲加之罪，何患无辞！

"不可能不合法啊，"我对他说，"警长亲自带我们去的。"

"是我负责移民局，不是警长。"他说。

我向他出示一些手册，上面都写明可以兑换货币。

"我不管那些，"他强词夺理，"我说违法就违法。"

我据理力争，他执意要罚款，我便反驳。接着他冲我大声嚷嚷，我也以牙还牙。

后来他把我囚禁起来，关在他家的一间空房子里。虽然我可以从窗口爬出去，但院子里站着士兵，我跑不远的。

我在房里踱来踱去，郁闷至极。

最后，我无奈地让步了。

我答应雷恩，只要他保证我们顺利离开伊莱博，我就给他几百美元。他说，我们可以走，但必须坐火车走，因为南行的公路封闭了。和他相处的经历让我不但不相信他说的每句话，而且我怀疑他这样做肯定另有所图，只是我一时还看不出来。交易的一部分居然是我们当晚必须在他家吃晚饭。

我们厌恶这个人，却又不能拒绝他的邀请。我已经看穿他的阴谋，他一定不会得逞的。他想让我们稍微对他有点好感，这样等我们到达卢本巴希的时候不会揭发他。真是白日做梦！

那晚，他的妻子、孩子全都在场。和所有非洲男人一样，他把妻子当用人，一点也不尊重她。作为西方女性的塔碧莎可以和我、雷恩坐在一起吃饭，可是他的妻子却只能在一旁伺候。

饭后他说："现在我们出去一起喝点啤酒。我们要成为好朋友，和和气气地相处，这样可以忘掉之前的不愉快。"

再次，出于礼貌，我们没有拒绝，随他来到了舞厅。警长也来了。刚坐下来他们就开始盘算向我们要更多的钱。

我忍无可忍："等等！你们说过我不用再付任何钱，我绝不会再多出钱。就这样！"

他们哈哈大笑，指着我说："知道了，不会再要钱了。"

在喝酒之际，我说："既然我们在一起这么开心，像朋友一样，不如我们合几张影，你们看到照片就会想起我们。"虽然他们不说自己的名字，但只要有照片，我就能认出他们。

我拍了好几张快照，一边故作热情地发给他们，一边暗地里把他俩的合影藏了起来。我想象自己到了卢本巴希的情景，我一定要对内政部长说："瞧，就是这两个浑蛋干的。让我们送他们进监狱吧。"

终于，经过九天的耽搁，我们由警长、雷恩和一群当地警员押送上了火车。

至于他们为什么坚持让我们乘火车离开，我现在终于有点明白了。我们被洗劫一空，他们希望火车这头铁皮"快马"把我们这两只"愤怒的羔羊"送得越远越好。这可是我第一次被人用火车赶出城市。

逃亡

我们在一辆无顶平板货运火车上，伴着咔嗒咔嗒的声音穿过长长的一片茂密丛林，向南驶去。

谢天谢地，我们再也不用看见讨厌的皮埃尔、警长还有雷恩了。但是看这晃晃荡荡、不停发出咯吱咯吱声音的货车，看来站长所说的两天就能到卢本巴希是天方夜谭。我和塔碧莎都很庆幸终于逃离了伊莱博，但同时我们也很清楚，如果列车长出于某种原因把我们赶下车，我们就会陷在地球上最浓密、最危险的丛林深处。

我们曾了解到，世界上每节铁路货车都有自己的刹车制动；我们也知道，出于安全考虑，只有刹车坏了的货车才可以挂在任何一辆火车后面。显然，我们的货车没有刹车制动，载着六个神气士兵和一辆奔驰的另一节货车也没有制动。我猜想，他们肯定是从哪儿偷了奔驰，准备把它献给某位将军，或者是运奔驰去维修。

由于持续的大雨冲毁了公路，现在扎伊尔的命脉就掌握在铁路和河流上。没有火车或驳船，就无法运输铜矿和钻石，那么整个国家就真的要瘫痪了。

扎伊尔的一切都毫无章法，铁路服务也不例外。不仅站点多、停车时间长，而且到每个大站，各节车厢都要拆卸下来，重新组合成一辆列车。铁路有些路段使用内燃机车,有的则使用电力机车。更糟糕的是,经常会出现燃料不足的情况。

每到一个车站,我们都会遇见那几个士兵和该死的奔驰。每次,都是他们的车厢第一个挂在前来的火车上,而我们的则要等待下一趟。我几次要求铁路官员给我们换一节带刹车的车厢,但在这丛林中没有一个卸货台可以让我们卸下笨重的摩托车。

每到一处,警察就会前来查看我们的证件。幸运的是,非洲曾是法国和英国的殖民地,因此语言不成问题。原来在苏联和中国的时候,英语也是第二语言。所以,地球上大约一半的人都多多少少会说一点英语。靠着英语、塔碧莎的法语、少量方言以及手语,我们可以走遍全球。我本来还很担心当地的警察会像伊莱博的警长和雷恩一样做出恶心的事情,结果他们没有。

我惊讶地发现,西伯利亚人的效率比扎伊尔人要高。在西伯利亚,我们也曾乘火车走了600英里,用了两天半的时间。可是在扎伊尔,走相同的路程却用了九天时间。

趁漫长的等待时间,我和塔碧莎游览了铁路边的村庄和城镇。我们在大城市卡南加逗留了几个小时。在铁轨旁边有大量的旧铁轨和枕木,不过都被锯开,闲置在一边。

这样浪费实在太可惜了。因为扎伊尔没有质量上乘的钢材,遗弃的铁轨都已经生锈了。我在想,如果有个聪明的外国人来这儿,稍微出点钱,把这些材料买走,就可以赚大钱了。

为什么当地人不把它们熔化再造点有用的东西呢?因为这里是扎伊尔,没有谁有足够的装备。

我们漫步穿过卡南加。卡南加曾是一个熙熙攘攘的繁华城市,如今,那些比利时殖民时期的建筑都已荒废,摇摇欲坠,显然已经多年没人管了。

"看，"我说，"那栋房子以前是邮局。"

"那儿曾是一家酒店。"塔碧莎说。

"那儿曾是一家不错的餐厅。"

"那儿是一家裁缝店。"

"学校。"

"市政厅。"

"仓库。"

火车站是50~100年前修建的，已经多年没有粉刷了，我估计自从比利时人走了之后就无人修整了。车站里面的候车厅、卫生间以及餐厅都已关闭并上了锁，只有几间办公室开着，其中一间是站长的。同样，办公室里空荡荡的，小小的屋内只有一张桌子、一盏台灯和一部岁月已久偶尔才能正常使用的电话。

这时，我们看见一辆崭新的四轮驱动越野车。

"天哪，"我叹道，"从哪儿来的？"

车门上的字告诉了我答案：杰克逊浸信会教堂捐赠。车子后面站着一个身材肥胖、穿着体面的非洲人，这个开着捐赠越野车的人显然是当地经济的主宰。显然，他不只是进行教会方面的来往；看起来，他正用这辆车子从事一些更世俗的交易。

从卡南加出来，我们在路上遇到了废弃的道奇—普利茅斯的经销店，从外表看该店以前规模很大。那儿有个车库，墙上挂着60辆汽车的海报。车库旁边是间展示厅，不过大厅的玻璃已经破碎，前面也被木板钉住。在我的家乡亚拉巴马州的迪莫波利斯，道奇—普利茅斯的经销店在30年前就已经关闭了。从两地海报以及标语的相同风格来看，我推测这家经销店也是在相同时间关闭的。

我们游览了许多类似卡南加的城市，每一处都让我们伤心不已。水龙头不是生锈就是脱落。在曾经繁华的街道两旁，两三层建筑物都已经破损,日渐崩溃。建造和维护这些建筑曾经耗费了一代人的金钱与心血,可是现在它们都濒临倒塌。不仅是一个个城市遭毁灭,而且我们所见的农田、种植园以及牧场都无一完好。前人的金钱和心血就这样被无情糟蹋了。

火车再次停下。为了打发时间,我和塔碧莎来到市场,居然发现有人卖蝗虫和蚱蜢。塔碧莎连连皱眉头,我却买了几只蝗虫,结果发现它们味道鲜美,又脆又香。

在一个大而空旷的商店的一角,有位摊主收集了大量的二手T恤,大约有300件。T恤上印有西方图案,包罗万象,从耶鲁神学院的标志到感恩而死乐队的恐怖照片什么都有。

虽然他的T恤是二手的,但他保存得很好,他的收藏一点儿也不亚于美国的任何校园商店。

这下我明白了:这个年轻人的爱好是T恤,所以在集市上以做小买卖为生。

可是他从哪儿弄到这些T恤呢?在商店的另一拐角,有人卖成箱成箱的二手衣服。每个箱子上刻着捐献衣物的各个美国教堂的名字。

"你认为那些捐献者本意是希望衣物被卖掉吗?"塔碧莎问。

"我看未必。"我答道。

世界上没有哪个国家比扎伊尔更潮湿。如果你需要水,只需拿木桶放在外面一天即可。不过,我们遇见一个维和部队的志愿者,他的工作是挖井。没错,扎伊尔的水井一两年内就会坍塌,因为扎伊尔人不需要水井,所以无人维护。而他的工作却是不停挖井,尽他所能而为之。

"我看明年我投票反对国外援助好了,"塔碧莎说道,"我们一路走来从未看见援助设施被好好利用。"

我们要教会发展中国家如何开放国内市场，如何提高企业相对于国外企业的竞争力。没有富强的企业，何来富强的国家？又有谁见过没有企业家冒险管理资本、时间和精力，努力创造财富，而企业会自动富强呢？这么简单的道理，是不言而喻的。

一个国家要想在全球市场有立足之地，必须培育自己的竞争优势，它的核心产品要比他国产品成本更低廉、质量更上乘。而仅仅依靠国外援助会推迟，或者妨碍商业的发展，导致经济发展停滞。最糟糕的是，这种依赖让一个国家失去了自强自富的最重要因素——民族气节与精神。

在离卢本巴希还有150英里的地方，我们下了火车，决心碰碰运气。在经过9天时间、500英里的停停走走之后，我们实在无法忍受火车那乌龟般的速度了。有人告诉我们如果下车，那么到城里之前一路都没有加油站。但我想油箱里的油能坚持到卢本巴希，而且我相信黑市一定不会让我们失望。

一路果真没有加油站，而且我指望的黑市也没有出现。即便我们赶到了大城市卢本巴希，第一个加油站也没有一滴汽油。加油站的服务员说，短期内都不会有汽油。

"我们在哪儿能买到汽油？"我问道。

他示意我们去另一个加油站看看。

我们走了30个街区，来到他说的加油站，上前说我们没汽油了。

服务员耸耸肩说："唉，谁有啊？"他那儿也没有。

我们恳求他，他又指了指下一个加油站。

终于，我们来到了卢本巴希最大的加油站。他们倒是有，并答应卖给我们20升。20升显然不够。我们送了他们一盒烟，他们答应卖我们30升，每辆摩托15升。本来我想再多买点，可是他们不敢,说能卖我们这些已经是他们能帮的最大忙了。

这是卢本巴希这一南方大都市仅有的汽油了。

在这儿汽油不是很贵,只是缺货,和苏联的情形一样,价格低廉却千金难求。这也不奇怪:价格定得这么低,就无人再愿意供应,不管是个人、企业还是政府都一样。

第二天早上我们又返回那个加油站,又买了10升。我们驱车到其他加油站,想碰碰运气,结果一无所获。

后来我们又在服务员告诉我们的时间回到最大的加油站。

没有,他还是照常耸耸肩。

我失望地叫道:"这是什么国家啊,怎么会没有汽油呢?"

这样的问题对那位服务员而言毫无意义。

此时,一个白人妇女开车进入加油站,前排坐着她的儿子。她惊讶地问道:"发生什么事了?"

加油站服务员低声说道:"老板的太太。"

她一脸困惑:"火星人着陆啦?还是殖民分子回来了?"

我们曾不止一次地听说,现在唯一能挽救扎伊尔的就是已经离开的殖民分子,可是他们再也不会回来了。

我和塔碧莎稍微迟疑了一下,然后向她解释我们的处境。我们绘声绘色地描述我们的旅行,我们如何努力骑着摩托车周游世界,到了这儿却没有汽油。我们希望博得她的同情。除此之外,我们还能做什么呢?

她名叫埃勒维兹,她丈夫是扎伊尔石油公司的地区主管,扎伊尔石油是依然在此经营的大型比利时石油公司的子公司。她丈夫管理着企业的南部三角洲区域,相当于全国1/3的地方。

在她的建议下,我们随她来到她家。她和丈夫住在一栋高大的别墅里。

她招待我们喝了冷饮。在她家，我们见到了她的母亲杜桑夫人。她出生在扎伊尔，现已70多岁。老人家飞往金沙萨的事已经耽搁五天了。其实从卢本巴希飞往金沙萨没什么特别的，不过是扎伊尔三大城市中两个城市之间的飞行而已，就像在美国从芝加哥飞往纽约一样。

连续五天来，杜桑夫人每天都去机场，准备起飞，可是每天都折返回来，因为飞机没有燃料。我大吃一惊。我们身处南部三角洲石油公司主管的家里，而他的岳母竟然因为缺少燃油而无法飞往金沙萨。而且，因为没有电话以及经济混乱，她每天都要不辞辛苦地到机场亲自询问燃料的状况。

搭乘国际航班的乘客，要用国外硬通货而不是扎伊尔币来支付燃油费。毋庸置疑，航空公司需提前预付燃油费，因为没有哪个精明的商人会赊货给扎伊尔人，尤其是国有航空公司。

埃勒维兹吩咐一个仆人出去。他带了一个20升汽油罐回来，给我们的油箱加满。

我们想付她钱，可她执意不要钱，反而邀请我们共进午餐。她的丈夫不在城里，正在金沙萨处理燃油缺货的棘手问题。燃油一直是扎伊尔的大问题。

埃勒维兹说，她们全家从1921年就来这儿了。我们听她讲述她在比利时学生时代的故事，以及在那个和平年代她是怎样往返两地的。她的父亲曾是工程师，来到扎伊尔修建铁路。她幸福地回忆说，当时的公路是多么完好。

她说："那时每个城市都要对自己境内的公路负责，要不时地修缮路况。那时路面铺得很整齐，可是现在再也无人养护公路，全国的公路都瘫痪了。"

埃勒维兹还描述当时的种植园茂密，农场富饶，食品丰盛，市场上商品品种繁多。

杜桑夫人说，原来在卢本巴希有3 000名工人在种植园工作，可是现在工人人数已经屈指可数了。

如果一个投资公司能利用美国的农业技术，雇用中国的农民，那它肯定能在扎伊尔挣大钱。就是现在，在无人看管的情况下，庄稼还是疯长。你都不用费什么精力，甚至不用浇水。这儿土壤肥沃，而且因为靠近赤道，庄稼一年生长三季。

扎伊尔曾经向欧洲出口食品，现在却要进口食品。它拥有世界上最肥沃的土地，却不能解决国民温饱。在扎伊尔市场里，我们只看到木薯粉、蝗虫以及蚱蜢，没有圈养的牲畜。偶尔，我们会看见番茄，可都是奇形怪状、干瘪瘪的，我们很难想出这些番茄到底是怎么种出来的。

非洲的另外两个国家莫桑比克和安哥拉已经经历了可怕的内战，两国货币已经崩溃，而这些国家却是全球精明的商人关注的地方。扎伊尔还没有开始内战。一旦发生动荡，各地的势力就会争夺国家财富，战争就会爆发。

作为投资者，我要等待时机，到国家出现一个稳定期，才是资本进入的好时机。

只要战争爆发，结束一切的日子就不远了，因为没有人会留下来赞助扎伊尔的内战。内战对其他人没有任何意义，因为扎伊尔的财富已经所剩无几了。

扎伊尔真正要做的是学习泰国和印度尼西亚，引入自由的国外技术、管理水平以及资金——像19世纪美国的做法一样。我了解到，西方有很多人都认为在他国瓦解的时候应该施以援手。但是，像红十字会、联合国以及其他慈善机构都是任之分裂，而不是给予援助，因为这时给予帮助只会延长扎伊尔必须度过的经济低潮期。本来他们只需要挣扎一两年，但有了国外援助，他们就得残喘三四年。

只有独立才能让扎伊尔人有机会站立起来，一切重新开始。这听起来很残酷，但这是让一个支离破碎的国家和经济体重新复苏的最快、最可行的方法。所谓置之死地而后生，是因为到了最困难的地步，人们会相互激励：不管怎样，这里都是我们的部落，我们的集体。他们会团结一致，努力工作，实现自给自足。

一旦有了和平，人们会发现："唉，原来我们的西红柿可以长得很好。为什么不拿到街上卖呢？"于是，他们开始做起小生意，有着坚实根基的生意，而不是由维和部队志愿者或国际货币基金组织的银行家强加给他们的生意。

千百年来，非洲王国不存在现在我们知道的民族国家的负担。许多非洲国家的社会结构很复杂，有着坚实的经济、法律与财富的支撑。既然非洲部落曾经组建过文明社会，那么他们现在也可以再组建一次。

而我们这些人，尤其是喜欢干涉他人生活的人，就应该任其发展，让当地人民自己解决自己的问题。

赞比亚和大津巴布韦

我们很高兴，赞比亚离卢本巴希很近。

我们已经在扎伊尔待了五周，我和塔碧莎从心底里都厌烦了。我们加速南行，很快来到了边境。

和往常一样，我们讨厌和大群人、轿车和卡车一起过境的混乱情形，厌恶了复杂的手续以及不得不支付的贿赂。

然而，进入赞比亚却很简单。边防官员说着牛津腔的英语。我们来到海关棚说"我们是过路的游客"，结果很顺利就过关了。

就在刹那间，我们又回到了文明社会。

说是文明社会，是按照非洲的标准。一般的美国人突然来到赞比亚会因为这里原始的条件而退缩，但是与我们经过的其他非洲国家相比，这里的公路铺砌完好，人民理智，货币虽然贬值但还不至于崩溃。关键是，这里有汽油，也有食物，可以买到蔬菜，还有汽水。

虽然每个边防官员都很和善，但我们一过关就马上发动车子，不敢违背入境的第一原则：一旦过关，就赶紧走，以免有人改变主意。

很快我们就遇到一个军事检查站，但我们没有停下脚步，毫不担心他们会把我们当成偷运绿宝石或黄金的走私犯。这儿极少有白人或长途跋涉的游客，更不用说像我们两个这样骑着怪异车子的外国人。自从结束和扎伊尔的警察和军事检查站的纠缠之后，我和塔碧莎就感觉到前所未有的轻松。

在世界各国，军事检查站的一个主要目的就是打击走私。政府要阻止人们把赚钱的当地产品私自运送出境。

由于绿宝石对赞比亚经济至关重要，政府已经向国民下令，只有政府才能购买绿宝石。政府为绿宝石制定了价格，略低于全球价格。如果你想在赞比亚出售绿宝石，你就得以低价卖给政府，否则，你就触犯了法律。绿宝石生产商动动指头就知道，把绿宝石私运出去就能卖个更好的价钱。

这种政府垄断在全球举不胜举。随便说几个，如加纳的可可、哥伦比亚及其他拉丁美洲国家的咖啡、苏联的黄金、尼加拉瓜的香蕉、玻利维亚的锡矿、津巴布韦的烟草以及利比亚和阿尔及利亚的石油和天然气。

靠近赞比亚经济中心的公路非常好走。市场上商品繁多，汽油和电力供应充足。我想象不出，如果赞比亚主张人道主义的社会主义领导人肯尼思·卡翁达下台，之后会发生什么。他是将全国几十个种族群凝聚在一起的力量。

我们听见轰隆隆的声音，抬头发现从六七英里之外的莫西奥图尼亚瀑布飘来的水汽，当地人称之为"打雷的烟雾"。莫西奥图尼亚瀑布真是奇特，因为我们还可以走到跟前甚至走进瀑布里面去。

在瀑布下的人行桥上，浓雾深锁。走在上面就像是在雨中淋浴，水雾无处不在。

莫西奥图尼亚瀑布有尼亚加拉瀑布的一倍半宽，两倍高。瀑布飞流直下，冲进峡谷，冲出一块凹地，比尼亚加拉壮观得多。千百年来，它已冲出一条深深的运河，呈"之"字形蜿蜒在丛林里。

当我们穿过赞比亚进入津巴布韦时，我们发现两国对待莫西奥图尼亚瀑布的方式迥异。虽然对两国而言莫西奥图尼亚瀑布都是可以赚来大钱的旅游胜地，但在赞比亚，瀑布附近只有一家像样的饭店，而在津巴布韦，旅游设施非常发达，有饭店、商场、度假村、机场跑道以及旅行社，凡是旅客需要的都应有尽有。那里的莫西奥图尼亚瀑布饭店是五星级，草坪修剪整齐，家具是1907年的传统家具，与新加坡的莱佛士酒店或伦敦的萨沃依酒店相比，毫不逊色。

在津巴布韦，企业家们可以做任何能赚钱的生意，因而能够满足市场的需求。

津巴布韦的政治历程错综复杂。1923年它成为英国在南罗得西亚的自治殖民地。1965年，它单方面宣布独立，建立由白人统治的共和政体。1978年它成为一个双人种国家，白人控制着黑人的傀儡政权。大约一年之后，英国又重新管理该国。1980年，它再次获得独立，成立了津巴布韦共和国。和其他许多非洲国家一样，1987年它成为一党执政国家。

津巴布韦有着丰富的自然资源、先进的基础设施以及开放的经济体系，国际贸易活动频繁。除了大量烟草出口，该国还将石棉、铬、铜及其他矿产运往广阔的海外市场。其农业也自给自足，曾经一度还能将剩余的玉米等粮食出口给邻国。

不过，和其他非洲国家一样，由于管理不当、气候干旱以及物价下跌，国家财政困难，出现预算赤字，通货膨胀居高不下。现在在强大的压力下，它开始尝试放松经济管制，让私有企业、工业以及农业自由发展。

我们住在象牙森林酒店，靠近全球最特别的旅游胜地之一的万盖国家公园。

酒店的每一间套房都是位于丛林之中的树屋。虽然浴室位于树根部位，但每个树屋都有一个完整的卧室，面积绝对超出你的想象，而且卧室周围还有走廊。酒店的客人从未超过24人，全部住在树屋，与鸟儿为伴。附近的小水塘会吸引狮子、长颈鹿和其他丛林动物，旅客们从走廊里就可以看到它们。

酒店的客人们全部在大厅的一张大桌子上共进美食。酒店的现任主人从殖民时代就开始接管酒店，当时他们没有花费任何费用。家具是全新的，马桶是新潮的，房间设施齐全。入住率只需达到40%，他们就能盈亏平衡；如果入住率达到100%，他们就发财了。

大多数客人都赶在黎明之前起床，为的是观看围聚在公园内一个大水塘边的丛林动物。欣赏完动物，拍完照片，他们才返回酒店一起享受丰盛的英式早餐。

一天晚上，我和塔碧莎听见楼下有大象发出沉重的咕哝声。原来是一群年轻的雄象，大约12岁。因为年轻，所以它们结伴而行，有点像十几岁的孩子。随着年龄的增长，它们会找异性结成一对。我们料到这将是个近距离观察它们的绝好机会。

我们下了楼，叫上一个司机，钻进吉普车，开到水塘边静静观察。

在月光下，我们有滋有味地看着这群象，突然间，它们好像受到了惊扰，立即疯狂地向我们冲来。我们吓呆了，手脚不能动弹。它们离我们只有五六十码的距离，塔碧莎、司机和我眼看就要被它们踏在脚下。就在千钧一发之际，它们却突然调转方向，离我们而去。

后来酒店的老板告诉我们，大象不会轻易踩踏湿软的东西，害怕失去平衡而滑倒。所以我想，大象肯定不喜欢稀泥、腐烂的叶子以及我们这种身体里流淌着热血的摩托车手。

在津巴布韦，许多农田被毁。这些农田曾经被白人侵占，后来当地人从白人手中夺回土地，或者是白人把农田还给了当地人。尽管15年前农田里还庄稼茂盛，还能出口粮食，可是现在大部分农田都已经闲置。

津巴布韦政府曾制定过"低价粮食"政策，让所有人都能买得起粮食。政府将粮食价格定得很低，而且要求生产者们将粮食以低价卖给政府。早在20世纪80年代中期，该政策颁布之前，津巴布韦每年生产180万吨玉米——注意，单位是吨。可是现在全国每年只生产3万吨，产量下降98%。

这又是一个人为压低价格导致产量下降的例子。

津巴布韦的明智之举是从未管制过花卉的生产与销售。在20世纪80年代中期，全国的花农生产价值500万美元的花卉，他们将花卉出口获得硬通货。1991年，全国花卉产值达到2亿美元。同样是在干旱时期，花卉的产值增加了近40倍。

为什么农民可以种植出花卉却不愿意生产玉米呢？

原因根本不在于气候，而是因为政府没有管制花卉的价格。只要能获得土地，赚到美元或德国马克，农民就愿意生产。

假如政府没有管制玉米的价格，人们就会把资金投入玉米种植业，铺设好灌溉系统，生产效率再低的种植者也能挣到钱。那么，津巴布韦的玉米就不至于像现在这么缺乏。

政府根本不应该压低价格，而是应该让其自然上升。苏联就曾经陷入这样的困境，要让燃油价格上升到市场水平，他们要将价格提高150倍。如果他们当初让价格自由攀升，国民也会自然接受。在美国，我们也许会听到这样的话："哎，我还记得当初天然气每加仑只有20美分的时候。"但是街头并没有暴乱，因为现在1加仑天然气确实值1美元了。不过，如果是一周之内价格从20美分猛涨到1美元,肯定会有民怨。只有当政府人为控制价格然后突然放松导致价格飙升,才会引发政治危机。

人类总是不明白这个简单的道理。历史已经一次次地告诉我们,政府根本不用担心高物价,因为价格上升必然使得供给增加,而供给增加最终又会降低价格。经济学课程肯定会讲授这一基本原理,但政治家们经常使用的权宜之计就是控制价格。这招从来不会奏效,反而只会减少供给,让事情变得更糟。

令我非常欣慰的是,已经有不少国家意识到它们不能控制价格。越来越多的政府已经尝试过管制,结果都以失败告终,所以它们放弃了。波兰就让市场调节价格,结果供给自然增加。津巴布韦却依然控制价格。

我们一到津巴布韦的首都哈拉雷,就试图向扎伊尔大使馆投诉在伊莱博故意刁难我们的警长和雷恩。当初到赞比亚首都卢萨卡我们就投诉过,可两次我们都无功而返。而在接下来的路程中,只有美国才有扎伊尔使馆,在到达美国之前我们束手无策。看来我们要想申冤出气,还要等上很长一段时间。

我遇到一位政府官员,告诉他我觉得津巴布韦的前景不错,有朝一日我想来这儿投资。

"如果投资,"我问,"是否可以在需要的时候抽走资金?"

"不行。一旦钱投进来,你就不能撤资,"他回答道,"我们希望增加外汇储备。这对所有人都有利,包括你这样的外国投资者。"

"但是你们真的明白你们在做什么吗?"我迫不及待地问道,"你们很需要外资,但你们的行为却在阻止外资进入。如果资金不能回笼,就没有人愿意来这儿投资。"

"不是的,我们必须对外汇进行管制,"他说,"不然,我们就得不到任何资金。资金会全部跑到瑞士。"

"等等，"我说，"我到这儿来带给你们外部资金。我想挣钱，但是你们却不让我在需要的时候把钱拿走？"

"我们必须保护我们的外汇储备。"

"难道你们不知道，如果你们让外资来去自由，虽然会有大量外资流出，但同时会吸引更多外资进入？"

墨西哥已经明白了上述道理，最终允许货币自由兑换。在过去50年里，拉丁美洲出现大量国际资本外逃的情况，原因就在于政府管制外汇。

津巴布韦的官员没有意识到，当市场体系崩溃，政府对外汇进行强制管制时，资本就会争先外逃。虽然政府拼命阻止资金外流，但实际上会造成货币走私。富人会卖掉农场，购买邮票、古董、黄金以及钻石，总之是想尽办法将财富转移出去，而没有人愿意把钱投进这样的国家。

21世纪将不同于20世纪。

最大的区别就是未来的人才、商品、信息以及技术都具有高流动性。20世纪最大的经济问题就是外汇管制限制了资本。

对于外汇管制，我举个简单的例子。假设一个美国人要前往伦敦，那么他只能将3 000美元带出美国。如果想要带更多的美元，他就要额外交税。

那么，为什么政府会在乎国民带出多少兹罗提、法郎或美元呢？

假如我用美元兑换了5 000法郎，那么美国的外汇储备，包括国民与政府的拥有量，就少了5 000法郎。而此时如果美国进口商想要进口法国红酒，它就少了5 000法郎的购买力。

对于美国人而言，似乎法郎随处可见，唾手可得。但是，最初美国的银行系统得到法郎的唯一途径就是将商品出口到法国。

多年来，美国的出口都比进口要多，因此，美国储备了大量外币：日本日元、德国马克、法国法郎以及英国英镑。无论什么时候美国人想买法国红酒，都只需要到银行兑换点国家储备的法郎，然后交给法国人："嗨，卖我点红酒。"

如同我曾经解释过的，试图通过外汇管制来解决外汇储备不足的问题是行不通的。外汇管制只能治标不能治本。再次，单个人、单个实体——中央银行——将决定什么是对全社会至关重要的，即便产品只是拖拉机。只有当市场是自由的，当地货币价值位于应有的水平，人们才会开始从事自然的生产：开采绿宝石，卖给法国，得到法郎，再把法郎卖给欲从法国购买红酒或是拖拉机的人。如果法郎的持有者不愿意卖掉法郎，那么红酒或拖拉机的进口商就会拉高价格直到他难以抗拒为止。

这才是让一个国家的经济不断发展、外汇储备充足的有效做法。

虽说像投资之父约翰·邓普顿这样精明的投资者也会在货币尚未自由兑换的国家进行投资，而我只会见机行事，等待时机。只有在该国货币可以自由兑换时，我才会投钱进去。

我饶有兴致地敦促我所有的美国朋友到国外银行开个账户，就当是一项保险措施。次之的方法是到经纪公司购买外国货币。人们购买人寿保险或汽车保险后，都不曾想过要用它们。然而，一旦你真发生意外需要用到保险时，你会很庆幸曾经买过保险。同样的道理，每个美国人都应该放一点钱在国外。我不知道在接下来25年内美元会怎样发展，但我知道过去25年美元发生的变化——价值大量损失，损失超过了其他主要货币的1/3。

美国的财政状况非常糟糕，我敢肯定，最终，就在接下来10年内，美国就会实行外汇管制。美元的价值会猛跌，那时美国人会像当今的意大利人一样渴望外币，政府会限制国民带出国的货币额度。那时，美国人将无法去英国度假，除非你能只花很少的钱，譬如2 500美元，就可以出去度假。

就现在而言，把钱送到国外亦是爱国之举。政府希望美元价值下跌，这是美国政府的政策，因为政府认为，随着美元贬值，美国的商品在全球就更有竞争力，美国钢铁工人会得到更多的工作机会，美国农民会更愿意销售小麦和玉米。政府正在鼓励国民卖出美元，而我的做法恰好与政府的心意吻合。不过，不幸的是，美元最终会跌到无法控制的地步，到那时政府会跳出来把责任都推到"邪恶的金融家"身上。一旦政府进行外汇管制，美元就会继续下跌，因为那时人人都想把钱私运出去。

一两年后，连我远在亚拉巴马的老母亲都会打电话对我说："我要把一部分钱弄到国外去。"

我知道，美国的外汇管制之势已如开弓之箭。很快，许多美国人就会带着满箱满箱的钱，搭乘飞机，飞往伦敦。外汇管制将再次失效，尤其是在通信发达、流动性高的今天，管制政策根本不会奏效。但政府绝不会承认它才是问题产生的根源。

我看好拉丁美洲的原因之一就是他们的政府曾经用几十年的时间尝试过外汇管制，最终弃之如敝屣。拉丁美洲人民历经了一个完整的循环，他们心如明镜，这也是拉丁美洲走在非洲前面的原因。经过70年的教训，拉丁美洲终于明白，外汇管制纯属无稽之谈。而非洲人才刚刚起步，"好吧，既然外汇管制没用，那我们就尝试点别的方法吧"。

但不幸的是，非洲人的问题在于他们的边境是由殖民主义者强制划分的，而在拉丁美洲，边境是自然形成的，因而相对比较理性，也更为稳定。

在老朋友斯坦·穆登盖的陪同下，我们参观了大津巴布韦遗址。

穆登盖是位历史学家和民族主义者，曾撰写了南部非洲王国殖民前的历史。那些王国未留下任何书面史料，因此他搜集材料时的茫然绝不亚于撰写一篇普林斯顿博士论文的难度。

古老石头城的遗址是撒哈拉南部最大的古代建筑群。依据穆登盖的说法，该遗址的历史价值相当于玛雅、罗马以及阿兹特克人的遗址。在我看来，大津巴布韦有点儿像一座雄伟的中世纪城堡，居高临下指挥着一个中等规模的城池。

津巴布韦人认为，遗址可以追溯到他们曾经统治世界的时候。的确，这些遗址是国家高度发达的写照。非洲人非常自豪，说很早以前他们的祖先建造了伟大的建筑，开创了先进的文明。

迷宫似的石头遗址建在一个又高又陡的山丘上。每天工人们要把水、食物、木材与其他生活必需品运上山，这想必是件浩大的工程，需要有组织的劳工才能完成。这有点像非洲的蚂蚁组织，或者与现今极有组织纪律性的日本和德国一样。层级与纪律是必不可少的。

非洲民族主义者常用大津巴布韦向世人证明，非洲和其他地方一样历史悠久，尤其是当有人指责非洲人没有为古代文明做出重大贡献时。

他们宣称，除了大津巴布韦遗址，他们还有其他的古代文明。他们祖先的房子和罗马与中非的石头建筑不一样，是用木头建造的。由于木头容易腐烂——尤其是在丛林中——所以那些伟大的文明建筑没有长久保留下来——没有建筑、遗址、工具，没有历史记载。

我很纳闷，这里到底发生过什么，为什么津巴布韦人会回到部落与丛林生活呢？不过，我们知道，阿拉伯商人曾远道而来。在阿拉伯曾发现津巴布韦的黄金制品，而如果阿拉伯商人曾把科学和外部发明带到过欧洲，他们也应该把这些带到过津巴布韦。

我们需要在津巴布韦获得去南非的签证。这两个国家没有建立外交关系，好在这里有个南非贸易局，平时就是当地的使馆。

在贸易局门口，一群黑人排起了长队。

"这是怎么回事？"我问出租车司机。

"那些人在等去南非的签证。"他说。

南非？我简直不敢相信。我们走进去要求办理签证，结果被告知要等四个星期。

"为什么啊？"我问道。

"因为门口那些人也想去非洲。"里面的人告诉我。

为了博取贸易局代表的同情，我们解释说，我们并不想插队耽误他人，但是我们必须早点走，不然等到南美冬天来临我们就麻烦了。

塔碧莎站在我身旁，非常困惑地问道："等等，我有点弄不明白。为什么这些人要离开黑人领导的工人天堂，跑到存在种族歧视的南非呢？"

津巴布韦人是在使用最有力的投票方式：用脚投票。在他们眼里，南非充满了机会。他们如此轻率地从一个非洲国家跑到另一个非洲国家，对此西方媒体进行了彻头彻尾的批判。

我们更好奇其中的原因了。

博茨瓦纳

我们曾听说，博茨瓦纳的海关官员对游客携钱入关是睁一只眼闭一只眼的，但通过边境时我仍然小心翼翼。

我们被要求填写一份表格，写清楚我们要带入多少钱，如同我们曾在那些管制外汇的国家做过的一样。

我问边防官员："我们需要兑换所有货币吗？"

"不用，随便你带入多少、带走多少都可以。"

"如果我们兑换货币，这张表格是不是要盖章？"

许多实施外汇管制的国家不仅要弄清楚每个游客带入多少钱，而且在游客兑换货币时给你在兑换表格上盖章。等你离开该国时，还要出示该表格。

他们会说："OK，让我看看你剩下的 1 900 美元。"如果你不证明给他们看你还有 1 900 美元，他们就指控你在黑市兑换，害得中央银行没法分一杯羹。这种政府垄断外国货币的行为如同赞比亚买断全国绿宝石，玻利维亚买断全国锡矿一样。

"兑换货币时我需要出示这份表格吗？"我又问了一遍。

"不用。"

"那我需要再上交这份表格吗？"

"我想等你们离开的时候可能需要上交,但我也不确定。"

如果没人肯定,就说明这份表格只是走走形式,只不过是过去沿袭下来的惯例而已。

我们在高速公路上急速行驶,博茨瓦纳的路况比津巴布韦更好。

于是,我立即喜欢上了博茨瓦纳。

第一,入关很容易。第二,这儿没有外汇黑市。马路两旁坐在小椅子上的人为路人兑换货币,只收取少量佣金,这为我们省却了去银行的麻烦。

仅仅货币可以自由兑换这一点就足以让我考虑来这儿投资。对于一个投资者而言,如果你必须借道黑市才能把钱拿回来,那么后果就不堪设想,尤其是当你投入了巨额资金时。如果一个当地人,如政府首脑,知道你,但不喜欢你,觊觎你的钱——不管你有多聪明,你所有的资金就会有去无回。

有时候我不愿意在一个国家投资就是因为我明白它会对我改变游戏规则,科威特就是其中之一。20世纪70年代晚期,科威特的股票市场充满巨大的泡沫,就如同17世纪荷兰的郁金香泡沫一样。当时我急切地想抛售,因为一旦泡沫破灭,所有的利润就会化为乌有。

在科威特的那段时间,如果你想买入100万美元的股票,你只需要开一张百万支票,把支票的日期往后填六个月,然后把支票交给经纪人就可以了。至于你的银行账户里是否真的有100万根本不重要。因为在六个月之前,经纪人不会也无法兑现支票。在这六个月内,只要股价上升,你就可以赚到钱。在这种情况下,谁都可以想象,股价只会上升,支撑股价的是数不清的分文不值的支票。

当时真是很荒谬,许多买家决定买入1 000万美元的股票。而经纪人则说,没问题,给我开张远期支票。

政府官员一开支票动辄 2 000 万美元甚至 3 000 万美元，都是远期支付的。本来，六个月后投资者把股票卖掉，就要还钱。

可是，他们并不还钱，而是继续开张 5 000 万美元甚至 1 亿美元的支票。

显然，泡沫迟早要破灭的。科威特的货币可以自由兑换，这意味着我能够在灾难来临之前实现利润。可是，令我至今还心痛不已的是，我没有卖掉股票。那是因为我非常清楚，一旦我要做空，科威特政府一定会对我采取特殊政策，让我无法套现，我的钱可能因此全军覆没。他们会说，我就是那个捅破泡沫的邪恶投机者。他们会对我翻脸，给我定罪。我敢说，即便我是个科威特人，他们也会指控我是个短期投机者。

这是国际投资的重大问题之一。在很多国家你都无法按游戏规则办事，但是如果你投资的是一个货币无法自由兑换的国家，那你就是自找麻烦。

科威特？不可避免的事情发生了。市场全线崩盘，股民们损失了数千万的延期利润。

当我们来到弗朗西斯敦时，眼前一亮："天哪，瞧瞧这个地方！"

这儿不仅有货真价实的购物中心，人们还开着崭新的轿车和卡车，有很多丰田汽车。在津巴布韦，轿车和公交车都很破旧，而且数量不多。但在弗朗西斯敦，公交车是全新的，还有好多工地在忙碌，新的建筑物正拔地而起。

这儿正发生翻天覆地的变化，我很想深入了解，虽然说不清为什么，但我已经感觉到，我们越往南走，当地的货币就越坚挺。感觉就像穿过中欧一样：从保加利亚到罗马尼亚再到匈牙利，货币越来越可靠，越来越坚挺；当你到达奥地利时，就会发现先令坚如岩石。

同样，我们穿越非洲时，越往南，当地就越繁华。

赞比亚比扎伊尔富饶，而津巴布韦又胜过赞比亚，博茨瓦纳则比津巴布韦更胜一筹。位于非洲大陆最南端的南非共和国则是整个非洲的经济枢纽，像是德国和美国加利福尼亚的混合体。

我听说博茨瓦纳有着丰富的矿产资源——铜、钻石、白铜以及煤炭，人口总数只有百万，相当于得克萨斯州。最近它每年的经济增长速度达到10%，是美国经济增长速度的4倍。它是全球三大钻石生产国之一，钻石为全国带来75%的外汇储备以及60%的财政收入。虽然海外投资者有点担心博茨瓦纳对南非的经济依赖，但该国政府的企业自由导向以及保守的货币政策仍然吸引了大量外资。

总而言之，博茨瓦纳充满了吸引力。

我们驱车来到博茨瓦纳的首都哈博罗内，这个城市非常发达——高大的建筑、整齐的街道以及清晰的路标，让我们感觉像是进入了蒙哥马利。我们兑换了货币，确实不需要在货币申请单上盖章。我们和银行家、经纪人以及金融市场上其他人进行交谈，他们都证实，在这儿货币真的可以自由兑换。

不仅可以自由兑换，而且货币坚挺。我很好奇，为什么这里的货币不会像意大利里拉或是其他欧洲疲软货币那样贬值呢？

就在几年前，这里发现了丰富的钻矿，是全球最大的钻石宝藏之一。这里有大规模的牧场，放养并出口牛。在中非，我们只看见过山羊和猪，这里却有牛。牛被放养在辽阔的草原上，长久以来养牛是当地人最好的谋生之计，牛群成为当地人的财富象征。因此，与其他非洲国家相比，博茨瓦纳又多了一个比较优势。

我还稍微做了一些额外调查，发现博茨瓦纳的国际结算还有结余。换句话说，每年它的出口额大于进口额。

它的政府预算也有剩余。

这让我大吃一惊。地球上哪个国家要想政府预算有结余都不容易，非洲国家更是少见。而博茨瓦纳却做到了，真是奇迹。除此之外，博茨瓦纳还有可用三年的外汇储备。这意味着，按现在的进口增长率，即便它从明天开始停止出口，停止赚入外汇——德国马克、南非兰特以及美元——它的中央银行也有足够的外汇满足三年的进口。它仍可以进口与往年相同数量的索尼电视，相同数量的卡特彼勒拖拉机。

而在意大利，外汇储备数量是用周而不是年来计算的。实际上，许多国家都只有两三周或两三个月的外汇储备，政府的生存极为艰难，不得不严格控制进口和外汇。

进一步深入调查后，我发现，博茨瓦纳拥有民主选举制度。在野党的政客们曾提醒我说，警察局开始变得有点腐败了。我担心博茨瓦纳的另一点，是它的钻石已经开始稀缺了。我不认为钻石市场很快会崩溃，但我实在不想买入钻石。

我觉得应该谨慎点儿，因为有了多余的钱，政府可能会做出傻事。政府曾建造了一个大型的碱矿厂，在我看来，碱矿对该国而言并不是一桩赚钱的生意。政府还可能与一家大型跨国企业合资，共同投资一项面子工程。而这家企业之所以选择合资，只不过觉得合资是进入博茨瓦纳不错的方法而已，并不是认为它是个挣钱的好地方。如果碱矿生意不好，则说明政府在挥霍国家的资产。

之后我证实，碱矿的生意确实不景气，这打击了我来这里投资的决心。政府已经开采了碱矿，但它并不赢利。媒体转述政府的话说，亏损的原因在于技术问题和碱的价格。这个解释对我来说已经不新鲜了。我早就料到，和其他政府一样，该国政府也一定不会承认自己的错误。我需要弄清楚，到底是因为碱的价格真的下降了呢，还是因为政府管理的低效率。

从有利的方面来看,政府已经认识到,国家需要大量资本家,需要一个股票市场。如果它要发展产业,同时保证经济和就业率等平稳发展,就需要股票市场来筹集资金。

于是,它通过法律、税收激励等各种手段来吸引资金,目前还只是初见成效。由于股票市场规模很小,全国只有一家股票经纪公司,该公司是与巴克莱银行合资的。这点我比较放心,因为我知道巴克莱银行将长期生存下去,不会在短期内倒闭。整个股票市场就设在一个人的办公室里,而他的雇员只有六个。

事实上,所有的股票交易都发生在一个人的办公桌上,所有的买单和卖单都由他来匹配,一共才七只股票。

我继续调查。我去拜访了掌管股票市场的政府官员。他向我证实,政府确实有意愿推动市场融资。

"没错,"他说,"我们正在积极推动。我们准备再推出几部更有利的法案。我们还准备对上市公司以及买卖股票的人给予税收优惠。"

起码政府已经认识到,在国家毫无股票市场经验的情况下,他们不能仅仅开设一个市场然后就开始买卖。人们会说:"股票是什么?我才不想买呢。"

此时如果你解释说,"股票会支付股息,而我们对股息又不征税",人们很快就明白了,"噢,如果我把钱放在银行,我得为利息缴税,但是如果把钱放在股票市场,我却不用缴税"。于是,他们把钱投入股市。

政府已经明白了所有这些窍门。于是我问:"那有没有谁反对呢?谁反对股票市场呢?"任何国家都会担心这个问题。既然有选举,说不定另一方会出来说:"我们不需要这些东西,我们要改变游戏规则。"

"没有人,"他说,"就连反对派也支持发展股市。"

我了解了股市,看看股票价格是否昂贵。我评估了一些传统指标,如市盈率等。资产负债表是否合理?公司是否支付股息?市盈率是否过高?行业是否有前景?公司是否能给博茨瓦纳一个不错的未来?

种种迹象都显示博茨瓦纳前景光明。看来如果投资,我应该不会亏钱。股票价格相当便宜,最糟糕的情况就是股价维持不变,我无利可图。我的所有损失只有机会成本而已。不过,博茨瓦纳的所有上市公司都支付股息,所以最高的损失还低于机会成本,我可以获得股息,而且是货币坚挺或半坚挺的股息。

通过一步步调查,我已经确定,博茨瓦纳经济形势良好,社会结构稳定。这里有全新的股票市场,不仅政府需要发展股市,而且政府的反对方也需要。我还认定,相对于股息和其他传统股票市场的价值而言,该国股票价格还相当便宜。我想投资的最后一个理由是它邻近南非。

我知道,南非正处在一个十字路口。它可能会变成原来的阿根廷,那个政府印制钞票、物价暴涨、花钱购买投票权的阿根廷,它也可能变成一个开放、理性的国家。我的分析是这样的:南非是博茨瓦纳最大的贸易伙伴,但尽管如此,如果南非经济衰败,博茨瓦纳也不会马上随之陷入困境。由于股价较低而且还有不少其他优势推动股价的发展,因此我在博茨瓦纳的投资是不会赔本的。

而如果南非经济飞速增长,那我在它北边的邻国博茨瓦纳就会赚到更多的钱,就像美国的邻国加拿大也随着美国市场发展而不断繁荣一样。我还想到,选择博茨瓦纳是投资南非的最好途径,因为它没有南非正面临的政治、经济和社会危机。在博茨瓦纳投资,相当于拥有了南非的所有优势，同时又没有它的风险。

于是，我来到负责股票交易的那个人的办公室，一口气把七只股票全买了。我实在看不出这七只股票有什么区别，便也懒得在它们中间挑选了。显然，打理股票和打理一家路边酒店是不同的。买股票是挑中几个最大最优的企业——银行以及矿业，你的风险要分散开来，而不是全部集中在一家企业上。刚开始，我不会往市场投太多钱，我要先摸索摸索，看看有什么样的问题，然后再大笔注入。

自那以后，又有几家公司上市了，和我之前买的几家类型相同，都是大型公司，我也购买了它们的股票。等到弗朗西斯敦的路边酒店也上市的时候，就是我退出该国股市的时候了。我希望，那将是一段很长很长的时间。

南非

在我向往已久的金伯利，我们停了下来。这里有世界上最大的人造露天洞，人称"大洞"。

早在1871年，这里还是一座大山，有人在山里发现了钻石。从那开始，人们就开始挖山，寻找钻石。到1914年，这个地方已经采掘过度。原来的大山被一点儿一点儿地挪走了，采矿的人向下挖出了一个深800码、占地37英亩的大洞。上万人从世界各地涌入这里，开始他们的致富之路。确实有些人发了大财。矿工们用双手移走了2 800万吨的泥土，找到了6 000磅的钻石，也就是1 450万克拉，按现在的价格相当于2 000亿美元。

镇上的戴比尔斯矿看起来和当初的大洞规模相当，价值可能更高。

在历史上的不少文化古地，绿宝石、蓝宝石以及红宝石都比钻石珍贵。钻石成为宝石之首不过是最近的事。100年前，绿宝石比钻石要昂贵得多。

戴比尔斯采矿公司不仅垄断了南非的钻石市场，还开始通过减少供给来控制全球钻石价格。为了促进需求，该公司设计了极为成功的广告策划，"钻石恒久远"的观念已经深深植入人们的脑海。

凡是在订婚、结婚以及特殊周年等与感情相关的重要日子，人们都会自然而然地想到用钻石来纪念。

最早从古代中国以及基督时代以来，企业主就想尽办法来建立自己的垄断地位。中国早期的皇帝禁止任何人出口桑蚕，否则处以死刑。智者献给基督诞辰的散发芬芳的乳香，也是垄断的产物。生产乳香的两个阿拉伯城市也禁止出口乳香树，否则将对违规者处以死刑。由于垄断，乳香的价格和我们的黄金一样高，每盎司400美元。这在一定程度上可以解释为什么乳香是西方人送给孩子的特别礼物了。

南非附近的安哥拉正在遭受可怕的内战。即便如此，还有约5万人在挖采钻石。由于安哥拉没有政府，戴比尔斯无法将那里的钻石矿纳入自己的控制范围。不过，一旦安哥拉成立政府，不管是交战哪方组建政府，政府的第一件事都是"为了国家利益"获得钻石市场的控制权。他们会颁布法律，要求采矿者"只能把钻石卖给我们的中央采购部门，否则就等着坐牢吧"。

对购买者，他们又会说："为了你们自身的利益，我们不让你们购买钻石，否则那些贪婪的资本家一定会卖给你们赝品。"

事实上，这些措施是在帮助政府控制价格，掌控所有的硬通货。

在过去的六七十年间，戴比尔斯将钻石价格拔高到了天价。不管是从哪个经济角度来看，钻石都不值这样的高价。现在，垄断要开始打破了。以前，戴比尔斯控制了100%的钻石生产和销售，现在它控制80%。在30年内，钻石的价格会下降。显然，它不适合投资。

为什么呢？供求关系法则可以说明一切。因为戴比尔斯把价格定得太高，从而刺激更多的人寻找钻石。为了维持高价，戴比尔斯必须从每个钻石生产者手中把钻石买过来。如果它不买，生产者就会卖给其他人，随之，价格就会下降，而戴比尔斯的存货就变得一文不值。

相反，如果戴比尔斯坚持从各个独立的生产者手中购买所有钻石，终有一天它会无力支付，不得不停止采购。不管怎样，钻石的价格最终会降下来。没有什么是永恒的，人为管制也是一样的，不管是政府的管制还是资本家的管制。

戴比尔斯的成功在于它把采购来的钻石作为银行贷款的抵押物。不过，银行已经开始意识到，这是个巨大的骗局。为了谨慎起见，银行在考虑是不是应该早点撤出来。如果等到同行们都清醒过来，大家都争先恐后地撤出，那时就比较麻烦了。

也许，这一天会比我们预期的来得更快。在我写到这里的时候，戴比尔斯拒绝向潜在的美国投资者公布年报，这分明是想掩盖其真实的财务状况。

我的建议？那就是赶快卖掉钻石，买入绿宝石、红宝石以及蓝宝石。

一个让南非与世界关系复杂化的因素是国际媒体非常关注南非的问题，记者们似乎对暴力比对其他事情更为兴奋。媒体正虎视眈眈地等着南非发生什么，为它们提供爆炸性新闻，更糟糕的是媒体根本不对问题进行详细分析。媒体正影响着南非，自己却不承认，它们就是南非问题的一部分。

当我拜访里昂·卢时，上述观念变得越发清晰。里昂·卢是个南非白人，管理着自己的一批政治与经济智囊团。他曾在一系列精彩的文章和畅销书中分析了导致南非现状的各种因素。

他在书中指出，应该解除种族隔离，因为它严重扭曲了市场，既损害了黑人利益，也损害了白人利益。他把道德问题先撇在一边，只讲经济原理。针对现状，他说："种族隔离当然是不道德的，但即便它不存在道德问题，人们只想变得更富有，种族隔离也有害于国家。它带来了战争、反抗以及种种其他问题。"

里昂向南非白人灌输一个观念：如果没有种族隔离，他们会生活得更好。在西方，人们一直以为南非是个充满黑人与白人种族冲突的地方，但这里还有很多政治团体和利益集团提倡种族平等，而不是种族分裂。

通常，我和塔碧莎不会去拜访像里昂·卢这样的名人。我们不希望旅程是经过安排的，我们只接触那些不经意碰到的人。可是，南非如此有吸引力而我们对它又非常陌生，为此，我们破了一次例。

里昂的智囊团原来在一座破旧的大房子里，后来他把房子改造成了一个学院。自然，和约翰内斯堡的所有大房产一样，他的学院有大门和围墙。由于内战以及抢劫等事件时有发生，所以围墙也就随处可见，还安装有电子仪器以及各种现代化安全设施。约翰内斯堡整个就是座由围墙房子组成的围墙城市。

在会议室，我们向他介绍了我们的旅行。

他说："天哪，我怎么没想到做这件事呢？为什么不和你们一起旅行呢？我一定会很喜欢的，就和喜欢我现在的工作一样。"

里昂给我留下了深刻的印象，他有责任心、聪明、思维敏锐，能看透皇帝新装的本质。他对国家问题的根源分析得非常透彻。我和他一见如故。

为了阐述南非黑人应该做什么，他描述了当地的公共交通系统。20年前，政府垄断了公共交通，使用那种容纳不了多少乘客的破旧公交车。由于公交系统满足不了人们的需求，于是出现了一批吉卜赛出租车、公共汽车、中巴等。政府不允许吉卜赛司机使用公交车站，他们就使用手势，随叫随停。路边的乘客用手势告诉司机要去哪儿，司机则用手势回应，"不行，我不去那儿"，或者"这是南广场巴士"。

这种自发的交通系统运转得相当好，以至于政府曾一度被挤出公共交通系统。现在约翰内斯堡的交通系统好极了，这是顾客与企业家相互满足需求的经典案例。尽管受到共同敌人的反对，尽管政府冠冕堂皇地说是"为了他们的利益"而进行管制，但是由于供需双方需求的存在他们仍然会走到一起。

我和里昂都认为，如果我们能让政府从大部分经济领域中抽身出来，就像他讲的交通系统的故事一样，所有的人生活就会更好。他在书里还写道，在以前非洲黑人农民比白人农民更富有，这也是白人要从黑人手中抢走土地的原因之一。可以说，种族隔离产生的部分原因在于经济利益。

其实，种族隔离（经济问题导致种族冲突的另一个例子）写进法律才不过46年的时间。在二战后非洲出现经济问题，政治家们决定，要通过一系列法规、许可以及管制来保护某些产业，从而挽救整个国家，也挽救他们自己。最终黑人损失最大。随着政府颁布越来越多的种族隔离法律来推动其摇摇欲坠的经济状况，整个国家的经济问题却越来越复杂。这是中央集权的另一个例子，把经济政策变成了种族政策。

国际投资者不得不考虑南非。这是个不可思议的国家，商品齐全、资源丰富、资产庞大、气候宜人、人口众多、市场巨大、基础设施完备。不管从哪方面来看，包括地理位置、气候、规模、多样性以及潜力，南非简直就是非洲的加利福尼亚。它不仅依山傍海，而且鸟语花香，生机勃勃。

我问里昂他的家乡未来会变成什么样子。

他的观点是，种族隔离已经压得人们喘不过气来，它扼杀了南非的经济发展，一切可能都需要重新来过。显然南非人必须废除种族隔离。虽然该国出台了不少政策，但是白人以牺牲黑人的利益为代价控制竞争、保住自己地位以及增加财富的现象依然很严重。

一个很大的问题出在由纳尔逊·曼德拉领导的非洲人国民大会（简称非国大）。曼德拉在非国大确定的继承人大约40岁，是位共产主义者。在共产主义与资本主义对立的时期，非国大总是选择共产主义一边。而殖民主义者全是资本主义者，所以双方总是达不成任何一致意见。

不少非洲人，尤其是黑人，大都比较激进，有种"别人欠他们"的不平衡心理。很多非洲国家在独立之后都有这样的想法："你们侵占我们国家300多年了，你们欠我们的。现在我们要把一切从你们手中夺回来。"

虽然也不是毫无道理，但这种心态阻碍了经济发展，有损于全国上下每一个人的利益。

我的观点是，在投资者愿意来投资之前，南非可能会经历一个动荡的印制货币、征税以及赤字时期，可能会发生更多的种族冲突和内乱。然而，在内乱的顶峰时期，当所有其他投资者逃离南非，也就是购买该国货币的最佳时机。假设非国大不实行彻底的中央集权，那将是该国货币10年之内的最低点。

里昂的观点更乐观一些，可能他是对的。他认为，有一天曼德拉领导的非国大会赢得选举，最终大量白人和大部分黑人都会支持他。他猜想，非国大可能会执政一个任期，依章程是4~5年。

非国大大体上类似于美国的民主党或英国的工党。在一个任期之后，由于非国大在国际上不具备竞争性，南非的"共和党"就可能赢得下次选举。政治风波会逐渐平息，经济会再次加速发展。

并不是全球的"共和党人"都是对的。只不过两党体系共同成为南非社会的左右两翼，这样有助于建立一种最适于投资的稳定环境。

当我提醒他战后非洲"一人一票一次"的传统时,他回应说,全球媒体一定不会让南非再步北非国家,如扎伊尔、肯尼亚以及赞比亚之后尘。我不敢肯定,其他国家在这件事情上会有那么大的发言权。如果真是那样,那就还有一个未决的种族内战威胁。

尽管我对南非很感兴趣——谁会不愿意到非洲的德国或加利福尼亚去投资呢?——我能做的最好的事情就是等待,等到南非未来的走势比较明朗的时候。

如果一个投资者无法清晰预见利润,那么他最好保持冷静,不要出手。大多数投资者犯的一个最大错误是总觉得要做点什么,其实很多时候那都是浪费资本。对许多投资者而言,最糟糕的一件事是在一项投资上挣了大钱,这会让他们冲动、自负、不知所措。他们会对自己说:"好的,让我再找一个这样的项目。"

他们应该乖乖地把钱放在银行,耐心等待下一个有把握的投资机会,但他们往往坐不住。这是要命的自大主义!投资的原则是不能赔钱,这一点是最重要的。即便你每年只赚9%,那也比那些大起大落的投资者要好。他们可能某些年大赚,而某些年大赔。赔钱很要命,会降低你的复利,而复利正是投资的魔法。

在约翰内斯堡,我们和一个大学同学汉弗莱与他的妻子西蕾尼蒂·摩拉德见了面。我们再次违背了不探望熟人的约定,但我有25年没和这位老同学见面了,我实在不想放弃这个机会。

汉弗莱是个南非白人,在回到家乡后,他和小他20岁的黑人女子西蕾尼蒂开始热恋。两人刚开始生活在一起的那段时间,黑人与白人的"同居"罪名足可让他在监狱度过余生。在牛津,甚至早在他在南非大学担任学生会主席的时候,他就反对种族隔离。多年来,他和西蕾尼蒂一直住在约翰内斯堡的白人生活区,离警察局仅有50码之遥。他说,在南非,不同种族的人之间进行约会的人数其实比世人想象的要多得多。现在,他俩已经结婚,还生了一个儿子。

西蕾尼蒂在亚历山大当老师,那里是暴力、战争以及流血事件多发之地。我和塔碧莎去看了看她的学校。室外地面打扫得很干净,孩子们在玩弹球。这一幕让我回想起三四年级时我玩弹球的日子。大一点儿的男孩儿在踢英式足球,就和美国人流行玩橄榄球和篮球一样。而十几岁的孩子看起来不太活跃,比我们那时候要孤僻一些。

她的教室里有40张课桌,一张一张紧紧挨着。她的学生则有70~75人。这意味着只有40人可以坐着,而另外的人只能站着上课或者不来上学。教室的窗户已经破损,好在这儿的天气还不错,破窗构不成大问题。

她教四年级。她的班级让我回忆起在亚拉巴马就读语法学校时的情景。那时候,我们经常制作海报,然后挂在墙上。20世纪50年代的亚拉巴马有地图册、卡片以及其他教具帮助我们完成这项工作。

但这里没有。如果西蕾尼蒂需要粉笔,她要自己掏钱买,学校没有购买教辅用品的预算。这里没有布告栏,没有图片,没有卡片。到处的油漆已经慢慢剥离。她甚至没有课本。

她带我们到学校图书馆。我们很惊讶,那居然可以称得上"图书馆"。虽然它有三个教室大,但铁架基本上是空的,每个铁架上只有几本书。里面只有两本杂志:一本是祖鲁人办的期刊《今日非洲》,另一本是当地非国大办的。一个书架上有一本地图册、一本百科全书,都已经破旧不堪。原本这儿不是只有这些书,但因为长时间的借阅以及盗窃,现在只剩这些了。

西蕾尼蒂向她的同事介绍说,我们是来自纽约的访客。教职工们的反应让我非常吃惊。他们无精打采，甚至有些麻木，对我们的到来一点儿也不惊讶。这是一种无助的状态。学校共有三四千学生，却只有很少的图书，一个班70~75人却只有40张课桌，没有教学资料。在这个星期之初，有三四个学生在暴乱中丧生，这显然让学校更加不安。

当我在这个压抑的学校随处走动时，我沉思良久。这是多么可敬的老师！他们收入微薄，社会地位也不高，但他们仍然坚持每天都来教课。我想起那些曾帮过我的老师都是呕心沥血地教学生，虽然那时亚拉巴马非常落后，但他们坚信并热爱教育事业，他们希望所有人都有学习的机会。我从他们身上学到的东西比从耶鲁学到的多得多。他们坚持要求我们学会乘法表和英语语法。

西蕾尼蒂的同事也很想让孩子们学习，但那里的普遍情况是很多学生根本不想学习，因为即便学到了东西，他们的前途也并不光明，所以他们对学习感到有点绝望。尽管如此，这些老师每天都尽力讲点有用的东西。我们很佩服西蕾尼蒂的勇气。在没有资源、教材，缺少当地政府资助的情况下，她依然每天精神饱满地授课，完成她的职责。

最后，我们驱车来到开普敦。

现在，我们已经从非洲的最北边来到最南边——直线距离达5 000英里——行程将近11 000英里。这段旅程对我们的视觉冲击很大，从如月球般宁静美丽的撒哈拉沙漠到浓密的扎伊尔热带雨林，我们大开眼界。

开普敦是个非常漂亮的现代化城市。虽然南非是非洲最富裕、最发达的国家，但我仍有个强烈的感觉：太多黑人都执意认为，现在该轮到他们得到些什么了，因此他们并不太关注国家长期的经济发展。作为一个投资者，我担心如果南非就此衰败，那么整个非洲大陆就将成为扎伊尔。

这个国家气候宜人，拥有大量掌握技术知识的优秀工人以及大好的发展机会。可是尼日利亚也拥有丰富的资源——主要是石油，本可以成为非洲的经济引擎，但因为对经济的管理不当，导致种族冲突和信仰冲突，结果可能在政治问题解决之前该国就分裂成两三个国家。因此，除了南非，再没有国家拥有相当的基础设施、文化传承以及资本基础，成为非洲大陆的经济增长引擎。

这里的道路完好，电话线路正常。到处都有加油站、饭店、旅馆、五金店等各种现代生活的必要供应，普通公路、高速公路、电话、电力等基础设施非常健全，而且还有足够的供水系统。

所有这些基础设施之所以存在，是因为塞西尔·罗得斯等人在这儿偶然发现了钻石和黄金。如果他们是在扎伊尔发现的，那么扎伊尔就已经成为一个经济强国了。所以，要说塞西尔·罗得斯掠夺了黑人，这种说法并不太公平。当然，他和他的同伴的确竭尽全力降低劳工成本。但钻石和黄金的发现使得资本主义为了攫取利润不得不进行基础建设，这给南非带来了繁荣，给了南非一个很好的发展基础。

还记得在19世纪的美国，两个资本家范德比尔特和杰伊·古尔德通过铺设铁轨赚取了高额利润。没错，他们是贪婪的资本家，剥削劳工，但他们不可磨灭的功绩是为美国日后的迅猛经济飞跃修建了坚实的基础设施。塞西尔·罗得斯对南非的贡献亦是如此。还记得我们走出撒哈拉在尼日尔看到了铺砌平整的公路吗？那是资本主义带动基础建设的另一个例证。那条路之所以存在，是因为当地的铀矿厂需要它。只要有利润存在，就会有人铺路、架电话线。

修建基础设施从无政治上正确的方法。也许有人会说，世界银行的官僚会来到一个国家，准确判断该国需要什么样的设施才能成功发展。但不幸的是，他们的项目并不是从经济角度选取正确的地方。通常他们会在河上架桥，但除非能从桥上获取某些潜在的经济利益，架桥本身并不会带动该地区的经济繁荣。他们还可能把水引到村庄，那是因为村民需要用水，但这也并不一定带动经济发展。修路、通电话、引水的正确地方应该是经济活动的中心——煤矿、工厂和城市，这些为获取利润甘冒风险的企业家所建造的地方。

一个是每年拿75 000美元稳定收入的政府官员，一个是正拿自己的金钱、声誉和机会冒险的企业家，前者会对一个投资项目做出比后者更好的利润判断吗？我敢保证，企业家肯定会深思熟虑，他们考虑的因素和问题要比政府官员多上百倍。企业家要确定他能方便地联系到投资项目、工人有地方住、他的产品能经由一条畅通的公路运输出去。

当你回头看看美国的历史，你会发现一个理想的模式。在1914年之前，美国是全球最大的债务国。企业家们在19世纪大量举债发展基础建设。他们修铁路、挖运河、建城市、造工厂。

如果为了将来把钱投入生产性资产，如同美国19世纪所做的一样，成为债务国并没有什么不妥。欧洲人当时把钱投入美国是因为他们能从美国挣到利润。美国的努力在20世纪获得了回报，成为全球最富裕的国家。

扎伊尔本也可能发生这样的情况。如果扎伊尔能吸引真正开发该国的投资者，扎伊尔很快就能强大起来。但不幸的是，早在六七十年代扎伊尔就赶走了所有的资本家。

从经济上看，19世纪的美国就如同现在的非洲或西伯利亚。不过，那时的美国没有货币控制、管制、移民政策以及签证。没有联合国的研究团队和任务小组坚持认为应该把钱送到这儿或送到那儿。如果真有好机会，资本就会毫不犹豫地流向那儿。就像水从上往下流一样，资本会自然而然地流到收益最高的地方。

资本不会管你是什么肤色，不会管你是什么政党，也不会管你信仰哪种宗教，资本关心的只有资金的安全和利润，不管是以色列还是埃及，是电子产品还是钻矿，哪儿有机会，它就流向哪儿。

现在，南非比非洲其他国家都强，因为它已经把基础建设做好了，未来任何一个政府、任何一代人都需要基础建设。

我在想，谁到底才是真正的南非人呢？在约翰内斯堡，的确只有黑人和白人。但在开普敦，各种文化、各种肤色的人都有。在英国人19世纪来到南非开采黄金和钻石的两个世纪之前，称为布尔人（阿非利卡人）的欧洲殖民者就已经定居好望角，建立了开普敦。通过我以前的一个学生，我们认识了汉尼斯·迈伯勒，他是300多年前来到开普敦的一个北欧家庭的第九代。他的家族拥有南非最古老的葡萄园，他们在开普敦的时间比大多数黑人的时间还要长。

他邀请我们在葡萄园共进午餐。我们与他的其他客人不仅品尝了他家的葡萄酒，还尝到了诸多其他品牌的美酒。那天玩得真是疯狂，我们的午餐一直吃到晚上，最后我们还在桌上跳起舞来。后来，要不是因为一个比较复杂的舞蹈让我摔下来，背部受伤，已经持续10小时的午餐可能还会继续下去。

我在床上躺了一天，这让我有时间好好想想到底谁才是真正的南非人。那些我们见过的从北部地区来到南非的黑人是典型的19世纪移民，他们来到南方是为了采矿，获得工作。

南非更早的居民是科伊桑人，白人殖民者称其为霍屯督人和布须曼人。他们人数不多，分散居住在现在的南非，但主要聚居在开普半岛。

1652年，荷兰东印度公司为其与中国、印度尼西亚以及印度的海上贸易，在开普敦设了一个休息站。一些欧洲人就从城里分散出来，为殖民者布尔人种植粮食，为东印度公司的船只提供食物，而公司的船只为布尔人带来欧洲的消费品。

早在 250 年前，南非尤其是开普敦附近，并不是一个只有黑种人的国家，它比现在的纽约更像是一个大熔炉。当时欧洲人，主要是荷兰人、英国人以及葡萄牙人，航海前往中国和印度，当他们来到好望角的时候，便在这里靠岸。自然而然，有些人就留下来在此定居。中国、印度尼西亚以及印度的商人也是如此。不同肤色的人们在这里相互融合，组成家庭。

"回去？"一位印度店主对我说，"回哪儿？我不会说印地语。我们的家族自 17 世纪晚期就来这儿了。我只会南非荷兰语和英语。我从来没想过如果这儿生活艰难我要到哪里去的问题。"

让这位店主和汉尼斯"回家"，令他们无所适从，就像现在 95% 的美国人一样。他俩的祖先在非洲大陆生活的时间远远超过了大多数美国人在美洲大陆生活的时间。

汉尼斯再也不是欧洲人，他和我的那位新印度朋友都是非洲人。

我们越往南走，看到的非洲就越漂亮、越繁荣。在撒哈拉以南的非洲国家中，我有兴趣投资的只有喀麦隆、津巴布韦和博茨瓦纳。

虽然我们曾听说了黑非洲与南非之间的商品抵制，但他们之间的贸易却欣欣向荣。我们仍然能从扎伊尔买到南非醇美的葡萄酒。在我们经过的所有黑人国家，都可以买到南非的产品。这些国家希望他国与南非的贸易抵制持续下去，这样他们自己就可以第一时间获得南非市场。譬如，在过去五年中，津巴布韦和南非的贸易每年都翻一番。

以下是我对非洲的一点想法。在 20 世纪 60~80 年代，美国和苏联通过中央情报局和克格勃对非洲许多政体予以经济支持。如今他们之间的斗争没有了，非洲失去了经济后盾。冷战结束了，美国和苏联不会再打游击战了。

由于领导人的去世或者让位,非洲政府大多正在衰败。整个大陆的现状以及边界都到了变革的时期。虽然变革会带来一些冲突,但任何冲突都将是短暂的,因为这里几乎没有武器,没人愿意发生战争。

非洲各国的边界划分要更理性化。经过数年的战争,埃塞俄比亚和厄立特里亚已就如何划分领土达成和平协议。苏丹的边界问题正在自行解决,索马里也是如此,除非外人进行干预。

随着非洲问题的逐渐理清,企业家们将自由地发展经济。非洲拥有丰富的自然资源。虽然现在的商品市场受到压制,但总有一天全世界都会急需非洲的资源。例如,扎伊尔土壤非常肥沃,只要有种子掉在地上,它就会发芽。扎伊尔过去常出口粮食,它以后也可以。即便是安哥拉,也可能卷土重来。至于南非的未来,全取决于政治斗争的局势。

我可以肯定的是,在以后的25年里,非洲大陆将创造巨大的财富。

毫无疑问,几年后我会再回到这里,进行更广泛的投资。

第四篇

绕过合恩角

澳大利亚的长途跋涉

在二战期间，塔碧莎的祖父曾在一艘西澳大利亚的潜艇上服役。他跟一家年轻的澳大利亚人成了好朋友，多年来他们一直保持联系。现在这家中的男主人弗朗西斯·伯特成了西澳大利亚州的总督。

当我们到珀斯时，塔碧莎联系了弗朗西斯·伯特，并告诉他，她的祖母叫她务必去看望他们。

我们应邀到总督府赴宴。在宴会上，塔碧莎感慨，我们在摩托车上赶路，没有漂亮衣服穿的时光一去不复返了。我们穿着最好的衣服，在这样的场合下，塔碧莎还穿着一双高跟鞋，一袭黑色丝制长裙。我穿着一件皮夹克，扎着领结，脚穿长靴，几个月来我第一次这样精神焕发。

据我们了解，总督是伊丽莎白女王的名义代表。他在西澳大利亚政府任职就如同女王亲临现场一样。这是一个负责剪彩和主持国宴的角色。

澳大利亚由六个这样的州和两个领地组成。西澳大利亚州的面积是整个国家的1/3，但人口仅有160多万，人口密度就像美国西部大草原一样。

我们同弗朗西斯先生和他夫人玛格丽特共进了一顿令人愉悦且

丰盛的晚餐。接下来的一周我们还参加了他们孙子的洗礼仪式。

在澳大利亚，我们驾车环绕三面海岸线的路程异常遥远。

我们计划由珀斯出发，沿着西海岸和北海岸到达达尔文市。从那里我们将向南行进到艾尔斯岩和艾丽斯斯普林斯。折回向北之后，我们将向东到达大堡礁。我们将造访东海岸的布里斯班、悉尼和墨尔本，从那里我们再坐渡船到达塔斯马尼亚，最后折回悉尼，从悉尼飞往南美洲。

这一距离相当于从洛杉矶到西雅图，再向东到明尼苏达与加拿大的边界，前往塔尔萨，再折回芝加哥。从纽约到新英格兰州，再到华盛顿、罗利、迈阿密，坐船去往古巴，再回到亚特兰大。

总共9 000英里的行程。

澳大利亚的道路与世界上其他地方的道路都不同，却和美国的得克萨斯州十分相似。大部分国土地势平坦，没有太大起伏，笔直的道路绵延数百英里。我们在沥青铺就的道路上愉快地前行。

我们超过一辆卡车时，感觉超过一个挂斗又是一个挂斗，前面还有一个挂斗，直到最后我们才意识到这是一辆"公路列车"。实际上，它是一辆由三节挂斗连成的拖挂卡车，每节长50~60英尺。

在澳大利亚，大部分人都居住在沿海城市，内陆除了沙漠几乎什么也没有。我们在城镇间长途旅行时，没有看到加油站、房屋以及邮箱等任何人造设施。

一望无际的澳大利亚腹地散布着零星的服务区以及更为稀少的城镇。路边经常出现被疾速驶过的卡车、轿车撞死的袋鼠和绵羊的尸体。那绝对笔直的道路，奋力向前延伸进空旷平坦的沙漠。这让我意识到作为一个旅行者，能欣赏到这样多变的美景而不是总看到同样的景色是一件多么美妙的事。

我们花了一个半月横穿澳大利亚大陆。幸好那时是旱季，因此我们不用担心过多雨水带来的麻烦。

在西部，突发的洪水确实相当危险。我们就曾看到过遭遇洪水而抛锚在沙漠中的汽车照片。沿途，我们还看到了水位杆，它们大约4码高，每隔1英里左右就立着一根。在雨季，水位杆用来提示摩托车驾驶员水位的深浅。后来，我们在安第斯山脉还遇到了同样的杆子，用于指示积雪的深度。

在撒哈拉，我们曾经每天只艰难地前进50~60英里。而在这里，我们竟一度每天前进700英里。当然，这是我们在整个旅途中驾驶时间最长的一次，因为除了驾车，我们几乎没有可做之事。

我们走的路线是澳大利亚人自己都很少尝试的。在西部，我们总能碰到一些人告诉我们："我从未开车去过东部，但我很想试试。"东部的人则说："我从未开车去过西部。"当你觉察到澳大利亚的国土面积几乎与美国等同，但人口却稀疏得多时，你就明白他们为什么这么说了。

与其他大陆复杂的地势不同，由于大洋洲大陆缺少造山运动，其地势显得较为平坦。这种美丽的地貌只被盐湖和不常见的突起物（如艾尔斯岩、奥尔加山和不起眼的小丘）隔断。在美国西部，过去一头奶牛需要40公顷的草地才能成活，这里也一样。每只袋鼠和绵羊都需要一大片肥沃的草场。

在摩托车的轰鸣声中，平坦的道路上，红土和岩石灌木丛里，时间过得是那样漫长。在一次晚间谈话中，塔碧莎说她在澳大利亚的一路上大部分时间，都用来回想她的生活经历，在脑海中重放她的童年、中学和大学的点点滴滴，以此作为更好地理解过去生活的契机，而在非洲、苏联西伯利亚和中国，则要聚精会神注意路面，没有时间去考虑这些。

我和塔碧莎开始讨论结束这次旅行后的生活，尽管这看起来十分遥远。我们已经与人生追求有所偏离，但我们似乎仍将偏离下去。难道只有我们回首往事时，才能感悟真正的人生吗？我们只想翻新我们的生活，却都不知道从何下手。

我们喜欢在澳大利亚沿途的路边客栈停下，在永无尽头的笔直的荒漠路边稍事休息。

在几百英里的路程中，这是仅有的几个供旅行者休息和补给的地方。这些路边客栈售卖汽油，有一个小型餐厅及一个便利店，并且出租房间，通常房间数量也就8~10个。由于地处偏远，这些客栈不会因为竞争的原因而趋向一致，每一个都很有其独特性。这种氛围使澳大利亚人喜欢在一天之中的任何时候都喝上两口。这是我第一次享受提供啤酒的早餐。

晚上，旅行者喝着啤酒交换着彼此的故事。偶尔，也会有一些客栈职员加入我们的聚会，但是老板和老板娘与其他地方的一样总感觉人手不足，总是忙碌得没有时间坐下来聊聊天。

这里的员工大多流动性很大。有一家路边客栈的员工因为老板破产不能付给他们工资而发生争执。这些员工只有在一家客栈干足够长的时间才能拿到钱到下一家客栈打工。

我为许多路边客栈的老板感到难过，因为他们的生意都很艰难。许多司机都是双人搭配，夜间也不停车。我猜他们一定是轮流驾驶，而睡在后车厢里。

看起来现在购买路边客栈并发展成连锁店正是时候。我确信他们的生意之所以不好做，是因为石油价格由于海湾战争而节节攀升，结果导致人们出行减少。在这种不景气的时候购买澳大利亚的路边客栈就如同在冬天买草帽一样。无论是因为出差还是休闲，旅行都将是世界未来的主要趋势。那些准备为此大显身手的人必将获得丰厚的利润。

当我们的行驶速度达到每小时 60 英里的时候，轮胎与沥青路面之间就会发出咝咝声。艳阳高照，道路笔直地通向天际，我们刚把油箱加满，正准备花三个半小时骑到下一个路边客栈。

"嘭！"我的车子在两腿之间猛地振动了一下。

我停在路边。前面的塔碧莎慢下来回头朝我这边看，心想我是不是在调整头盔或者遇到了什么麻烦。

我的摩托车后胎磨平了。查看之后，才发现这是我 25 年驾龄中第一次爆胎。车胎上有个 3 英寸长的口子。车胎的中间部分磨损严重，之前我从没有遇到过这种情形。通常轮胎会被磨平，因为摩托车一般要驶过各种路面，但是像澳大利亚这样笔直、平坦、长距离很少有弯道的路面，没想到也容易发生这种情况。当我辅助塔碧莎换轮胎的时候，我们才意识到在这种路面上我们也必须经常检查轮胎。

我一直以为爆胎是很危险的，但这次是在高速下爆胎的，我却依然能很轻松地控制住摩托车。我很想知道在高速的情况下，如果前胎爆了将会是什么情形。看来只有下一个 25 年我才可能遇到这种情况。

我们最终到了达尔文市，具有半亚洲风格的边境城市。

达尔文位于澳大利亚最北部，距离印度尼西亚群岛很近。此处聚居着不同肤色、不同人种、不同民族的人，令人印象深刻。大量亚洲人——华人、韩国人、印尼人、印度人以及巴基斯坦人，涌入此地。在大街上我们听到多种语言，夹杂着各种变了味的英语。

达尔文是一个很繁荣的城市，这种繁荣将会持续很长时间。随着澳大利亚当时开放程度的提高，会有更多的人涌入澳大利亚的边疆地区，如达尔文和珀斯。达尔文将变成一座世界性城市。人们一直都在积极寻找掘金的机会。如果有学生问我未来的几十年应该去哪里，同时还能讲英语，我会建议他去达尔文市，我会告诉他去从事旅游业或者任何能与这个十字路口做生意的领域。

达尔文市的人口在过去15年增长了两倍。整个北领地都欣欣向荣。北领地与阿拉斯加的面积相仿，有着良好的气候条件，同时拥有自然美景和观光景点。虽然现在人还不是很多，但大量的移民正不断涌入。

此时，达尔文市还没有与该国的铁路系统相连，但将来这种情况肯定会得到改观。火车从南部直通艾丽斯斯普林斯，而后向达尔文方向延伸一段距离，但距离达尔文还很远。一旦最终铁路连通，达尔文市将迅速繁荣。从经济学的角度来看，其重要性将如同美国横贯大陆铁路的开通对加利福尼亚的意义一样。

除此之外，达尔文市的北面是巴布亚新几内亚和印度尼西亚，这两个国家都十分具有活力。毕竟，印度尼西亚是世界上第四人口大国。印度尼西亚人又是绝好的商人，他们在一个古老拥挤的国家挣扎，而在他们南面几百英里之处就是幅员广阔、人口稀少的澳大利亚。

澳大利亚自然资源丰富。仅仅在15年前，人们在这里发现了世界上最大的工业钻石矿。该国的镍、铜储量颇丰，未开发的土地、水资源也很多。这里的农场很大，一切都很大。纵览澳大利亚的历史就可以发现，无论他们何时修建大坝或者水利系统，整个周边地区都会繁荣昌盛。

此处是另一个西伯利亚，拥有丰富的资源且与劳动力丰富的中国相距不远。

今后几十年，如果印度尼西亚人在商业运作上变得更富侵略性，那么其首选之地不会是北面拥挤的印度或者其他人口众多的国家，而是南面的澳大利亚。澳大利亚人口稀少，军队编制人数也少，没有什么能阻止印度尼西亚人。

我们从达尔文市出发向南朝艾尔斯岩行进。艾尔斯岩坐落在澳大利亚的中部。

我们穿过的土地是红土地，是那种深红、暗红的颜色，比我的家乡亚拉巴马的红土地还要红。考虑到路途遥远，塔碧莎曾建议我们不要去艾尔斯岩了，因为它"不过是沙漠中央的一块岩石罢了"。

她还在谈论我们去艾尔斯岩可能犯了一个大错之时，我们眼前出现了又一个摄影师无法捕捉的震撼景观。当我驾车接近艾尔斯岩的时候，被眼前的景象惊呆了。刚开始是广袤平坦的平原，在没有任何征兆的情况下一个红色的庞然大物陡然出现在我们面前。

艾尔斯岩看起来如同附有灵魂一般。在四周平坦的平原，1 100英尺高的岩石骤然拔地而起，从而成为世界上最大的独块岩石。虽然它有两英里长，但科学家说它至少还有2/3的部分埋在沙土之中。外露的部分看起来如同史前巨型动物的表皮，岩上的许多大洞如同麻子一样镶在表面。我们驾车围着它绕了一圈，随着角度的不同它变成了深浅不一的红色。

当太阳下山的时候，岩石的表面颜色变成深红色，最后变成骇人的灰色。

清晨时分，颜色又出现逆转，从灰色变成深红色，而后变成铁锈色。我们到那儿的时候天没有下雨，但是我曾在图片上看过雨中这块岩石的样子，看起来是黑灰色。

此时我才明白为什么土著人将之视为神圣之地，这里的确是一处神灵光顾之地。

尽管澳大利亚拥有良好的道路，但我们从未在夜间上路。骑摩托车旅行并不是达到目的的手段，旅行本身才是目的。如果在夜间赶路，那么我们就忘记了此行的目的是什么，从而不能享受驾车旅行的那种刺激。

况且安全对骑摩托车来说从来都不是一件小事情,在夜间驾车远比日间危险得多。70%的摩托车事故都是由汽车造成的。汽车司机在撞上摩托车的时候,经常会说,"我没有看到它"。如果他们在白天都看不到你,那么夜里肯定更看不到你。当然,晚上人们也会喝更多的酒。晚上,另外的危险是袋鼠、牛群、坑洞、沙砾——所有的一切。

更为重要的是,如果我们只打算周游世界一次,那么我们想看看这个世界是什么样子。那么为什么要在晚上驾驶摩托车环游世界呢?

我俩都很喜爱悉尼,我们将悉尼列入我们最想居住的城市之列。我的前三个选择是纽约、布宜诺斯艾利斯和东京,接下来是悉尼、曼谷和罗马。

悉尼是一座有生气的大都市,洋溢着生命的活力。墨尔本则炫耀着其古老的财富和教养。两座城市的差别如同喧闹的纽约与保有高贵风度的波士顿之间的差别一样。

有个笑话是这样讲的:当旅行者到达珀斯的时候,当地人会问你从哪儿来;到悉尼的时候,他们会问你挣多少钱;到布里斯班的时候,他们会问你是否要来杯啤酒;而到墨尔本的时候,他们会问你上的是哪家公立(或私立)学校。

居住在澳大利亚的人口中,大约有30%不是本地出生的。巨大的移民潮拍打着澳大利亚的海岸,使得其在过去20年人口猛增。尽管如此,澳大利亚也只有1 700万人——面积和美国差不多,而人口只比纽约州多一点点。

日本人也发现了澳大利亚的机会。我们看到在每一处大商场、酒店和疗养地都有日本职员。澳大利亚的天然资源与日本联姻是很自然的事情，因为澳大利亚的地理位置适合旅行者。未来几年澳大利亚和日本的关系会更为密切，它们之间的长期利益要比各自与美国的利益更为紧密。

尽管这片土地很空旷，但大多数人还是居住在城市。20% 的澳大利亚人住在悉尼，另外 15% 住在墨尔本。在临近的新西兰，1/3 的人口居住在奥克兰（如果美国也是这样的比例，那么纽约将会有 8 500 万人）。20 世纪的农业革命使这种情况成为可能。在 19 世纪，当时的技术不足以支持这么多的城市人口。

我们现在开始考虑下一次跳跃了，从澳大利亚去南美洲。

在我们准备正式出发之前，没有必要为此担心。没有必要在津巴布韦的时候担心怎么才能从澳大利亚到达南美洲，因为没有津巴布韦人知道如何回答这个问题。

我们将搭乘阿根廷航空公司的航班，飞抵里奥加耶戈斯，而后从那儿到达火地岛。它是南美洲的最南端，距离南极洲最近，从火地岛开始我们向北进发。

航班每周一次。旅行社说如果我们愿意，他们可以安排我们在新西兰停留一周，而后继续乘坐下一周的同一个航班。

我们欣然接受。

新西兰基本上由两个岛构成，北岛和南岛。

如果旅行者想在澳大利亚和新西兰驾车旅行，但只有时间选择其中之一，那么新西兰是首选，因为新西兰很是精致美丽。对于运动车车手、摩托车手或者渴望欣赏风景的普通旅行者来说，温暖的新西兰要比澳大利亚略胜一筹。对于摩托车来说，新西兰的道路更好，因为这儿道路蜿蜒回转，穿行于美景之中，景色富有变化。在澳大利亚我们经常驾车数千英里而看不到变化，日复一日都是同样的景观。

新西兰宜人的气候和地理特征都和加利福尼亚州相似，但也有些不同。新西兰国土面积不大，但是富有变化，这一点很吸引人。除了青翠的牧场和烟雾缭绕的火山，新西兰还有农田、荒漠、城镇、间歇泉、冰川、海洋、沙滩、崎岖的海岸线，以及众多的山脉。毛利人从未发明书写艺术，其古老的南太平洋文化，是通过雕刻的方式表达在战船和图腾柱上的。这在新西兰全岛都能看到。在方圆几百英里之内，参观者可以钓鱼、滑冰、蹦极，也可以打猎、潜水、观鲸和划竹筏。这里有很多飞机，参观者可以参加一种名叫"观战"的旅游项目。新西兰人自称"几维人"（Kiwis），他们喜爱迷宫，因此用树篱构建出很多巨大的迷宫。他们甚至已经开始出口迷宫，尤其是出口到日本。在日本，优秀的新西兰设计师可以充当顾问。

在新西兰生活如同度蜜月一般。新西兰人很友好，容易打交道，也乐于助人。我和塔碧莎都喜欢上了这个明快欢乐的国家，都想在这儿多待上一段时间，而不是仅仅之前规划的一周。但是冬天已经日益临近，我们还要驾车穿越安第斯山脉和火地岛，那儿距离南极洲只有几百英里。此处的6月、7月相当于加拿大落基山脉的1月，每一周的耽搁都可能把我们抛入类似加拿大1月、2月的严寒之中，导致我们滞延六个星期。

新西兰拥有400万人口和6 000万只羊。当春天到来之时，小羊羔纷纷降生，这使羊的数量能攀升到一亿。该国的经济史是由有关羊与羊毛的故事写就的。在20世纪70年代，苏联人为了维持生活水平不得不用硬通货购买羊毛，那时羊毛的价格直线飙升。伴随着中东开采石油带来的繁荣，阿拉伯人开始大量食用羊肉，羊肉的价格也开始急速上扬。这种趋势一直延续到80年代。巨大的需求导致每个人都投入养羊业，不久，羊肉和羊毛都开始过剩。

随着苏联人开始使用暖气，对羊毛的需求萎缩，同时阿拉伯人不能再以高价卖出石油，对羊肉的需求也开始下降。新西兰政府为了保持繁荣，也为了让选民高兴，想到了一个好主意。很明显世界对羊和羊毛的需求依然巨大，目前只是暂时性的需求下降。不知何时情况就会逆转，而且为什么要让国民受损呢？

为此，新西兰政府设立了一个专门委员会并宣称，"为了维持羊毛价格，政府将收购农民生产的所有羊毛"。

如同戴比尔斯对待钻石的策略一样，该委员会实施的补贴政策稳定了羊毛制品的价格。农民一定都不傻，他们开始养更多的羊，生产更多的羊毛，把它们都卖给政府。年复一年，这个委员会一次又一次地借钱买入羊毛制品，直到最后再也负担不起。那时苏联人的钱用光了，中东战争将他们自己的生意也毁了。在联合国的禁运决议下，伊拉克不能再订购任何羊只。由于被伊拉克占领，科威特也退出了羊只进口的市场。

不幸的是，新西兰政府维持羊毛制品价格这么长时间，但是由于熊市的到来，羊毛制品的价格开始大幅下跌。当有人想努力补助维持价格的时候，市场下跌的幅度通常要比应该下跌的幅度还大。美国也在上演相同的故事。美国政府维系目前金融环境已经很多年了，但是一旦料想的那天到来，事情就会变得十分可怕。

本质上，新西兰政府是通过借钱的方式购买羊来维持农民的生活。美国则是通过借钱的方式制造武器，实施转移支付。如果美国把借来的钱投向高速公路、铁路、工厂和通信设施，那是一回事；但是借钱以维持羊毛价格以便能让农民买得起电视，又是另一回事。

当然，从政客的视角来看，所借的东西实际上是选票。卖给农民电视的商人没有遭受损失，那些卖汽车、修电视、设计服装的人也没有遭受损失，一切看起来都不太糟。但是正如柏拉图、杰斐逊、托克维尔以及其他政治家所警告的那样，这种民主带来的超级危害意味着政客们为了选票会把国家的生存权卖掉。

现在许多人可能会问:"等一下,我们的仓库不是储满了羊毛吗?这些羊毛最终不是还有价值吗?"但是,如果你把钱投向公路,你就会拥有公路,从而会提高生产力。创建卡特尔来维持支出项目的价格与修建国家的基础设施之间是存在巨大差异的。世界经济发展历程中充斥着大量的卡特尔,它们都试图维持价格,最终都失败了。

那种认为购买大量产品就能维持价格的想法注定要失败。这是经济学中最古老,也最合理的规律之一:你可以控制价格,你可以控制供给,但你永远不能长久地同时控制二者。

石油输出国组织就是一个例子。它一直想控制石油价格,但是不久后就由于高价导致的大量供应最终毁掉了整个机制。另外一个例子是,马来西亚人为了维持锡的价格几乎破产。

新西兰的问题部分要归咎于20世纪七八十年代该国通过借贷的方式来让工人和农民满意。

新西兰的财政处境非常糟糕,我所指的财政"糟糕"是指非常高的通货膨胀率、非常高的利率以及非常高的失业率,由于价格抬高,没有人愿意购买任何东西。像新西兰这种地理位置孤立的国家,很多商品都需要进口,因为没有晶体管制造商和汽车制造商在这里生产电视和汽车。而随着货币的疯狂贬值,没有人有钱买得起急需的国外商品。选民逐渐意识到贷款成本昂贵,通货膨胀率又一路飙升,他们无力购买一台索尼电视机或者一辆日本轿车。更糟糕的是,没有人有工作。

于是,人民与中央银行之间发生了一件更为离奇的事件。在20世纪90年代早期,新保守政府与银行签订了一份书面协议。该协议规定,政府不能废除协议。政府官员很清楚,只要通过一部法律或者换掉银行的管理者，政策就会发生变动。于是他们约束政府不能废除协议，是希望协议能长期生效。

协议写道，中央银行必须将通货膨胀率降到 2% 以下，并稳定下来。"你们中央银行尽力去做，政府会尽其职责。即便我们失职了，你们也要恪守约定，因为我们是政客，是不可信的。"

保守党人之所以这样说，是因为他们非常清楚自己政客的身份。他们很担心国家的政治意愿哪天发生改变，然后他们又回到当初的起点。

新西兰中央银行竟然真的做到了，将通货膨胀率降了下来，并从此维持在低于 2% 的水平。

当我们穿越新西兰的时候，我不由得注意起那些羊群。

我拿到商品价目表，核对羊毛的价格，来看看到底发生了什么。从价目表来看，羊毛价格果真大幅下跌。

与此同时，在四周我看到一群努力工作的人。他们像其他地方的人一样，十分喜欢政府的资助，但是他们远离世界中心，知道没有人会在意他们。尽管他们已经在福利国家的摇篮里享受十多年了，但新西兰仍是田园式的自力更生模式。

我关注了一下新西兰的股票市场，发现它是过去几十年里世界主要股票市场中表现最糟糕的股市之一。当然我也回想起 20 世纪七八十年代世界范围内的商品繁荣。新西兰除了羊毛、羊和其他农产品等自然资源，一无所有，因此它成为此次繁荣的最大受益者之一。不过，当繁荣结束时，新西兰也最先遭殃。简单的经济学将会表明，这是世界上最不堪一击的发达经济体，因为新西兰除了农业，什么也没有。聪明的新西兰人知道繁荣必将结束，从而将钱转投到其他地方。由此很容易理解为什么在过去的 10~15 年间新西兰股票市场的表现如此糟糕。

这吊起了我的胃口。首先我看到一个萧条的投资领域——股票市场，之后我又看到一个萧条的国家，这是经济条件和该国在羊毛、羊和其他农产品上错误的公共政策所致。而后我又看到一个在增强货币、振兴经济方面颇有建树的国家。新西兰人逐渐认识到他们必须正确决策，别无选择，否则他们的货币就会像许多非洲国家的货币那样消失。如果那样，他们遭受的损失将是十分可怕的。

很明显我一定会向他们的股票市场投资。我开了股票账户，把一些钱投进去。

和平常一样，我在该国最大的经纪商那里开了户。我对这种大规模的公司遭受破产的风险不是很担心。如果经纪商看起来经营不善，那么政府就可能接管公司或者强迫其与其他公司合并。

我首先开了一个小账户，确保没有问题。我担心在文书上写错账号或者我的钱在越洋传输中丢失。首先，我想看看交易系统是否工作正常。

除了我们正常阅读世界新闻，我没有针对新西兰做专门的研究，但是到了那儿我了解了很多情况。在经纪商的办公室我翻阅了各种有关市场的书籍，包括股票市场年鉴。我回过头来看新西兰在过去10~15年到底发生了什么变化，包括收支平衡和该国经济形势的总览。

我想直接对新西兰的羊毛进行投资，但是如果购买羊毛期货，我就必须关心它们什么时候到期。因此，我努力想在羊毛交易所购买一个席位。当出现严重的熊市之时，交易所的席位——无论是股票、糖、黄金还是债券——就开始严重贬值。对萧条市场最好的投资方式就是购买其交易所的交易席位并把它放在那儿不管。通常不需要付什么维护费。

不过，此处的期货交易是一体化的。如果你想买一个羊毛交易的席位，那么你也要买整个期货交易市场的一个席位。这不是我想要的。我只想单纯投资羊毛和羊，但我却不能为此而得到一个席位。

我想在新西兰开户的另外一个原因是，这样能让我出现在太平洋的边缘。由于时区的原因，新西兰是少数几个在一天之中最先开市的市场。有时我想在午夜进行交易，那么我必须要等到欧洲或者日本开市。新西兰则是最先开市的。

我如何利用这种情况呢？比如在星期六下午我认为美元将会在下周一早晨下跌，那么我就可以在新西兰市场上卖空美元，而此时亚洲、欧洲和纽约的市场还没有开市。我可以买进黄金。如果我认为世界的股票都会在周一崩溃，我可以在新西兰市场先行卖出，因为这儿的市场最先开市。如果我认为基于某些原因市场将会出现大繁荣，也可以最先从新西兰买入。事实上，当新西兰已经是早上的时候，纽约还是前一日的下午。

在新西兰的股票市场中有几百种选择。我选择了其中的20只股票，都是农业股或者原材料股，而且它们的资产负债表都很强劲。与此同时，我也在澳大利亚的农业股中有小笔投入。

世界尽头

在很多方面，我仍像一个来自亚拉巴马小城镇的小男孩，渴望在世界之旅中看到美妙的景观与新奇的事物。我们要穿越麦哲伦海峡了！要在火地岛上呼啸而过！这些地方在此之前对我来说都只是地图上具有异域风情的名字而已。现在我正沿着麦哲伦的历史线路前进。

这里的冬天没有我们预想的那么冷，火地岛大部分都很平坦，多风，但很可爱。岛上遍地都是绵羊和鹅，人不多，有一些骆马，是一种长得像骆驼的动物。

为了吸引人们来火地岛参观和定居，该岛实施免税政策。事实上，阿根廷政府鼓励人们向布宜诺斯艾利斯以南的所有地区移居。尽管阿根廷国土面积巨大，位居世界第八，但是其1/3的人口居住在大城市。

火地岛上最大的城镇叫乌斯怀亚，这是世界上最南端的城镇，当然需要绞尽脑汁地想办法吸引人们来此定居。有个银行经理告诉我，该地区需要酒店和捕鱼设施。空荡荡的商店和未建成的停车场说明此地的生意做得并不好。

在一年之中的这个时间——6月，太阳在早上10点才升起，日落则在下午 4 点。结果我们在路上的驾驶时间很短。当地人喜欢将此地称为"世界尽头",照到这儿的阳光苍白无力。

当地的旅游业将来一定会兴旺发达。此处风景迷人,神奇的越野滑雪很容易得到发展。帝王蟹的味道也是一绝。这里还是去南极洲的中转地之一,而我确信南极洲将成为旅游胜地。正如撒哈拉沙漠边上的塔曼拉塞特一样,人们想去参观沙漠,结果促使该城繁荣。乌斯怀亚也将繁荣发展,因为旅行者将取道于此前往南极洲。

乌斯怀亚现在人口可能很少,但我已经听到繁荣的脚步声。我打算购买此处的土地。

毕竟,该城将迎来第一位房地产客户——大发展还会远吗?

我们乘船出海。波涛起伏的海水两侧是陡峭的山脉,这让比格尔海峡增添了一丝灵气。岩石岛分布各处,有些岛上站满了鸬鹚,另外一些则被海豹占领。

小海豹在我们周围潜水、摆动、迂回、嬉戏。岩石上,海豹的社会层级之战正在上演,王海豹正接受另一只威猛海豹的挑战,同时年轻的雄海豹之间也在争斗。远处,年老的海豹退在一边不参与这场争斗。

我们是否能从中感悟些什么呢?

从这儿开始我们将开始回家之旅了。我们离开纽约已经 15 个月了,我每天都会在离开酒店或营地的时候在笔记本上登记里程表的数字。里程表显示,我们已经驶过了 43 000 英里,我推测我们还要走两万英里。

我十分看好南美洲。我知道智利现在发展很快,被称为经济奇迹。我想知道这对其他南美国家会产生什么影响。我认为南美大陆将摆脱 75 年的阴晦低迷,获得空前发展。

虽然我们已经临近智利,但是从这儿没有一条像样的路向北通向它的首都圣地亚哥，向北唯一铺好的道路是沿着阿根廷海岸线到达布宜诺斯艾利斯。除了泛美公路，这儿没有人清楚怎样驾车到达中美洲，因此我们决定还是先到达布宜诺斯艾利斯收集更多的信息。

我们向北进发前往布宜诺斯艾利斯，途经潘帕斯草原。潘帕斯草原在色彩与结构上都与世界其他地方不同。草原野兔在我们周围跳跃，老鹰在头顶盘旋。野鸵鸟比非洲鸵鸟个头小，灰色的羽毛镶嵌着整齐的白色下摆，鼓动着翅膀在草原上奔跑。

在阿根廷湖，我们停下来观看数十只粉红色的火烈鸟。在湖边驾车感觉很惬意，一边是山脉，另一边是大片的湖泊。森林和散落着巨石的地形看起来是那么原始和怪异。杂乱的苔藓和奇形怪状的树木与岩石好像受到南极巨大的引力一般。

湖边的地平线显现出一块巨大的淡蓝色物体。当我们向它靠近5~10英里时，发现它的颜色变深，体积也越来越大。

这是佩里托·莫雷诺冰川，长达150英里，是世界上少有的几座仍在移动的冰川之一。不时可以听到冰川受挤压的嘎吱声和断裂的噼啪声，如同步枪射击和炸弹爆炸的声响。冰川在两座山峰间穿过受到了挤压，而后又重新突起。当冰川到达阿根廷湖的时候，前段会形成高达160英尺的冰墙，将把湖水一分为二，如同一座移动的水坝。有时大块的冰块断裂掉入蔚蓝的水中，形成淡蓝色的冰山，将湖水涌向湖岸。

一旦这座移动的水坝将湖水分为两半，那么每隔三四年，受到水体压力的影响，冰川就会爆裂，显现出的壮观场景可以持续数个小时。这是一道令人震撼却很少看到的景观，因为这种情形是不可预测的，并且有时发生在夜里。随着冰川的崩塌，700多年的冰融入蓝色的湖水中，蒸发到空气里而后变成雪落下来，最终又变成冰川。

想到这一神奇的景观，我对阿根廷旅游事业的发展萎靡感到很迷惑不解。南美洲的最顶端路途遥远，但那里有这么多旅游胜地啊。这部分要归咎于阿根廷的与世隔绝，这种情况已经开始发生改观，该国已向世界重新开放。

冰川给某些人提供了致富的巨大机会。现在所需要的就是一个机场，这样人们就能从布宜诺斯艾利斯飞过来观光。外国人可以飞到阿根廷，而后向北去伊瓜苏瀑布，接下来参观冰川，最后航海去南极洲。所有这些都很吸引人。科隆群岛（加拉帕戈斯群岛）就经历了相似的旅游繁荣。修建了一个机场后，成千上万的人前去参观，从而创造了巨额财富。距此不远的卡拉法特静候在那儿正等待相同的事情发生。

我们和一个养羊的农民结为朋友，驾车跟在他破旧的小货车后面前进。这儿大多数农民都生活得很艰苦。他的福特卡车已经使用11年了，但近期他没钱买新的。

我们跟随这位新朋友鲁德斯来到养羊场。他们家在100年前从福克兰搬到此地，获得了土地补贴。和美国的西部一样，为了鼓励人们开拓并定居边疆，阿根廷政府把土地送给拓荒者。

此处农场的面积和得克萨斯州的那些农场相当。鲁德斯一家把大约5万英亩的土地租给别人。他们的土地不是很肥沃，养一只羊需要10英亩的土地。但是在许多人关闭农场之后，鲁德斯一家仍然在土地上辛勤地劳作。

阿根廷政府仍然对大多数土地拥有所有权，尤其是南部的土地。要想拥有土地，居民可以向政府申请一个项目，比如建造一座房屋，四年后他就可以以很低的价格拥有土地。

鲁德斯的祖父曾拥有此处75万英亩的土地，但是到了孙辈，牧场已经衰落。在1900年左右鲁德斯祖父的那个时期，阿根廷要比美国富裕。今天我们会说某人像得克萨斯人、阿拉伯人或者日本人一样富有，但是在第一次世界大战前，欧洲人会说"像阿根廷人一样富有"。鲁德斯的祖父就是富人之一。

当时所发生的这一切都是技术变革引起的，而且是在恰当的时候发生在恰当的地点。在 16 世纪和 17 世纪，西班牙人大多会在墨西哥、秘鲁、玻利维亚、厄瓜多尔和哥伦比亚定居。阿根廷当时只不过是一片广袤的待开发的平原领地，既没有黄金，也没有人对它感兴趣。西班牙人买的牛马逃脱后变成野牛马。由于没有天敌——阿根廷没有狼和狮子——马和牛的数量成倍地增长。

多年后，这些畜群被阿根廷的高乔人找到，如果他们想要牛肉，就可以摇身一变成为牛仔。因为阿根廷人口稀少，对牛肉的需求很少，结果牧群继续扩张。在欧洲，没有大片的平原，牛肉是十足的美味。然而即便高乔人是优秀的牛仔，他们也不能把畜群赶到巴黎去。

在 19 世纪，越洋运输的制冷船得到快速发展。突然之间，阿根廷的牛价大涨。

在潘帕斯，无论是谁，只要能找到野牛群，就会变得十分富有。和得克萨斯一样，巨型农场应运而生，高乔人变成了富有的农场主。

那时美国的畜牧业并不发达，要依靠欧洲市场。但阿根廷人拥有的存货，都是西班牙人消费不了的。大量的移民涌入这两个国家。在欧洲，人们不知道应该去北美还是去南美发财。

这些事情需要一段时间才能说清楚。直到 20 世纪，人们才日益清晰地看出去阿根廷是个错误的选择。当全球的商人都意识到牲畜生意利润诱人的时候，许多人都加入其中——美洲人、澳大利亚人和非洲人。这让阿根廷人赚钱没那么容易了，阿根廷政府开始征收保护性关税，实施管制和外汇控制，所有这些加速恶化了经济状况。和 20 世纪 80 年代的新西兰一样，阿根廷的经济在 20~40 年代持续下降。政府为了维持短期的生活水平而开始借债，外债不断累积。庇隆骑着白马对人民许诺繁荣还会再现，但是最终毁掉了国家的经济。

而此时美国正在建造工厂。阿根廷人挣钱挣得太容易，他们不需要把钱投向未来，因为他们已经很富裕了。他们选择权宜之计来弥补创伤，而不是通过大手术治愈病人膏肓的绝症，结果导致接下来几十年的经济萧条。

我们在火地岛饶有兴致地观看海豹，雇了一艘船载着我们驶向瓦尔德斯半岛。

7 月是此地最佳的观鲸时节，其他时间风太大，而且 7 月是鲸鱼的交配季节。因为现在是冬天，几乎没有游客来此。在其中一地，我们的船周围有十多条露脊鲸，它们正忙于交配而无暇注意我们。船靠鲸鱼很近，我们甚至能触摸到它们光滑的皮肤。

旧时捕鲸人把它们称作脊美鲸，因为它们有优质的鲸油、优质的鲸骨、优质的鲸脂、优质的一切。它们每年都会来此交配，通常一只雌鲸会被三四只雄鲸追逐。

导游向我们的身后指去，那儿有两条雌鲸，仰面漂浮在距离我们数码的地方。这是雌鲸发给雄鲸的信号，表示她已经事毕，不要靠近。

我们徒步走向一片聚集着雄海象的海滩，它们正在那里休息养膘，等待 8 月雌海象回来。当雌海象回来后，交配季节就开始了。雄海象就要守卫在雌海象旁防止偷情者的出现。这意味着它们要数个星期不能出去捕鱼或者进食，因此现在增肥是很合理的。我们在它们中间穿行，它们如同巨大的香肠一般躺着晒太阳。

这个半岛有很多动物。另外一个海滩上趴满了海狮，它们在那儿睡觉、打闹、游泳和喧嚣。我们碰到一只受伤的企鹅正从海里爬出。这里还有巴塔哥尼亚巨兔、海象、猫头鹰、绵羊、狗、牛、粉胸画眉、斑胁草雁以及南极洲的企鹅。

时间过得很快。我们沿着阿根廷海岸驾车向布宜诺斯艾利斯进发,穿过一个几乎没有人的村庄。穿越空旷的潘帕斯草原的道路又长又直,一整天内我们都没见到一棵树。这片巨大的草原当然也孕育着巨大的发展空间。

这是千真万确的,阿根廷人的人均红肉消费要比世界上其他人都高。每一处小城镇都有一个大型烤肉店,在烤肉店他们提供血肠,还有盒装的血块和香料。我们发现它们的味道竟然十分好。

阿根廷将会成为旅行者的天堂。除了许多奇异的动物,这儿还有山脉、海滩、沙漠、南极广袤的草原,还能骑马、滑雪、打猎——游客能想到的应有尽有。在北部,有殖民时期杰出的西班牙式建筑,还有神奇的伊瓜苏瀑布。现在政府稳定,真正的发展就要开始。

趁着我们的摩托车在布宜诺斯艾利斯修理之际,我和塔碧莎飞到阿根廷北部,去游览伊瓜苏瀑布,这是世界十大瀑布之一。

伊瓜苏瀑布位于伊瓜苏河上,而巴拉圭、巴西和阿根廷在伊瓜苏河交界。瀑布的美景摄人心魄:高达 300 英尺的水体从天而降,将下面的水激起,水雾形成一条巨大的彩虹。和莫西奥图尼亚瀑布一样,伊瓜苏瀑布让尼亚加拉瀑布相形见绌。在 1541 年被巴卡偶然发现之前的几百年中,伊瓜苏瀑布是南美部族人神圣的安葬之地。

从鬼喉的悬崖之处,伊瓜苏瀑布呼啸而下,激起水雾。彩虹悬于水面之上,鹦鹉和老鹰在深绿色的<u>丛</u>林中飞翔。雨燕像箭一样冲入水雾捕捉昆虫。

所有这些让我们为尼亚加拉瀑布感到一<u>丝尴尬</u>。刚开始我推测有人为尼亚加拉做了一项伟大的公关工作,但是后来我意识到尼亚加拉的声誉是历史进程的一个结果。

美国的北部地区在 19 世纪后半叶就是一个十分繁华的地区——那时火车(而不是飞机)是主要的交通工具。新兴的富裕阶层想看一些新鲜的东西,铁路就提供运输服务。多好啊!

尼亚加拉瀑布当然很壮观,如果你只知道这些,一个自我强化的过程就开始了。为了上座率,铁路开始大肆宣传这个瀑布,没有经验的旅游者很容易受其影响,随后报社纷至沓来,直到尼亚加拉瀑布闻名于世。

但是像大多数事物一样,市场开始饱和,瀑布开始失宠。运输技术的发展使得游客能飞得更远。

尼亚加拉瀑布的确有一个特征与众不同,纵使世界上最大的瀑布也难与之匹敌,但是这对旅游业来说意义不是很大。在 1 月和 2 月,尼亚加拉瀑布就会结冰,形成最独特的冰瀑。你永远也不会在伊瓜苏瀑布看到这种冰雕景象,但是有多少人会在 2 月前往布法罗观看尼亚加拉瀑布呢?

距离巴拉那河 20 英里的地方坐落着世界上最大的水电站——伊泰普水电站,还有一个边境城市——埃斯特城。这是一座地地道道的繁荣之城,说其繁荣是因为当地政府数以百亿的美元花在了修建大坝之上。大坝修好后,伊瓜苏的居民从 3.5 万人增长到 15 万人。这是一个让商人修建基础设施的绝好案例,大坝修好后现在可以为游客服务,而且能带动许多行业的发展。

在当地语言中,伊泰普的意思是"歌唱的岩石"。伊泰普水电站是巴西和巴拉圭合作项目的产物,由两国之间的界河巴拉那河提供能量。世界银行为大坝提供贷款 250 亿美元,大坝长 7744 米,高 176 米。刚完工不久,共耗时 17 年。最后一台发电机已经安装完毕，现在大坝能发电 1.26 万兆瓦。与之相比，埃及的阿斯旺大坝则相形见绌，更不用说美国的胡佛大坝了。

塔碧莎认为参观大坝会浪费时间，但是我已经在报纸上看到有关它的报道十多年了，因此我还是很渴望去看看。这是我见过的最好的人造建筑之一。能得到我这样高评价的还包括印度的泰姬陵和埃洛拉石窟、智利的复活节岛、秘鲁的马丘比丘古城和危地马拉的蒂卡尔。伊泰普水电站是一项工程奇迹，也是人类修建艺术的杰作。它的规模宏大，修建时动用了全城的工人。和埃洛拉石窟一样，它的一切都在规划之中，用十几年的时间精心修建而成。这是现代世界的奇迹。

塔碧莎也深有感触，但我比她更有感触。尽管旅游指南上很少提到此地，但我还是忍不住强烈推荐给那些想欣赏人类巨大成就的人。

这座大坝形成的政治环境也很有趣。巴拉圭只有 450 万人，而巴西的人口有 1.55 亿，但两国对大坝的所有权各占一半。巴拉圭人自然用不了这么多电，因此他们将自己那部分电的 90% 卖给巴西人，换取硬通货。有了这笔钱，巴拉圭人偿还了外债。他们将会凭着资产负债状况良好而大力发展自己的国家经济。

我预见 20 年内这里将会产生政治问题。当巴拉圭人的经济得到发展，他们就会需要把电要回来。为了不中断对电的有效供应，巴西很可能使用诡计侵略它的弱小邻国，或者通过"谈判"签订条约。

布宜诺斯艾利斯

冬天已经被我们抛在身后。我们决定在布宜诺斯艾利斯停留几周，这是我们最喜欢的城市之一。它充满了激情与活力，夜生活丰富多彩。此处的餐馆直到晚上9点才开始大量上座，甚至有些人带着孩子晚上11点才来。白天回归到平常的长度，气候也很温和。布宜诺斯艾利斯与赤道的距离大约和南卡罗来纳州的查尔斯顿相仿。

我们决定学点西班牙语。我一直认为西班牙语将是21世纪最重要的语言之一。即便我不必再那么努力工作，我也决定之后要回拉美待上六个月学习西班牙语。

为什么西班牙语将来会这么重要呢？西半球有两种主要的语言：英语和西班牙语。汉语也是世界上的一种重要语言，但是中国距离美洲太远。

到了21世纪，随着南美国家变得更有活力、更富裕，而美国变得更加动荡和贫穷，西班牙分离运动可能会出现。这种观点是有政治和历史依据的，因为美国的确窃取了加利福尼亚州和新墨西哥州。阿拉斯加和印第安纳是美国花钱买的，但前两者不是。人们总会将这种掠夺铭记在心。其实，说美国窃取了佛罗里达、亚利桑那和得克萨斯也不为过。在这些州居住着大量的西班牙裔人口，而且亚利桑那和得克萨斯都与墨西哥接壤。

居住在美国的拉美人会对美国人说:"历史上,这块土地是我们的。你们用武力将之占为己有,现在我们想要回去。你们现在歧视我们,我们不想再和你们在一起了,因为你们是一个破产的国家。我们想回归他们,他们繁荣昌盛。"类似能带来战争的挑衅行为可能会不断重复发生,密集上演。

人们的目标是不同的。如果美国的目标是保持国家统一,那么只教移民的孩子母语而不是英语就是一个巨大的错误。这只会滋生分离主义,而分离主义正是世界上冲突发生的主要缘由。如果美国的目标是让孩子学习他们父母的语言,那么就要通过各种方式教他们西班牙语、汉语和乌尔都语。如果美国的整体目标是让政治实体得以生存下去并且能够更加繁荣昌盛,那么需要每个人都讲同一种语言。像美国这样一个多种族的大熔炉国家,共同的语言是维系人们关系的唯一纽带。看看加拿大讲法语的人对加拿大统一所做的一切你就明白了。

在过去的20年,美国被某种隐忧困扰着。每个人都知道有些事情不对劲,大多数人却不知道究竟是哪儿出了问题,但他们知道自己的生活水平没有提高。美国人的平均工资已经20年没有上涨了,主要是因为许许多多的钱花在了非生产性用途和消费之上,结果导致了巨额债务,最终导致货币20年持续贬值。

所有的这些将会变得更糟,这将进一步滋生分离主义。没有人阴谋颠覆、渗透美国社会,它自己判决了自己的生存权。

没有人会说:"好吧,我们要让我们的孩子熟练掌握西班牙语,在学校只教西班牙语,强迫他们认同我们的拉丁文化。我们要与西班牙人为邻,组建西班牙人的体育队,设立西班牙语的报社、电台和电视台。我们会等上三四十年,等艰难的日子到来后,我们就开始分离运动，颠覆摧毁美国。"

这种方法会奏效，虽然没有人连续性地进行这种密谋。政客们为了寻求短期的选票也会出卖美国的尊严。

美国正想尽一切办法讨好每一个人。在加利福尼亚，你可以看到用多种文字印制的选票，在上一次选举中甚至有一些用因纽特语印制的选票。长期以来，加利福尼亚的选举制总是有上百个修正案，所以必须有人坐下来把这些复杂的文字翻译成俄语、因纽特语、越南语、乌尔都语，只要有人提出要求，什么语都行。

美国人在过去的几百年已经被宠坏了，他们因在二战后几十年超越日本和德国这样的国家而得意扬扬。他们认为自己能超脱于宇宙法则，但是实际却不能。那些认为能超脱宇宙法则的人都患有一种自大的道德病，通常这是很危险的。

我不想自以为是，耸人听闻，这只是一个简单的历史规律，是自古以来世界的运行方式。分离主义是在所有经济困难时期都要面对的现实。大多数人都会进行调整以使经济生活最优化，在这一进程中新的社会和结构将建立起来。美国的政治结构迟早要进行改变以便应对变化。

美国人很难相信这样的法则会适用于他们的国家，不相信他们的国界可能会发生变化。他们不该这样。边界和政府都会随着经济利益而变动，变动才是永恒的，亚当·斯密、马克思和凯恩斯都注意到了这一点；经济利益之外才是宗教、种族和语言上的原因。世界上没有数百年不变的边界，更不用说永远不变了。由于美国人的短视，他们认为这次可能会有所不同。

例如，有个投资者说："这只股票在市场上具有垄断地位，它将以每年 25% 的速度永远上涨。"

我问他："那么股票这么高的收益是否会导致竞争或出现替代

物呢？"

"是的，对 IBM、宾州中央公司和石油公司来说是这样的，但这次不同了，因为（它的专利，它的管理，它的市场地位……）"你可以任意选一项。

但是，在经济学规律、历史规律、政治规律和社会规律中，这次永远都不会有什么不同。重力定律不会因为某人的自信而失效，这些规律精妙而复杂。如果它们不具有广泛适用性，我们也不会把它们称作规律。

"噢，得了！"我经常听到这些，"这是美国，在这儿一切都不同。"

我也希望这样，但是在任何地方、任何时间都不会不同，每一分钱都是要付的。如果从悬崖跌落下来，无论对西班牙人、阿根廷人、中国人还是美国人，重力都会起作用，任何时候都没有什么不同。

我们报名参加了西班牙语学习班。塔碧莎的语言天赋要比我强。我很懒，诵读困难，脑袋迟钝，一个耳朵有些背，而且许多事情也分散我的注意力。我没有太多时间去上课，因为我除了要为旅行的细节做准备，还要关注股票市场。

既然我能很容易地打电话——在西伯利亚和非洲可没有指望——我就不断地与纽约通话。由于老债券已经到期，我需要购买一些新债券，或者把钱转移到欧洲。我需要一些备用零件和资料，因此我打电话给在纽约办公室的贾德，让他把它们空运过来。

我决定在新西兰股票市场加大投资。我开给贾德一张支票让他转给经纪商。尽管我每日都要追问，但是支票从未到达新西兰。我在想是不是要再等一段时间或者取消重新开一张。我手头的事情太多了，没有时间参加密集的西班牙语课程。

塔碧莎每天能学习六七个小时的西班牙语，并经常复习。她的法语很好，因此她的进步很大。

由于正投资阿根廷的股票市场，我拜会了交易所的主席、经纪商、财政部长和律师。我想努力探究这是不是一个值得投资的市场。我感觉到这个国家正逐渐意识到，要想繁荣昌盛，政府在其中的作用是有限的。报纸上说新任总统和财政部长决定改变庇隆主义政策。庇隆主义政策和英国工党的一样，要把一切都国有化。当然，庇隆曾向那些"无衣可穿的人"承诺将购买重要的工业企业，拯救人民，保证向他们提供工作。他印制钞票，实施管制，提供工作，保护经济。这是一种典型的免费午餐。

你不需要掌握多少金融和政治知识就能知道这种中央集权经济政策最终会毁了国家经济，它将把阿根廷引向长期的经济下滑。我也希望政客们能命令经济创造出更多的就业机会，保障人们的就业，能让树木长出钱来，但是世界根本不是这样的。克努特国王不能命令海水倒流，政客也同样不能保护工作和经济免受世界永恒变化的影响。可能短期可以这样，但是长期来看永远不会。

在20世纪80年代晚期，阿根廷的通货膨胀率高达20 000%，货币崩溃。如果美国人认为无法承受那么多的债务，那么就等着看货币崩溃时的场景吧。可以了解一下阿根廷、扎伊尔、苏联和德国在恶性通货膨胀期间所发生的一切。如果不尽快采取措施，那么美国很可能也遇到相似的问题。

阿根廷在大萧条时期遭受巨大损失。然而，和许多国家不同，第二次世界大战并没有击垮阿根廷。胡安·庇隆试图拯救他的人民，拯救那些富裕与荣光不再的人民。将来这一场景也可能发生在美国。某人将站出来"拯救"美国，那是另一个罗斯福，另一个获得所有选票的伪救世主。美国神话说，是罗斯福拯救了美国，但是大多数人没有意识到在1940年美国的失业率达到16%，这一境况直到二战爆发才得以改观。

阿根廷似乎在从教训中学习，他们已经学习到了美国可能还没学到的东西，那就是即便政府把东西拱手送给你，这也不是免费午餐，所有的东西都要付出代价，可能是现在，也可能是将来。

现在我对投资阿根廷很感兴趣，因此我问这些官员他们是否认为阿根廷政府或国家还会走回老路。

"我能理解你为什么如此多疑。"其中一个人说，"现在没有人确切知道政府是否还会走回老路，我们之前已经听得太多了。但是过去每当我们对货币实施控制，你总能去街角换钱。"他的意思当然是指黑市。

"我们现在谈论的可能是一大笔钱的问题。"

"你不是第一个需要从阿根廷转出大笔钱的，我们已经做了几十年了。我不能帮你，但很多人会帮你。"换句话说，他想让我明白我的资本不会陷进去，即便所有糟糕的事情再次发生也不会。

我现在相信了。阿根廷政府已经宣布重点发展三大行业——通信业、旅游业和采矿业，这三个行业对阿根廷的发展来说都是合理的。阿根廷将对这三个行业实施减税政策，这意味着政府即便不进行投资或者宏观管理，也会让它们欣欣向荣。由于阿根廷土地所有者对土地上的矿产不具有所有权，因此阿根廷的采矿业已经严重落后。拥有75万英亩的牧场意味着不能在上面钻探石油或者掘金和开采钻石，因为他们没有权利这样做。这都是庇隆政府的政策。当然，在此情况下没有什么能得到发展。

阿根廷符合我的两项投资标准：第一，正在发生变化，我在这个国家已经有几个星期了，我能看到变化；第二，这里的投资仍很便宜。钱财将会投向上述三个行业以及其他行业，股票价格将会冲高。我想购买最大公司的股票,因为市场开始上扬后,各种机构都会感兴趣。它们会创设国家专用基金,建立地方办公室,购买交易所的席位,向全世界宣传阿根廷。民众将购买最大最强的公司的股票,会把它们的股价不断推高。

我仔细研究了一下市场,购买了其中 19 只股票。它们所在的行业我认为都不错,同时资产负债表良好,这样即便市场下跌,我也能得到保护。

"噢,这里也有!"塔碧莎拉着我的胳膊喊道。

她手指着珠宝商橱窗里的一条金项链。她说得对,之前在伊瓜苏瀑布一个珠宝商那儿有一条一模一样的项链。塔碧莎很喜欢它。这条项链长度适中,上面以现代设计风格镶嵌着 20 多颗绿色、红色、蓝色和黄色的宝石。我们走进这家珠宝店,塔碧莎再次试戴了一下。

她的生日在 12 月,已经日益临近了。我冥思苦想,想让她高兴。为了给她一个惊喜,我在当天下午又暗中返回这家珠宝店买下了那条项链。

出了店来到大街上,我考虑着怎样才能把它带回家。我不想带着这条项链穿越接下来的 15 个国家,否则不断的检查会让塔碧莎发现项链。我也不相信阿根廷的邮局,为此我找了一家快递公司。

我们现在距离美国只有 5 000 英里,我们开始规划回家的路程。我们知道自己已经走完了南美洲的最东部。在我们北部的一些国家包括秘鲁、厄瓜多尔、哥伦比亚和巴西都在流行霍乱,内战不断,四处是劫匪,毒品交易泛滥,同时还有贪婪的政客与边防人员。

这不像穿越美国,你可以得到美国汽车协会的指引,得到关于路线和路况的准确信息;我们在这儿必须从多种渠道汇总信息,要想找到地图可不是件容易的事情。

有两条线路摆在我们面前：要么沿着东海岸上行，要么沿着西海岸上行。东海岸大多被巴西占据，而选择西海岸我们能途经智利、玻利维亚、秘鲁、厄瓜多尔和哥伦比亚，这样能够好好领略一下南美的多种文化。此外，我想观察一下这些国家的经济情况，因为我打算从中选几个投资对象。但是走这条线路意味着我们必须面临游击队、毒品交易战、匪帮和瘟疫的威胁。

所有人都知道泛美公路，但是当地的旅行俱乐部对其他路线一无所知。在伊瓜苏瀑布的巴西汽车协会有一张该国的地图，我想办法让他们把地图卖给了我。但是，他们不知道如何驾车穿越巴西到达北边的哥伦比亚和墨西哥。这种对旅行条件的漠视是你在世界上大多数地方都会遇到的情况。

我们只知道这些情况，我们决定向西到达圣地亚哥，而后在接下来的路程中沿着西海岸前进。我也希望能参观复活节岛、马丘比丘古城和科隆群岛。我很久以前就读到过有关这些景观的介绍，我十分渴望能去参观。

七个星期后，该离开阿根廷前往乌拉圭了，我们不想离开，因为我们已经爱上了布宜诺斯艾利斯的环境、人民和它的活力。

蒙得维的亚号称南美的瑞士，果然名不虚传。大量的外国银行在此设立，包括瑞士的、荷兰的和德国的。乌拉圭的人口只有300万，像这样一个小国能生存下来的一个原因是巴西和阿根廷希望如此，它们需要乌拉圭。每一个在南美的人都需要一个财富天堂，如同欧洲人需要瑞士一样。乌拉圭在遭受畜牧业萧条之后，曾经损失了所有的钱，后来成为其巨大邻国的藏钱之地而得以生存下来。当拉丁美洲诸国持续不断地实施货币控制的时候，乌拉圭的邻国用装满现金的手提箱维持着乌拉圭的繁荣。

今天，实施货币控制越来越难，因为航空票价低廉，旅行方便，同时还有电子转账和其他的迂回方式。而且现在的政府还会摧毁国际贸易吗？我可以用美元购买瑞士手表，而后把它卖出换取德国马克。随着全球贸易的日益发达以及政府越来越意识到他们的国家需要国际贸易，现在很难像过去那样实施货币控制。

乌拉圭满足了人类的一项基本需求，成为一个人们能保护辛辛苦苦获得的资产的地方。如果没有乌拉圭，南美诸国就会创立一个类似的地方以防止它们的钱财被政府充公。可能随着南美消除各项限制，这种需求减弱了，但是乌拉圭仍然能从邻居的繁荣中获益。

乌拉圭本质上没有股票市场。我曾努力找经纪商让他帮我买一些股票，但几次都受阻，因为这儿的市场不活跃，没有人为股票操心。这更吊起了我的胃口，让我想购进更多股票。最终我找到一个经纪商，开始购入此地的股票。

我们驾车穿越乌拉圭的中部，这个国家令人心仪。我们将再次进入阿根廷，而后驾车驶向圣地亚哥，穿越南美洲大陆。我们穿过一片跌宕起伏的地区和一些位置偏僻但人民友善的村镇。这儿有很多的羊。此处从未来过像我们这样一对骑着德国摩托车的美国人。一队老式的汽车从我们身边开过，这些车都是在繁荣时代购买的，一直维护使用至今，因为他们没有钱购买新车。

和往常一样，在穿越边境前的几天，我们仔细察看地图，预计我们将要穿过哪些地区。美国人过去常去墨西哥和加拿大，以为穿越边境在各个国家都大同小异，只不过是一国的中央管理机构发布命令，而后边防员遵守而已。事实远不是这样。穿越边境的手续千差万别，我们花了很多时间询问其他旅行者的有关经验，并查阅旅行指南，寻找最佳入境地点。我们一直想找那些游客经常出入境的地方，因为在那儿游客可以集中投诉，边防员也有足够的经验应对外国车辆和过境单据。

离开乌拉圭重新进入阿根廷,我们选择在科隆入境,因为旅行指南上说这里比较容易。通常我们会用一天的时间入境,但是既然已经在阿根廷数周了,因此我们在下午抵达后,计划在晚上从科隆入境。

"等一下,"边防员说,"这两份过境单据上都是一个名字。一个人是不能驾驶两辆摩托车的。"

"不,"我说,"这些都是我的过境单据,这也都是我的摩托车。这是我妻子,我们正在环游世界。从这些印章上你就能看出,我们已经穿越这么多国家了。"

他以一种乡下人被城市骗子欺骗的眼神看着我。"罗杰斯先生,你不能驾驶两辆摩托车,对不对?她必须经过允许才能驾驶你的车子。"

"好吧,她得到允许了。我就站在这儿,我允许她驾车。"

"不,不,我们必须看到书面允许。"

"好吧,我写下来。"

"不,你必须有特殊许可证,必须是大使馆公证的那种,一式四份,有大使的签名。"

"你说什么?"我问道,我已经没有一点耐心了,"我们刚刚来过阿根廷。我们已经驾驶这两辆车进入你们国家一次了。我们驾车跨越阿根廷全境,在这儿待了七周,一切都没有问题。"

当我用手指着布宜诺斯艾利斯盖的印章时,我想起阿根廷的人民很长时间以来都受到索贿的困扰。事实上,当我们把车子空运到这儿的时候,我们填写了无数的表格,这让我感慨管制有多么阻碍当地贸易。

"是不是我能通过支付某项特别费用来解决这个问题?"根据我的经验,这是一种最好的试探方式,看是不是他们把受贿当作目标。虽然我憎恨贿赂，但是我不想因为几个小钱而浪费几天的时间。"

他竟然不答应。我要求见他的上司。门德兹下士摇着头仍然认同他的下属的做法，认为我们必须有这样的特许才能周游世界。

"世界！"我说，"我已经环游世界了。我已经到了40多个国家，包括你们的国家，我从来都不需要这种特许。"

"在拉丁美洲任何地方都需要。"

"我已经去过乌拉圭，也已经到过你们自己的国家，从来就没需要过。"

尽管争论了一个小时，门德兹下士还是不答应。他说，我们可以回到乌拉圭，在派桑杜有一个阿根廷领事馆，在那儿我可能获得他们必需的文件。

当我们脾气暴躁地骑上摩托车时，塔碧莎说："吉姆，今天是星期天。星期天领事馆开门吗？"

"谁知道呢，我们去看看吧。"

令人感到惊奇的是，领事馆居然开门。那天是阿根廷的选举日，依照法律阿根廷的选民都要投票，因此领事馆开门以便暂居乌拉圭的阿根廷人能够投票。

我们找到了一个年轻的总领事，名叫罗夫·桑多斯。他去过世界上许多大都市。他那天下午带着8岁的女儿胡安妮塔在领事馆帮着处理选举事宜。桑多斯在这个土里土气的地方已经有几年了，他和妻子的双方父母都住在边境不远，这样他们都可以常来看望孙辈。

经过短暂交谈，我们发现他是一个相当有活力的人，他在领事馆举办艺术展，并尽其所能地促进国际关系改善。因为这儿只是一个小领事馆，因此他要负责所有的事务。例如，如果有阿根廷人在车祸中丧生，他就必须回到阿根廷去买棺材，因为乌拉圭的棺材不符合阿根廷的卫生法典（纯木制棺材不符合，木和铅混在一起的才符合)。阿根廷的棺材制造商都有自己的强大行业协会。

"我们经常听到入境时的抱怨,"他的英语说得比我还好,"我跟你们一起去看看。我不能直接命令他们,但是从理论上讲他们要向我们汇报。"

我们这位新朋友让胡安妮塔坐在前座上,一起驱车来到边境。我们骑车紧跟其后。他很费力地和边防员争吵,但不起作用。

"我不想丢掉工作。"门德兹下士说。

在外面,罗夫说:"我和太太之前甚至来到这儿为这些家伙举办过圣诞晚宴,就是想和他们交个朋友。"

"我们现在怎么办?"我问。

"你需要公证批准,"他说,"这意味着你必须在星期天找到一个文职官员来签署这些文件。"

我们寻求他的帮助。他说,首先,我们必须找到一个律师,因为仅仅我自己用英语手写一个保证是不够的,必须要用西班牙语写,必须拼写正确,必须打印,必须签章准确,而且必须要有法律官员的印章。

罗夫打了几个电话。他找到一位文职律师,距此半个小时的车程,那个律师愿意放弃半个周日下午的时间来挣点外快。

在律师的办公室,我们给他看了所有的手续——护照号码、车辆号码、过境单据号码等。为了以防万一,我甚至还让塔碧莎给我写下驾驶这两辆摩托车的许可,我还做了备份件,防止以后还遇到这种情况。每一份复印件都要盖章,整套手续办下来花费了我几百美元。

几个小时后,罗夫和我们一起返回,我们骄傲地把崭新的文件递给门德兹下士。

他仔仔细细审查了我们的登记、许可证、护照和过境单据,谢天谢地我没带那条金项链。有这样严格的审查，肯定会被塔碧莎发现。

"我们不能在这些过境单据上盖章。"门德兹下士最后说。

很显然他不知道过境单据是什么。这次入境麻烦不断，门德兹下士受到的培训真是糟糕透顶，他竟然从没有看到过过境单据。

我们解释了好几次，他们的总领事也向他们解释了好几次。我们告诉他如果他在过境单据上盖章，就表明我们的车子已经进入了他们的国家，这不会让他们的国家受损。事实上，如果当我们离开的时候没有再在上面盖章，那么他的国家还能挣到几十万比索。阿根廷将会自动地向位于英国的皇家汽车俱乐部申请，从我们的失误中获得全额的车辆进口关税。

没有人能在驾车周游世界的时候不带上过境单据。举例来说，你进入阿尔及利亚的时候必须交两万第纳尔押金，以保证你不会在阿尔及利亚把车卖掉。当你准备离开阿尔及利亚的时候，你可以收回这两万第纳尔。当然时间可能是几周、几个月甚至几年，这要看官僚机构的效率了。旅行者经常会遇到官僚机构不返还押金的情况。

"我不关心阿根廷是否能获得几十万比索，"门德兹下士说，"我只关心我的工作。"

罗夫又给他做了一会儿工作，他说："先生，这是一个我要填写的表格，说明车子曾进入我国。现在，如果我在上面附上这份过境单据，我将确认该车进入我国两次。"

我告诉他根本不是这么回事儿。"这只是同一件事情的两份不同表格。"

门德兹下士以一种成人对小孩的眼神看着我，好像小孩问了一个愚蠢的问题。"先生，这只是一辆车子。"

我很是愤怒，想要不让他在上面盖完章进入阿根廷算了，但我又担心可能会在入境之后被拦下。他不知道什么叫过境单据，但是下一站的警察可能知道。或者，门德兹下士可能正在玩一个更大的阴谋——让我们填写他的表格，而后给下一站的一个警察朋友打电话，把我们拦下，指出我们没有过境单据，而后两人分得更多贿赂。

最后罗夫给边防员的上司打了电话，他是海关和移民局的负责人，此时正在家休息。不知什么原因，萨奇先生竟然愿意见我们。

留下塔碧莎照看车子和装备，我钻进罗夫的车子驶入科隆。

首先我们向萨奇先生表示歉意，在星期天的晚上还要打扰他。而后，我们坐下来交谈。虽然我累得骨头都疼了，但还是要给他看我们的世界地图并给他讲述一些我们经历的故事。我还见了他的妻子和孩子。

罗夫说他到过世界许多大都市，却从未遇到这样的问题。罗杰斯先生作为一位有学识的教授已经环游了世界，也从没遇到过这样的问题。他用巧妙的方式表明，如果阿根廷不能很好地处理这件事，那么就可能显得落后，贻笑大方。

最后，我拿出过境单据。我和罗夫马上就看出萨奇先生也不知道什么是过境单据。我推想乌拉圭人进入阿根廷看来都是填写一份当地的表格就行了。

最后，罗夫提出了一个解决"一辆车子，两份单据"问题的办法。为什么不让边防员把两份单据订在一起呢？

听到这个建议我不禁觉得非常愚蠢，但是萨奇先生认为这是一个有创意的想法。他写了封信，指示他的人就这么做，即本质上把两份单据按照一份来处理。

在我们彼此频繁握手互致祝愿之后，我和罗夫驾车回到入境处。此时已经是夜里10点了。

我不认为这样做会有效。把两份单据订成一份？是不是他们要用蜡把两份单据粘成一份呢？在这上面还要花多少时间、多少金钱呢？

在这儿起作用的就是上司的指示。门德兹下士很快将两份单据订在一起，一场耗时 10 个小时的国际争端解决了。

在边防站外面，我和塔碧莎对罗夫的热心表示感谢，我们互换了地址，并邀请他下次去纽约的时候去找我们。我们带了一些印有苏珊·B.安东尼头像的 1 美元硬币。作为纪念，我们给罗夫夫妇以及他们的两个女儿每人一枚。

我们在深夜到达了科隆的旅馆。上床睡觉罕有这么好的感觉。

智利与复活节岛

我们要驶出阿根廷,驶向智利。远处的安第斯山依稀可见,就在六七十英里之外。我们行驶途中见到很多大型葡萄园。

当我们驶入山区,气温开始下降。每隔两三百码就竖立着测深杆,这些测深杆标示着积雪有多深。

到了大约 6 000 英尺高的地方,天开始下雪,但是我们仍继续前行,因为担心被大雪困住。我们在下午四五点的时候到达蓬特—德尔印加。我感到疲劳,但仍然想继续前进,担心遇到暴风雪,不过我也很想在安第斯山住一晚。现在我们已经攀升到 1 万英尺高,沿途有一些滑雪旅店。

我们找到一个不错的地方过夜,如果外面下雪,也不会太糟。在旅店,他们告诉我们不必担心,道路会被清扫,即便遭受暴风雪袭击,我们也能旅行。

次日,天气晴朗。我们沿着世界之巅前进,至少我们感觉是这样。在 1 万英尺高的山上,太阳、空气和积雪都是那么清澈晶莹。我们穿越安第斯山并不很艰难,反而是一次愉快的经历。我们情绪很高,并没有在西伯利亚或撒哈拉的感觉。这是我们最顺利的一次骑行,轻松得如同夏日在山区驾车。

急速前进时，我们要小心阴暗地带，因为这些地方通常都有碎冰片。我穿上了电热背心，塔碧莎打开温热手把。凛冽的空气吹打着我们，这些设施给我们提供了救生的温暖，也让我们心理上感到舒服。能让我们保持能量的另外一种东西就是硬糖，它让我们保持新陈代谢，精力集中。

最终我们离开了阿根廷，在边检站只花了两分钟而不是之前入境的10个小时。你也能猜到：没有人向我们要"许可证"。

我们现在到了两不管地带，距离阿根廷和智利的边检站都有几英里。

当我还是个孩子的时候，我认为边检站肯定是紧挨着的，只要一离开美国就必须和加拿大人或者墨西哥人打交道。在世界上大多数地区，边检站之间都相隔数英里，只有一个孤零零的标示牌表明你已经跨越边境。政府不想维护那些边远地区的边检站，卫兵也不想在那儿工作。而且，在沙漠或者大山中央也可能没有水。离开阿根廷的人只能走这条路，沿着这条路走正好能到达智利的边检站。

我们正好利用这片中间地带更换一下我们的车牌。我们用新牌子和新号码换下了在美国注册的过时的牌子。而且我们必须有新的过境单据。和我们之前在北非遇到的情况一样，我们找到一个当地店铺换上了写有正确号码的新车牌，当然车牌用的都是阿根廷的颜色。因为我们将要穿过几个发生战争的地区，我们不希望轻易被认出是美国人。既然出入境的单据必须统一，因此还是更换车牌为妙。这是我们必须想到的事情，要在事前规划好，每一步都要想仔细。

我听到很多关于新智利和智利奇迹的说法，所以很想亲眼看看。我的第一个告诫是智利人的入境检查很严格。他们好像只想确定我们没有带进来任何蔬菜瓜果携带的疾病。我不喜欢这样的耽搁，但是防止植物疾病是智利立法所关注的问题，因为农业是他们的主要产业。

跨越边境让我想起了那条项链。它是否已经到纽约了？我不断地提醒自己要问问贾德包裹是否已经到了，但我总是忘记。

入境后没有几英里，我们就开始疾驶起来。两边的山峰和积雪呼啸而过。

在没有看到任何警示的情况下，我们遇到一大片雪地，有几英寸深。几台推土机正在清扫路面。我们小心翼翼地前进，努力不让轮胎打滑。和往常一样，塔碧莎走在前面。

让我害怕的是，两辆推土机正从塔碧莎的两侧逼近。我大声地叫喊。他们似乎没有看见她，我大声喊叫要她小心。

塔碧莎驶向一辆推土机而后又转向另一辆，举起拳头咒骂着他们。如果她不小心滑倒，就有可能倒在这两个庞然大物的履带下面。

塔碧莎蹒跚地前进。几百码之后，她停下来用英语骂那两个司机，两个拳头疯狂地挥动着，谴责他们差点把她撞死。

在圣地亚哥，我们马上意识到这里其实是南美洲最富饶的国家。智利的每一个人都注意到他们的国家与邻国之间的差别——事实上是现在的智利与20年前的智利的差别。

去复活节岛的航班每周一班，我赶上了最后还剩余的几个座位。塔碧莎想休息和购物，因此留下来。当我去复活节岛的时候，她要去买离合器线缆和一些我需要的资料。购买新西兰股票的支票还是没到新西兰，她要取消它并将之转回纽约。

复活节岛呈三角形，面积大约65平方英里，由三座火山喷积而成，现在三座死火山各自占据岛的一个角。火山中央是一些湖泊，湖泊被杂草和火山灰环绕。我很好奇这儿的原住民是如何来到这里的——此处距离智利有2 300英里，距离亚洲大陆有8 000英里，距离最近的皮特凯恩岛也有1 300英里。

当然，复活节岛上最神奇的还是巨石像，又被称作摩艾（moai），数量在 1 000 座左右，用火山岩以近乎一样的模式雕刻而成。许多雕像重达 20 吨，高 10~20 英尺。最大的一座重达 90 吨，高 32 英尺。这些石像的主要区别是耳朵的长短。

这些巨石像面部显现出沉思与蔑视的神情，矗立在巨大的平台之上。自 1722 年欧洲人首先发现复活节岛之后，这些石像就一直是个谜。不足 1 000 个岛民居住在茅草屋里，他们的生活依赖于稀疏的作物种植。经年累月的内部争斗让他们士气受挫。战争与自相残杀随处可见，大概是早期的人口压力和食物短缺引发了战争。他们已经不记得巨石像背后的故事了。

是谁雕刻了这些巨石像？为什么雕刻这么多？怎么才能把它们搬运数英里至他们生活的海边？怎样才能把这些巨石竖立起来？重达 12 吨的红色石帽也是石刻而成，又是怎样装到头像上去的？距离南美洲 2 300 英里的海岛为何有人定居？

玻利维亚和其他南美国家的古代石刻都与巨石像和平台相似，因此我相信此地的岛民一定是从上述地方来的，而不是来自亚洲或波利尼西亚。南美洲周期性发生的地震产生的潮汐可以抵达该岛。

我猜测，南美洲的一个部族可能为了逃避地震后的余震而乘船远征，恰好被巨浪驱动着来到 2 300 英里外的新家。

在最大的平台上竖立着 15 座巨石像。在 20 世纪 60 年代晚期，平台的形状还完好，但是现在潮汐巨浪已经将其打磨得改变了原样。

在一座火山附近，有一个颇具规模的村庄的遗址，但是村庄已经被散乱的岩石覆盖，从中找不出为什么石像停止雕刻的线索。科学家们估计，与撒哈拉沙漠一样，几百年前复活节岛上长满了茂盛的植物。

巨石像之谜就如同修建金字塔之谜一样。科学家们计算雕刻、运输和抬起最大一座重达 90 吨的头像需要一个人花费大约 23 000 天,相当于 63 年,而这只是一千余座中的一座。如果平均完成一座需要耗时上述 1/3 的时间,那么这个小岛上的雕刻就需要 21 000 余年。此外,雕刻平台和红色的石帽还要花上很长时间。

在罗莫洛拉卡山的一侧,有 300 座巨石像还处于加工雕刻状态。雕刻似乎突然停止了,石像还处在雕刻初期或晚期的形态。如果这些雕刻完成,就会运下山竖立在平台之上,两者距离有的在 15 英里左右。有些完成的石像散落在斜坡上面。

这些在采石场和运输途中的巨石像还都没有雕刻眼睛,它们被称作盲巨人。考古学家怀疑,这些巨石像只有在被竖立起来面朝大海之后才会被雕上眼睛。

我推测这些雕刻石像的人一定经历了一段繁荣时期,因为他们雕刻了好多石像——在我的眼中就如同失去了控制的牛市。毕竟,一个贫穷的社会环境不会留下如此大量的艺术品。这个小岛积聚了足够多的资本来为此项工程提供资金,考虑到人口因素,这势必是他们建造的最大的艺术工程。但问题仍存在,这个 65 平方英里的小岛到底能养育多少居民呢?

随着繁荣的延续,头像变得越来越大。在采石场,有些石像的规模是已完工石像的两倍大,全长达到 21 码。我猜当石像雕刻因为未知的原因停止的时候,整个市场处于一种饱和状态。但停工的原因是饥荒、地震、海啸、瘟疫还是内战呢?

古老的故事讲述说,曾经光辉的文明因为岛上两个部落之间的战争而倒退回原始状态,两个部落叫长耳族和短耳族。双方的世界末日大战集中在方圆 6 英里范围内,时至今日没有人记得为什么会发生战争。多么疯狂,这又是一次荒谬的战争。这就像星期六两个在酒吧喝醉的人发生口角一样,不仅会毁了自己的生活,而且会毁了他们的家人和朋友的生活。

再过几百年，什么都不会留下来，就如同其他消失的世界奇迹一样。

在圣地亚哥，我看到智利现在正进行世界上最为深远的经济转型。智利的经济正迅猛发展，出口也快速增加。这是南美洲第一个实施深度改革的国家，经过了15年的努力，智利现在正在获得巨大收益。

1976年，智利政府开始实施自由市场化改革，建立可行的货币政策，并提高利率。那时财政状况不佳的家庭、公司和经济体都要面对现实，咬紧牙关。最初的阶段总是很痛苦，这是智利在转型期必须面对的一部分。海外的商品越来越便宜，而智利的商品却越来越贵。智利国内的生产商这才意识到要么竞争，要么失败。到了1982年，智利的国内生产总值下降了14%，许多没有效率的公司纷纷破产，这是一个国家提高竞争力所必须经历的痛苦历程。

尽管也犯过一些错误，但财政部长还是出台了一些合理的政策，对振兴经济大有帮助。国有企业被卖掉；政府降低了进口关税并对经济放松了管制；公司被迫参与全球竞争，否则就被淘汰；政府用强制性个人退休账户取代了国家的社会保障体系；国家对私人企业的补贴被取消了；利率由市场来决定，而不是政府制定利率；工资则由劳动供给来确定。

为期15年的严格经济决策收效显著。智利的出口总值从1985年的40亿美元增加到90年代初的100亿美元；国内生产总值自1984年开始每年增长6.5%，进入90年代后国内生产总值的增长率已经超过10%；政府在增加对健康、教育和住房支出的情况下，仍在1990年后保持盈余；通货膨胀率得到有效控制，国内生产总值在20年内翻了一番，达到360亿美元；失业率从1982年的

20%降至90年代初的4.8%；人均收入已经接近3 000美元，与韩国和葡萄牙相当。日本是智利的重要贸易伙伴，智利甚至在与日本的贸易中出现贸易顺差。智利已经成为南美洲的增长引擎和楷模。

更为重要的是，现在作为一个商人，拥有财产、创立公司、增加就业甚至获得财富都能获得人们的尊敬。

我们看到到处欣欣向荣。美国的很多公司，比如宝洁、百事可乐、必胜客和肯德基都在此大规模投资。智利的商人也在临近的国家投资，但这不意味着只有富人和管理阶层才能受益。智利人现在可以轻松地拨打电话，适合工薪阶层购物的商场也不断开张。

智利可能成为南美第一个发达国家，因为政府不再拖累经济，让国民自由追求更好的生活，并为之努力工作。

变革的时间同样很重要。智利已经丧失了很多年的发展时机，这个国家需要重建很多东西。智利的转型已经进行了15年，可能还需要更多时间。人人都想现在就得到结果，但经济转型不是两三年就能完成的。

无论如何，智利做到了。

自然，智利人不会看不到这些，现在他们的股市消息都登在报纸的显眼位置。

不过我还是希望我五年前就已来这儿，希望我那时就把钱投了进来，而不是现在股市已经受到大家关注的时候再投资。我通常会在现在这个时点卖空股票。但是智利的经济增长与结构太强劲了，以至不便卖空。市场可能短暂地回调，但是我敢打赌从长期来看它会涨得更多。

智利现在正经历几十年间的第一个繁荣期。

智利已经大幅减少了贫困人口，这也让我感到吃惊。智利政府和联合国的数据显示，在过去的三年间，智利政府已经把贫困人口从 520 万减少到 420 万,这是社会繁荣的结果。为了提高贫困人口的生活水平,智利政府还有更多举措。政府向小公司注资,即便像 350 美元的小额贷款也能发放,比如贷给贫困地区的那些缝纫机厂等。这些贷款能让家庭购买机器,从而使他们从超负荷的大工厂中获得一些散活。这些小公司效率高得出奇,它们雇用了智利 40% 的劳力和 80% 的赤贫人口。

此外,智利政府向数以千计的学生发放奖学金以便他们能留在学校,还给那些优秀的孩子提供书籍、食宿、交通费和奖品,比如自行车。此外,还有让学生边学习边打工的项目,给雇主补贴让他们雇用学生,以便用少量的工资给他们提供在职培训。当项目刚刚开始时,许多人都认为这些孩子不会感兴趣,但是项目一推出就很受欢迎。

繁荣的圣地亚哥很有活力,但它毕竟不是布宜诺斯艾利斯。尽管有严格的法律限制汽车上路,但街道上的烟雾污染还是很严重。

通常我会在下午给纽约的办公室打电话。有一天,我在其他时间打电话让他们查一下轮船的班次。贾德不在,替代他的是一个临时的秘书,名叫萨莉。我很疑惑,贾德从来没向我提起过雇任何人做这项工作。

"我怎么才能把 8 000 美元转账给贾德?"萨莉问道。

"什么 8 000 美元的转账?"我问。

"还有,我怎样处理他从你的账户中划走的 5 万美元贷款?"

"你到底在说什么?"

"你不必大喊大叫,罗杰斯先生,我能很清楚地听到你讲话。"

我平静地向她解释:"我从没同意贷给贾德一分钱。"

我现在完全警惕起来,我给我在纽约的律师芭芭拉·罗宾逊打了电话。

"很高兴接到你的电话,"她说,"但请慢点讲。"

我简要地给她介绍了一下情况。

"我能把这事处理好。"她说。

"拜托了。"

"他知道我们要干什么吗?"

"不知道,我没见过他。也许你最好带上保镖。"

"马上做,"她承诺,"把你的电话号码给我,他们一到你的办公室,我就让他们给你打电话。"

我在小旅店中踱步。5万美元贷款!还不知道丢了什么其他东西呢。那些借口,比如在迈阿密丢了包裹,把东西弄混了,还有在他的报告中不吻合的其他小问题——这到底是怎么回事?他是不是给自己"贷"了更多款?他不能从我的交易账户中把钱转走——是不是?他有多聪明?他对账户不具有签名权,但他要是伪造签名呢?我可能不仅丧失钱财,而且他会做出愚蠢的投资。我现在正在环游世界,而这个小子却可能让我倾家荡产。上帝啊,这竟然是我之前没见过的一个雇员。这是怎么回事?我怎么会这么愚蠢?这是我以前经常耻笑别人犯的错误。我的旅行不仅要被毁了,我可能也要被毁了。我可能要缩短日程飞回纽约处理这个烂摊子。

电话铃响起。

"吉姆,"芭芭拉说,"我在你的办公室。你想让我做什么?"

"情况怎么样?他拿了多少钱?他现在在哪儿?"

"慢一点,一次说一件事情。"

"他现在在那儿吗?"

"不,秘书说他今天正参加飞行课程。"

飞行课?他应该为我全天候工作。他是不是打算带着我的钱飞往墨西哥或者南太平洋啊?

"吉姆,你在听吗?"

我现在让她做什么呢?这不是立体音响或空调机出了问题。如果真有什么损失了,芭芭拉怎样才能发现呢?

"账簿,"我说,"仔细查看,看看有没有可疑的交易。这5万美元的贷款就是一个好例子。看看贾德是否给自己贷了更多的钱。"

说到不正常交易,萨莉说她不理解为什么我在南美的时候,会用信用卡去长岛买音响设备。

"这里很混乱,"芭芭拉大约在一个小时后给我打了电话,"桌子上满满的,报纸、账单和文件乱七八糟地堆着。我们现在不知道哪些是已付款的,哪些是还没有付款的。"

"贾德回来了没有?"

"没有,这儿有两张寄往新西兰经纪商的支票。我们怎么处置?"

他难道一直留着所谓遗失的支票?他没有把第二张支票寄出去?他打算干什么——是不是有什么阴谋诡计要盗走我的基金?

"我要解雇他,"我说,"我要封闭办公室让他不能进去。让人给信用卡公司打电话,确认我不会为他的花销负责。找一个会计师仔细查查账户,看看丢了什么东西。"

我的情绪很激动。我知道我的大量财产在哪儿,他一定知道没有我的同意是不可能转走这些财产的,是不是?经纪商对此有清晰的规定。最糟糕的可能是电话被停机,我们的一张信用卡被停用——是不是这样?我是不是要破产了?我是不是必须回去工作?

参观当地美景时我也紧绷着脸。这不是一两天就能解决的问题,因此我还是在这儿待着吧。

芭芭拉发现贾德试图将5万美元从我的一个经纪账户转到一个特定的银行账户。

贾德最终出现了,他们将其解雇。账单和报纸堆得到处都是,账记得一团混乱,只有天知道哪些付了款,哪些没有付。芭芭拉说,一切都是一团糟,我最好马上飞回去。

是的,她已经更换了办公室的锁。是的,她已经取消了贾德在银行账户和经纪账户的权利。是的,她已经找到寄那条项链的邮包,而且把它放在安全的保险柜中。但是,她还没有发现更多的盗用企图。我应该什么时候回去呢?

那个临时秘书萨莉不能胜任更多的工作,当然这样正好符合贾德的目的。如果你问她现在的天气怎样,那么十几分钟后你还需要再问一遍。你必须让她保持注意力,要对她大嚷大叫:"马上停下来,现在告诉我今天的天气到底怎样?"但是,我们需要她,因为我们需要一个人照看我们的信用卡和现金提款,必须支付一些账单。她知道支票簿在哪儿,知道怎样找到每一样东西,因此我决定把她聘任为正式职员,做一些审计工作并起诉贾德。

"我不确定聘任她是否明智,"芭芭拉说,"她对把贾德送进去感到愧疚,因为是贾德雇用的她,现在她却反咬一口。"

"是谁付给她薪水?那是我的钱!她应该忠于我。"

"不要激动,吉姆。她只是不能胜任某些事情。"

"那你给我一个建议。"

"嗯,我们可以配置一个副手。"

"需要支付多少钱?"

她要的报酬比贾德盗用的数额还高。我所需要的只是接下来的三个月有人能接电话,能支付账单,否则我们寸步难行。

说了能有十遍我应该马上回来,最终芭芭拉同意雇用萨莉。在电话交谈中,我一再提醒萨莉集中注意力。

压制住不愉快,我决定重新上路。这是一生的梦想,如果飞回纽约中断旅行会违背旅行的精神。

我们沿着泛美公路前进，不久到了一个名叫阿尔加罗沃的小镇。在镇上我们雇了一艘私人小船，前往一个生活着企鹅的小岛。这艘船很小，以致我担心它会在风浪中翻船。

我们很高兴发现了鹈鹕还有海狮。一家游艇俱乐部为这座小岛修建了一道海上围栏来进行保护。结果这让掠食者偷走并吃掉企鹅蛋，从而造成企鹅的数量下降。

骑车穿越安第斯山感觉极好，有些地方是世界上最适合骑车旅行的。有时泛美公路沿着海边修建，有时在山与海间穿梭，有时又折回山中沿着高原之顶蜿蜒。驾车驶入山中而后又急速下山让人不寒而栗。草是深绿色的，而矮树丛除了顶部新发的芽是嫩绿色的，整体都是暗绿色的，仙人掌则是苍白的绿色。

智利的泛美公路是另一项非凡的工程壮举。尽管时高时低，但路面、路堤和排水系统良好。当我们在山中快速穿行的时候，眺望一下无底的山谷还是很令人恐惧的。

当我们临近巴耶纳尔的时候，植被变得稀疏了。地图显示，我们不久后就要到达另一个沙漠。公路的沿途有一些小石碑和十字架，标示着在事故中死亡的人们，这比我们在阿根廷和苏联看到的要多。许多出事的地方都是平坦、笔直的路面，为什么会发生事故呢？司机睡着了？喝醉了？还是太年轻或者没经验，不理解驾驶的危险？

这当然引起了我们的注意。可能在美国也应该竖立起"交通事故多发地段"等类似标志物。

最终我们抵达了沙漠，许多地方看起来和月球表面一样贫瘠。在智利这部分沿着太平洋绵延 600 英里的沙漠被称作阿塔卡马沙漠。这个沙漠还要延伸穿过秘鲁，几乎到达厄瓜多尔。有些地段的沙漠只有几百码宽，而有些地段达几英里。通常，在大海与山脉之间的区域是绿色的、肥沃的，比如加利福尼亚，但此处不是。这里被称作世界上最干旱的沙漠，有些地方甚至超过400年都没有降水记录。

我们沿着沙漠前进，白雪覆顶的山脉在我们的右侧，太平洋在我们的左侧。这个沙漠基本上是红色的，有的地方是白色的。其构成也经常从沙尘变化为石块，又变化为沙砾，再变化为大石头，但一直都散发着海的气息。

我和塔碧莎的关系也在旅途中发生了变化，也许是因为这次旅行让我们单独相处了15个月。我清晰地记得我们从保加利亚驶出的时候，塔碧莎车子上的化油器阀脱落。我们曾四处寻找，发现了一个旧轮胎，用我那神奇的3M胶带把阀塞固定在化油器上，居然工作良好。那一晚，塔碧莎在旅店显得很兴奋，脸上洋溢着快乐、愉悦和美丽的神情。我们取得了胜利。我们遇到了问题，但是我们足智多谋，不需要任何人的帮助就把问题解决了。当时我太累了或者反应太迟钝而没能细细品味那一刻。

几个月前在苏联，我们遇到那对生产头盔的夫妇伊格和瓦伦蒂娜，他们的亲密关系让我感到吃惊。

他们让我意识到，即便结婚生子已经很长时间，两人之间的感情也会甜蜜如初。也许这世间的确有真挚永恒的爱情。当我们沿着南美洲西海岸前行的时候，我意识到我对塔碧莎的感情发生了怎样的变化。我发现自己十分喜欢和她在一起。我俩都很高兴能在醒来时看到对方，为能在一起而感到快乐和甜蜜。

我们为爱情加深而感到欣慰。我现在知道我能做出一生的承诺，我不知道旅行后我们的关系是否会持续，也不知道是否还有人能让我给予一生的承诺。

我们决定，尽管我们在南美洲经历了浪漫的感觉，但我们在回到家后的6个月内什么也不做——既不分手，也不结婚。我们离开我们的世界时间太长了，15个月的时间，我们需要一段时间调整。

此前我的成年生活可分为两个阶段。1980年前,我在华尔街工作是第一阶段;1980年后我为这次旅行所做的一切是第二阶段。这次旅行标志着我一生第二阶段的结束,我现在正迈向第三阶段。我不知道将来会怎样,但我想要一种全新的生活,而我正为之努力准备。

走近印加

我们临近秘鲁了。

在边境,我们来到位于智利一侧的秘鲁领事馆。这是我们获取信息的最后机会。如果情况糟糕,我们会跳过秘鲁,穿过一条未铺好的路去巴西,而后向北行驶几百英里到达中美洲。其中任何一段路的路况都不能与泛美公路相比。

我们开始问了一些简单的问题,向领事询问北面的路况。

"第一个 50 英里路况可能不太好,"他说,"但是此后一直到利马的路况都很好。"

我们稍稍感到安慰,如果路况不好,对摩托车手来说就是一场噩梦。我又问:"我们能在秘鲁兑换货币吗?"

"当然可以,"他说,好像我问了一个秘鲁人是否穿衣服一样的愚蠢问题,"过境之后就有一家银行。"

他停顿了一下:"你们一直走泛美公路吗?"

"是的。"

他笑了。"那就没问题。泛美公路是我们国家的交通要道。我们的政府会确保这条路的安全。"

这么说很合理,我们感到欣慰,因此决定向北进发。

然而，在边境的另一侧并没有银行。我们向警察询问银行，他们把我们带到了下一个镇子。距离公路有 10~15 英里的样子，在那儿我们发现了黑市。

我们沿着破损的高速公路前进，穿过一座座被毁坏的村庄，很明显离开智利后我们就离开了繁荣而返回了第三世界。

和秘鲁领事宣称的相反，泛美公路一直到利马都是破旧的。由于警察的检查点很少，游击队来去自由。领事的工作是把旅行者吸引到国内来。他很可能是一个典型的官僚，不知道自己在说什么。他成功地把我们"忽悠"了。

我们一定是他几个月以来接待的唯一入境者。从秘鲁的边境到利马的沿途我们没有看到一辆带外国标记的车，无论是来自其他大陆，还是来自智利、玻利维亚或者阿根廷。事实上，我们几乎没看到车辆。

我们经过的每一座工厂的四周都高墙围绕，墙角都有士兵荷枪实弹。如果没有标示牌表明这是炼铜厂，我们可能会把它当作监狱。我们看到的每一家银行都有大约 15 个全副武装的士兵严密守卫着。秘鲁人被迫在安全问题上花费大量钱财，结果拖累了经济。如果秘鲁能摆脱战争之苦，那么它在世界经济中会更具竞争力。

我不想就此永远结束旅程，我决定将来再来一次。

"当然，"塔碧莎说，"但是下次我要待在家中，填写支票。"

"我会在 25 年内再旅行一次，"我说，"我会沿着日志中记录的相同路线，住进相同的旅店，看看世界到底怎么变化。"

25 年后，我就 72 岁了，还不算太老。我还会写另一本关于国家、人民、地方和我自己变化的书。

利马曾是庞大的秘鲁总督辖区的首府，那时秘鲁包括现在的厄瓜多尔、哥伦比亚、玻利维亚、智利、阿根廷还有秘鲁。在 16—18

世纪上半叶，利马曾是一个富庶繁华的城市，美洲没有一个城市能与之匹敌。几个世纪以来，美洲在欧洲人中的印象就是墨西哥城和利马。

我对西班牙帝国在美洲的发展怀有复杂的感情。有人最终发现美洲是两个大陆构成的，并把它们与世界融合在一起。这很好，但不幸的是，这些征服者并不是我们在学校中读书时认识的那些高贵的探险者。他们是凶手，是暴徒。如同匈人洗劫了罗马一样，西班牙人摧毁了数千年的古老文明，掠夺了文化宝藏。他们把数以千吨的贵重的金饰熔化炼成金锭，而后运回国支持战争开销。

这些都得到神职人员的同意，这些征服者从来不认为他们对南美洲土著的暴行会受到惩罚。他们认为土著只是低等人种，对其实施的暴行都是应当的。第一支西班牙队伍只有100多人，就能征服数万印加人。皮萨罗采用背信弃义的方法捕获印加皇帝。印加人用巨额的黄金作为赎金，但皮萨罗还是把印加皇帝杀害了。

皮萨罗和他的人留了一些黄金，而后把大多数黄金都运送给了查尔斯国王。这个宝藏的故事吸引了数以千计的西班牙暴徒登陆新大陆来分享战利品。

最后，曾被赋予无限权力的西班牙总督把土地和土著印第安人以劳动力的形式交给了殖民者。教皇把美洲作为礼物送给西班牙，并交给西班牙国王一项任务，即把异教徒的土著转化为基督徒。这项制度演变成隐性的奴隶制，部落的成年男子每年被迫要为西班牙人工作一定时间，而只能获得低廉的工资。

1535年建成的利马在1746年的一次地震中几乎被完全毁坏。现在它是南美洲第四大城市，人口500万。尽管利马城四周被无数棚屋环绕，棚屋中住着来找工作的山民，但利马市中心还是相当紧凑。

尽管利马市中心的一些地方还保持着殖民风格——中心广场令人印象深刻，但利马城周边大多数地区还是很肮脏破败的，到处散落着垃圾。只有在米拉弗洛雷斯和圣伊西德罗的富人区，以及市中心才能看到一些树木和有人管理的花园。

过去数年，秘鲁受到管制的伤害比阿根廷还要严重，据说管制的内容也更多。如果一个商人严格遵守制度，不搞地下经济，那么他需要九年才能拿到执照。在这儿甚至需要数年的时间才能买到一栋房子。秘鲁政府最终开始废止这些官僚手续。我们看到四处都洋溢着新兴的创业精神，无论是在商店还是在街上都能感受到。秘鲁现在正和中国、中东以及非洲齐头并进。

这毫不奇怪，在世界各地，一旦政府放手，就能看到这样的场景。政府通常要想很多办法保持经济运行，要么给大企业激励，要么设定价格上限。但是真正的方法应该是给普通民众参与的机会，停止对自发交易的干预。

秘鲁让我感到兴奋。它曾经是美洲大陆上最富裕的国家，它的萧条已经持续了200年。在17世纪的西班牙人眼中，墨西哥以北的地区都被认为是不毛之地，如同今日我们看待加拿大北部一样。秘鲁总督辖区不仅有大量黄金，而且西班牙人还发现了Potosí，这是山区产的一种纯银，今天的价值可能达到2 000亿美元。

秘鲁经历的银的繁荣，如同沙特阿拉伯王室和文莱苏丹获得的油、气财富。曾经，利马是世界上最富裕的城市。"这里的人民生活水平与世界其他地区的人民截然不同，"一位西班牙编年史编者写道，"人们疯狂地获取财富而后大笔挥霍。他们总是穿金银的衣物，或者穿猩红色的丝绸……他们用银盘子进食。"

时至今日，你仍能看到秘鲁遗留下来的古代财富。参观完诸多的秘鲁人教堂、黄金的祭坛、精美的马车和奢华的居室之后，我一直在盘算这些不具有生产力的生活方式到底花费了多少财富。难怪西班牙帝国难以为继。

总有一日利马会重新成为一座繁荣的城市。我们在利马的时候，由于政治原因以及霍乱流行等因素，利马的物价很低。但是，我们看到新政府正在废除已经扼杀该国经济数十年的债券。如果这种做法真的有效，那么转折点就临近了，恢复昔日的繁荣指日可待，那时在此的投资获得的收益要比其他地方高得多。

"他们从皇后区打电话来说要更改你的跳伞课程。"萨莉说，她就是那个在纽约接听我电话的临时秘书。

"萨莉，我从未参加过什么跳伞课程。我现在在南美洲秘鲁的利马。"

"我也很奇怪，"她说，"你确信在过去的几周从未到过皇后区？"

我问道："没有啊，怎么了？"

"我知道这很复杂，罗杰斯先生。这让我感到不安。"

"萨莉，到底是什么跳伞课？"

"谢谢你。那个女人说你的万事达卡已经被扣费了。她想知道既然你没有去上课，那么是否要改期。"

"贾德！又是他！信用卡的账号是多少？"

我们核对了一下，不是我的信用卡账号。他一定是用了他的地址递交了一份之前我已经同意的申请。我让律师芭芭拉·罗宾逊查一下。卡上花了1万美元，其中已经还了1 000美元左右。

由于不知道贾德还可能干什么，芭芭拉建议我取消所有的旧卡，开设新卡。这看似是个好主意，但我必须在利马激活这些信用卡。

在利马我们不能直拨美国电话。酒店的接线员变得有些烦躁，因为我打了好多电话回纽约。尽管我要为此向酒店支付额外的钱，但工作还是接线员做。为了拿到新信用卡，我们必须在秘鲁的郊区穿行。我们在银行花了好多时间，银行站了一小队士兵，穿着防弹背心，带着手枪，他们都紧张地盯着我们的摩托车、牛仔裤和黑色皮衣。

办了十张卡，去了十家银行。每一家银行的经理也都怀疑我这个穿着牛仔裤和黑色皮衣的家伙，是否试图激活律师已经在纽约注销的信用卡。他们推想我可能是一个偷了信用卡的贼，可能我和我的情妇刚刚杀死了罗杰斯先生，偷了他的摩托车、钱包和设备，现在又想大胆来银行骗取钱财。这让电话、电报和传真忙个不停。

我们飞到玻利维亚的政府、议会所在地拉巴斯观光。

这是世界上海拔最高的首都，有 12 000 英尺高。它坐落在玻利维亚高原几百码之下的一个天然峡谷之中。白雪覆顶的伊利马尼山矗立在玻利维亚高原之上。城中的摩天大楼如同巨大的模型被土著的红色房子环抱，这些土著的房子沿着峡谷的陡峭斜坡修建。

西班牙人发现金矿后，于 1548 年建立了拉巴斯城。尽管现在拉巴斯有许多摩天大楼，但老城区仍然保持着殖民时期的西班牙风格。

尽管玻利维亚是南美洲最贫穷的国家，但拉巴斯看起来要比利马繁荣，可能因为这儿有该国其他地方没有的黄金和毒品。

拉巴斯的土著也比其他地方多。妇女头戴漂亮的小帽子，她们的衣着在几百年前就被西班牙人描绘过，至今仍维持不变。

女巫摆着地摊，出售那些能给你带来好运的药剂。据说这些药剂能给你的爱情、事业、婚姻、后代以及所有遇到的问题带来好运。我买了各种药剂，保佑一生中所有的事情。我后来把它们放在了梳妆台上。

印度也有占卜者，印度人认为如果没有咨询过这些智者就修建房子或结婚会走背运。在中国我们也遇到过风水之说。与之类似，在非洲也有巫医术士。现在药剂师承认,这些所谓的原始治疗师要比我们之前认为的更了解生物学和药学的知识。今天甚至有一些处方药公司会聘请他们担任药理咨询师。世界上很多人都会借助当地的巫术来做决策,这种习俗已经延续了许多个世纪——即便在发达国家,也有这种情况。毕竟,一些巧合可能是科学尚未发现的事实。

拉巴斯的交通和世界其他地方一样糟糕。数以百计的摊位和换钱处以及打字员都在大街上营业。有些摊位甚至安装了电话,在那儿可以付费打电话。

股票市场只设立了一年半,还没有股票交易。由于没有公开的市场,因此我必须"在街上"或者私下购买股票。我想买一家啤酒公司的股票、一家银行的可转换债券以及另一只将要发行的新股。此地的旅游公司名叫克里伦,如果将来上市,那么将是一只绝好的股票。

几百年来——在西班牙人来之前,每天玻利维亚的矿工为了保持能量和体力都要消耗1磅的古柯叶,这是可卡因的原料。出于好奇,我按照玻利维亚人的方式咀嚼了一些叶子。第一卷感觉很苦,但是第二卷和第三卷感觉要好得多。我了解到要把古柯叶放在嘴里,等有一丝苦味出现的时候,再如同亚拉巴马农民咀嚼烟草,或者像牛反刍一样咀嚼这些叶子。我还尝试了古柯茶。那是用古柯的叶子制作的一种茶,味道有点像日本的绿茶。美国驻玻利维亚大使馆甚至提供这种茶,当地民众以此来充饥和缓解病痛。

古柯茶对我的刺激不及一杯浓咖啡。在自然状态下,古柯的叶子是无害的。人们吸食的烟草是美洲原住民偶尔在庆祝仪式中使用的一种植物。

玻利维亚人咀嚼古柯叶、用古柯叶制茶已经有4 000年的历史。印加人把古柯叶严格地仅限皇室、牧师、医生和皇帝的传令官使用。

皇帝的传令官咀嚼着古柯叶每天能走100多英里。

当秘鲁人谈起的的喀喀这个世界上海拔最高并适合航行的湖泊之时，他们从不会忘记谈到它的波浪。这片明亮蔚蓝的水域把秘鲁和玻利维亚分开，面积达到3 000平方英亩。然而，尽管天气晴朗，湖水四周的陆地地势缓和，但的的喀喀湖并不友好。它的湖水常年冰冷，这是位于海拔12 000英尺之上的结果。

根据当地的民间传说，从的的喀喀湖产生了世界上迄今最为重要的文化之一：印加文化。对印加人来说，的的喀喀湖及其岛屿都是神圣的。传说提到，当西班牙人抵达印加帝国的首都库斯科时，当地的人民已经把当时的印加王子瓦斯卡尔重达两吨的金项链，从位于太阳神庙的寝宫投入的的喀喀湖，以防止入侵者盗取。几年前，海洋地理学家雅克·库斯托驾驶一艘小潜水艇花了八个星期的时间探测水底。他没有找到黄金，但是却发现了一种20英寸长的三色青蛙，这种蛙从不浮到水面上来。

在的的喀喀湖的水面有一些岛屿，其中最为著名的是乌鲁斯部落的漂浮芦苇岛。这是一种自我防卫的最佳方法，进一步证实了人类在需求面前的强大适应能力。在环游世界的过程中，我们看到了洞穴、城堡、护城河以及地下城市等各种防御设施。乌鲁斯部落在这儿修建了芦苇岛，这种岛有10英尺厚，在上面能建造村舍。当有敌人来袭时，他们能把整个岛划至安全地带。

我们了解到乌鲁斯人在结婚前会同居一段时间。如果不合适，他们就会寻找另一个人，直至结婚。尽管我们进步很快，但是文明社会也可能从一种更为自然的生活方式中学到一些东西。

当地的迷信说，乌鲁斯人的血管中流动着黑色的血液，这样能让他们在寒冷的夜晚生存下来。最后一名纯种的乌鲁斯人死于1959年，但是现在岛上的居民——他们是乌鲁斯人、艾马拉人和盖丘亚人的混血儿——仍然沿袭着乌鲁斯人的生活方式。他们捕鱼、捕鸟，以湖中植物为生，包括十分重要的芦苇。他们用芦苇来建造家园和造船。

在近 13 000 英尺高的荒凉高原上，矗立着曾经辉煌但已经长久被人们遗忘的石器时代的蒂亚瓦纳科文明遗址。我们现在知道，他们在西班牙人发现美洲几百年前就在此定居了。

此处的石器是方形的，很坚硬。这些哥伦布之前的人到底是谁？他们的命运如何？与其他南美古文明不同，他们没有留下任何文字，只留下了他们的建筑。

该城最大的建筑普马彭谷现在只剩下一堆乱石，这些石头有些长 26 英尺、宽 16 英尺。石头散落着，如同发生了一场自然灾难。没有人知道这里从前是一座宫殿还是庙宇，现在它仍是个谜。

考古挖掘证实，在上千年的时间里此处先后存在过独立的五座城市，每一座都建在另一座之上。在玻利维亚的丛林深处居然存在了上千年的高度发达的文明！

更令人吃惊的是，为修建城市准备石料的采石场居然位于 60~200 英里之外。石料大多重达 100 吨，有些甚至更重。这些石料都是在没有使用轮子、金属和马匹的情况下，靠人力穿过丛林从采石场拉到城市的。而且在没有用金属刀具的情况下，这些石料如同用模具切割出来的一样平整。

令我感到震撼的是人类无所不在的智慧。我之前认为希伯来人、希腊人和罗马人代表了古代人类文明的最高成就，但是这次旅行让我大开眼界。在迦太基古城、津巴布韦、西安、撒哈拉和西伯利亚，在蒂亚瓦纳科、的的喀喀湖、伊斯坦布尔和撒马尔罕，我一次又一次见证了古代辉煌的文明。

要建造这样一座长数英里、高几层楼的巨型石头城，要历经不止一位强权国王的苦心经营。人们要把石头堆积到这样的高度，必须有数代的社会发展和组织积累，他们的领导必须专注于目标，而且不能屈服于后来传染给西班牙人的肺病的威胁。当时的统治者必须组织安排食宿和劳动，集合资本，制订和执行计划，激励工人和中层管理人员。这样的社会居然被我们称为原始社会。对我而言，他们代表着人类的伟大。我再次意识到人类能够自我管理，生生不息。

这些城市中有一座就是蒂亚瓦纳科。其统治者的继任者高瞻远瞩，规划和修建了这座宏伟的城市，代表着人类的天赋和智慧。

1911 年，一位名叫海勒姆·宾厄姆的美国探险家试图寻找失落的印加城市，沿着印加皇帝曼科为了躲避西班牙征服者皮萨罗进入安第斯山的路线来到这里。

当他艰苦地爬上 7 000 英尺的高度时，引路人把他带到一大排石砌的漂亮平台前。这片平台大约 100 多座，每个都有几百英尺长、十多英尺高。宾厄姆之前也见过相似的平台，因此他并没有感到很兴奋。

他后来回忆说："突然，我发现自己面对着一片断壁残垣，那是印加人高质量的石制工艺。由于它们已经被树木和苔藓覆盖，因此很难被人发现。虽然经历了几个世纪的沧桑，而且被植物掩盖，但还是能看出白色花岗岩是经过了精心切割和完美垒砌的。"

紧接着他又发现了一座半圆形的建筑，"其外墙沿着石头的天然曲率形成，这是我曾看到的最佳的工匠杰作。而且，该半圆形建筑和另一座美丽的墙相连接，这座墙是用方方正正的纯白大理石砌成的。很明显这是一位大师级艺术家的杰作"。

他继续披荆斩棘地向前走。"我开始模模糊糊地意识到那段精美的墙和半圆形寺庙是世界上最精美的石制工艺……难怪我会心情激动呢。这到底是什么地方？"

宾厄姆发现的这个地方正是马丘比丘古城，它坐落在翠绿的群山之中，无疑是美洲古代遗址中最著名和壮观的遗址之一。今日它是南美洲最吸引游客的古代遗址。既然当他到达马丘比丘古城时，有农民在那儿生活和耕种，因此很难说是宾厄姆"发现"的马丘比丘古城。准确地说，应该是他"科学地发现了"马丘比丘古城。

我们乘火车沿着银色的乌鲁班巴河前进，这是传说中的太阳之河。我们四周山峰林立，一片浓绿，山顶隐藏在移动的迷雾之中。

建于绿色斜坡上的古老城市大部分仍然保持原样，只是最初的屋顶都不见踪迹。城市映衬在18 000英尺的雪峰之下。

太阳之塔建立在皇家陵墓之上，它的石料切割得十分精确，所以垒砌时不需要任何灰泥。西班牙人发现了这座由美洲人建造的不用灰泥的石制杰作，却无法复制出另一座。

三窗庙开启了安第斯的荣耀，该城位于625英里山路的尽头。看起来印加人的所有道路都被铺过，而且每隔一段距离就有驿站。我对这些都感到惊奇，这些也都是全凭人力修建而成，没有用任何马匹、轮子或者金属。我们认为石器时代的人愚昧原始，但是这儿和许多地方一样，已经达到了高度的文明，明显出现了有层级的社会结构、详尽的规划和高级的技术手段。

瓦伊纳比丘俯瞰着整个童话般的城市，山顶耸立着月神之庙。

自从海勒姆·宾厄姆到来之后，这里曾做过大量的清理和恢复工作，包括把一些建筑盖上屋顶、疏通河道等。现在此处已经浪漫得如同另一个世界——一个有梦的地方。

与帕查卡马克以及印加帝国中的其他一些庙宇一样，马丘比丘古城曾是牧师、高级官员、艺人以及仆人的庇护所，更是"mamacuna"的家，"mamacuna"的意思是经过挑选在此一生侍奉太阳神的童女。这儿看似是一个没有穷人的城市，是一座有着清澈泉水和美丽道路的山区要塞。

没有人知道此处的人们经历了什么事情。印加人离开了此地，没有留下任何文字记载。西班牙人的编年史也没有提到该城。他们可能死于瘟疫，也可能在席卷印加帝国的流血冲突中丧生。

对马丘比丘古城的挖掘只是让后人了解了更多当地居民遭遇的神秘事件。在这里总共发现了173具人体遗骸，其中150具是女性，许多都随葬贵重之物。这进一步证实马丘比丘古城是太阳神童女的避难所，保护她们免受侵略者贪欲的伤害。在被宾厄姆称为高级祭司的墓地，发现了一名妇女和一只小狗的遗体，还有一些陶制品、两件饰针和一些毛制的衣物。这个妇女死于梅毒。

在库斯科我们品尝了当地的豚鼠，味道如同脆嫩的烤猪肉。当地的吉开酒不好喝，尝起来如同变质的酒。

当地教堂绘制的宗教画《最后的晚餐》中就有豚鼠和当地的奶酪、绿椒以及一些肉食。300年前的安第斯艺术家很自然地会想到这些就是"最后的晚餐"中享用的食物。

沿着达尔文的足迹

从秘鲁出境到厄瓜多尔的经历很特别。泛美公路突然涌出很多人，很多货摊挤在一起形成了一个集市，就如同在中国那样拥挤。当我们一步一步穿过人流的时候，我在想到底发生了什么事情，边防员去哪儿了。突然，六七个人冲到我们面前，大嚷大叫并打着手势。他们说我们必须停下来，因为我们正驶过边境检查站。原来他们是兑换外币的。政府的职员不关心谁进谁出，但外汇兑换点可不想错过一对潜在的客户。我担心我们会在边检站中被搜查，但实际上手续非常简单。

在边境的另一侧我们发现几十个兑换外币的人，他们坐在路边的椅子上，每个人的膝上都放着计算器和手提包。我一个个问过去，查看着他们的兑换率。这如同在纳斯达克市场挑选股票，因为这儿是一个竞争的流动性市场。他们的兑换率基本相同。我想不出他们是怎样生活的，因为这儿是边境，由于南面存在的问题，此处并没有多少旅客。

在走过的2 000英里，我们一直在泛美公路上驾驶，穿越沙漠。然而，跨过河进入厄瓜多尔后，四周的景色迅速变为茂盛的热带雨林。西班牙苔藓长在电话线上，看起来如同长在空中的植物。尽管道路不算太糟，但在上面驾驶很困难，因为无论是路上还是城镇都没有道路的标示牌。我们时常感到迷路，而且好几次走错了路。

厄瓜多尔很富饶，这儿比秘鲁有着更多的车辆和经济活动。我们是从该国的南部入境的，南部是该国相对不发达的地区。厄瓜多尔的东北部已经发现了石油。

在此之前我注意到厄瓜多尔拥有有效的自由市场货币制度，现在我亲眼看到了该国的繁荣。边境的繁忙表明该国的开放程度，如果我能找到一个股票交易所，我会在此投资的。

在泛美公路的这一段路程，似乎日夜都在庆祝节日。

道路两边的商店陈列着香蕉、菠萝、橘子、柠檬、酸橙、番石榴和西红柿等。整头整头的猪悬挂在餐馆的前面，这些餐馆里桌子很少超过15张。我们能挑选猪排骨，佐以沙拉、豆子、米饭和啤酒。其他的摊位卖衣服、鞋、管子等所有日常生活中需要的东西。

我们驶进瓜亚基尔，这是厄瓜多尔最大的城市。路面很好，沿途有不少壮观的桥梁。我们找到最好的旅馆，停放好摩托车，就开始想办法前往科隆群岛。我们知道出于保护的原因，此地限制进入。

我们搭乘航班前往。在飞机降落的岛上机场，我们雇了一艘船，开始了五天的探险。

此处能见到各种各样的野生生物——海豹、海龟、蜥蜴和鸟类，很容易看出为什么达尔文认为这些岛屿是研究进化的天然实验室。例如，某种椋鸟，其所有的成员都演化自一种很古老的椋鸟，两个不同岛上的椋鸟进化情况不同，使达尔文能清晰地看到进化的分支。

在某处海岸线，我们看到一头产后的海豹。它的血已经凝固在曾经躺过的岩石上。它显得筋疲力尽，但是它清楚自己的孩子正在四周嗷嗷待哺。我们四周的海龟、海豹和鸟儿不是在交配，就是在生产，各种幼崽随处可见。这是一个多产之地。

达尔文的时代已经距此很远了。大约 30 年前，科隆群岛可能还是进化的实验室，但是现在当我们漫步其中的时候，一切都结束了。到处都是旅游者，每年有 9 万人光临此地，而且有 12 000 居民搬到此处以便为参观者服务。一些近海的海鱼由于摄入了旅行者船只上丢弃的垃圾和污物而中毒。

山羊在此已经生活了数代，它们被引进的时候就被驯养，但不久又恢复了野性。现在这些山羊正被当地环保机构猎杀以便恢复几个世纪以前的平衡，他们认为这样做会有效。这件事情本身不仅很滑稽，而且更让人感到惊骇的是，一些山羊已经进化得能依靠海水生存了。

当地居民用旅游业带来的收入修建了一座简陋的足球场。

在瓜亚基尔，我们住进该城最好的酒店奥罗沃德，它也被称作绿金酒店。这个名称源自该国的主要出口物——香蕉。香蕉出口占厄瓜多尔外汇收入的 25%。

当地的香蕉树很茂盛，以至于我们在路上驾驶过程中要不时地拨开它们的枝叶。这很容易理解为什么厄瓜多尔、哥斯达黎加、哥伦比亚、洪都拉斯、巴拿马和危地马拉有"香蕉共和国"之称。

这些国家香蕉的出口占了世界香蕉出口的 3/4，其中一半被出口到欧洲，每年出口量达 270 万吨。德国和比利时是它们最大的客户，两国的购买量在 20 世纪 80 年代涨了三倍。

我对厄瓜多尔一直保有好感。货币可以自由兑换，国家繁荣昌盛。根据我旅行的习惯，找了几次我想要找的人后，我去了最大的地方银行。这家银行是股票交易所的成员之一，而且在美国有分行。

我不是男性至上主义者，但每一个拉丁美洲国家都有大男子主义传统。我很快就感到大受鼓舞，因为银行的股票部门职员都是女性。如果这些工作不是那么重要因而由女性来做，那么就意味着股票市场仍处于起步阶段,这意味着我来得正是时候。

我要求见负责人,让我高兴的是负责人居然也是女性。我穿着黑色皮衣和皮裤,来到这里想买股票。负责人名叫艾琳·伊内兹,她认定我是一个毒品走私者。幸运的是,我的一个投资界朋友恰巧在瓜亚基尔碰到我们,而且恰好带着约翰·特雷恩的书《股市大亨》①,其中第一章讲的就是我的投资方法。我花了一整天的时间,终于用这本书以及一些杂志文章让伊内兹相信我是正经人,否则她仍然会检查我,看我是不是个毒贩。她复印了我的护照,我签了无数遍的名。我觉得她没提取我的指纹就已经很幸运了,我所能给她的仅仅是我的钱。

最终,我开了一个账户。"当你到达首都基多的时候,"伊内兹说,"要去我们的法律部门填写一些更正式的表格。"

我给她开了一张美元支票并告诉她我想买些什么股票。和往常一样,我打算在这个萧条的交易所购买7只蓝筹股,例如银行、报纸和酿酒企业。

没问题,她告诉我。

在基多我给银行的法律部门打了电话,但是律师并没有给我回电话。我又亲自去了两次,但是他都不在。我认为去见他可能只是出于礼节,就作罢了。我们在基多参观一圈后就向北进发了。

先说后话,当我回到纽约后,我在厄瓜多尔的投资被取消了。我不断地给伊内兹写信确认协议、记录、会计报表以及其他一些事情。

七八个月后,我给厄瓜多尔驻纽约的领事写了一封信。他给该银行打了电话,最后我收到了伊内兹的来信。

---

① 《股市大亨》中文版由中信出版社于2007年7月出版。——编者注

"罗杰斯先生,"伊内兹写道,"在我们国家外国人拥有股票是不合法的,因此我将把钱退还给你。你一定要理解,你把钱存在这儿以后,我国的汇率有了小幅下调。因此,你可能不能收到所有的钱了。"

我有些不知所措。我花了一整天去确认每一点,首先我要确认我是何时在该国投资的。现在我很高兴看到我的一项投资法则发挥作用了,即投资要从小额开始。只有这样,当出现此类问题时,问题才不至于太大。另一项法则是,我打交道的外国银行在美国都有分支机构。首先,如果你想直接做什么事情,那么在美国有分支机构就很好办;其次,如果你要起诉它也要容易得多——我没有起诉。

很自然,它的分支银行在迈阿密,迈阿密今天是南美国家的货币中心。对美国东北部的人来说,所有举足轻重的东西都在纽约。但是对许多来自拉美的人来说,美国就是迈阿密——那里讲西班牙语,那里是他们所了解的美国,那里有他们想了解的所有东西。在他们眼中,迈阿密就是拉美的香港、新加坡或者曼谷,那里是一个适宜他们做生意的国际化城市。

因此,我给迈阿密分行打电话想了解到底发生了什么,看他们是否能够给予我帮助。接电话的是一个为银行工作的哥伦比亚人。

"如果银行现在才告诉我这样做不合法,"我压抑着愤怒说,"那么我不应该按照贬值的汇率拿回我的钱,因为你们把钱拿走的时候答应为我购买股票。我不在意股市中的货币风险,但是银行不应该在9个月后才归还,这样做首先就不合法。"

"我不了解这些,"银行工作人员洛佩兹说,"我是一个外国人,但我有厄瓜多尔的股票。"

"你持有股票?"

"是的,这看起来只是一个借口。我看看能做什么。"

书信不断地往来，每一个来回大约都要花费一个月的时间。最后，我在迈阿密的新朋友告诉我："我们让人核实过了，如果你签署一些文件你就能持有股票。法律部门正把文件翻译成英语。"

"还是用西班牙语发给我吧。"我说，我知道如果把它们翻译成英语还要花上两个月的时间。

最后，我拿到了文件，西班牙语和英语的都有。信件告诉我去厄瓜多尔驻纽约的领事馆签名确认。如果每一个外国投资者都要经历这番曲折，那么你就不难明白为什么很少有投资者去厄瓜多尔了。

在领事馆我把文件递给办事员，他问我要买什么东西。

"股票。"我说。

"不，"她说，"我不能签署。"

"小姐，请读一下这封信。"

"不，我不读信。这些事情不需要读信，你必须……"她急促背诵出一段内容，听起来好像是很复杂的程序。

"等一下，小姐，"我说，我的愤怒爆发了，"请你读一下信。这封信来自厄瓜多尔最大的银行。这是他们的法律部门写的，他们说要把信带给你看。"

"他们不知道他们在说什么。"

官僚主义！我坚持要见大使，或者这里的任何负责人。

拉莫斯总领事出来听完我的讲述，对办事员低声说了几句。但是她的立场很强硬，她不打算改变主意。

拉莫斯盯着我，告诉我所有我必须遵循的步骤，重复了女办事员说过的程序。

"你能读一下这封信吗？"我问。

他瞄了那封信一眼，摇了摇头。

"喂，"我说，由于气愤，我提高了嗓门，"我打算对你们的国家进行投资。为什么你把事情处理得这么难？你们国家最大银行的法律部门说可以——我打算给你们国家投钱，但我所得到的只是无休止的官僚做派。"

他不停地摇头，我对这种态度无可奈何。这些家伙活在哪个世纪？我说我想拜会他们的头儿，他们的老板。可是，在整个北半球没有人是他的头儿，他就是老板。

我和拉莫斯来来回回纠缠了很长时间，最后他好像明白了什么。他一直认为我去那儿是为了买厄瓜多尔羊毛或者其他一些经济作物。很明显，之前没有人到这儿来买股票，而这正是经常吸引我的地方。但是现在看来在这儿不是优势了，我通常动手太早了。

"三个小时后回来，"他说，"我们要打印一些东西，你在上面签字。"

他给我一个天使般的微笑。

在我支付给他们支票15个月后，我收到了已经购买股票的确认函。现在我很放心，因此买了更多的股票，又给他们送去一张支票。然后我又再一次麻烦地确认了这些交易。

国际投资具有风险，但风险并不仅仅在于货币贬值或者股价下跌。

达里恩地带

进入哥伦比亚大约一个小时,我们再次驾车行驶在安第斯山脉之中。在四五十分钟的时间里,我们从低海拔的酷热夏天进入了山区寒冷的冬天。在山上我们驾车驶入云中,离开云团时发现已在云上。我们驶入沙漠,又驶入原野,然后转入山中,忽上忽下地前进。对于那些喜欢驾车的人来说,这是世界上最棒的道路。这是在到达加拿大的落基山脉之前最后一片真正的山脉。多么美妙的驾车旅行,但是许多人从没来到这里,因为武装冲突、毒品战争以及霍乱流行带来的影响。

我们也担心达里恩地带的安全。达里恩地带位于哥伦比亚和巴拿马之间,在这将近100英里的路段,人们经常迷路。这是从火地岛到阿拉斯加的泛美公路中唯一一段没有完工的路段。达里恩地带布满了沼泽和丛林,从没有陆地旅行者穿过它。

事实上,从没有人找到一条能穿过它的线路,更不用说建一条简易的道路了。如果有企业家愿意而且能够修建一条收费道路,而且要防止被地方当局夺走,那么他一定会变得十分富有,因为旅游业会在这一地区蓬勃发展。在此开通一条道路相当于开辟一条丝绸之路,或者开通到加利福尼亚州的道路,或者在澳大利亚开通北领地之路。要开路必须与河水、丛林、沼泽和政客的贪婪斗争。

谁会走这条路？在夏天驾车去阿拉斯加，你数数路上有多少辆美国旅行车。美国人的脚很痒痒。他们开始去墨西哥旅游，不久就会推进到巴拿马。他们还会继续向南前进，但他们一定会走到路的尽头。美国人不会把他们的旅行车用船运到欧洲或者亚洲。南美洲明显是美国旅行者的前沿地带。一条通向南美洲的路势必会带来空前的旅游繁荣。

我们无法找到一本旅行指南告诉你如何从南到北穿越这个地带。这些指南都假设你只是向南走，而且没有人认为你会驾车去。我们必须想办法穿过这个100英里左右由沼泽和丛林构成的达里恩地带。

在路上，当塔碧莎的车子闯入当地人视野的时候，都会引来惊讶的围观者。

有很多人跟在她的后面。光滑的棕色脸上的表情显示出他们的诧异："是个女孩！"他们从塔碧莎头盔后飘动的金发看出她的性别。他们回头一看："还有一个人！"他们看到我驾车随后穿过。

身材高挑、金发飘飘的塔碧莎穿着牛仔裤和黑色皮夹克，从街上驾车驶过的时候回头率极高，尤其吸引了那些妇女。

驶入哥伦比亚的帕斯托就如同驶入一个典型的美国城市。哥伦比亚要比厄瓜多尔更繁荣，这儿有商业中心、美国的汽车、商店和所有现代化的商品。我不知道是不是毒品交易的钱流入哥伦比亚才带来了该城的繁荣。我们继续向波哥大进发。

投资者必须亲自到这儿才能发现它的繁荣，因为在贸易收支表中看不到信息。毒品贸易统计不会出现在上面。很多钱可能隐藏在瑞士或者巴拿马，因此中央银行也不能记录这些钱。

从帕斯托到卡利的道路很好，但我们还是要注意路上的碎石。沿路各处都有补胎和换胎的地方，其标志是一个使用过的旧轮胎摆在路边。我们发现这是世界上所有类似补胎店的标志。这儿的轮胎不如美国的质量好,但是当地人要用这些轮胎并需要一个地方修理轮胎。哥伦比亚路边的补胎店要比非洲、西伯利亚和中国的多,而且车辆要多,驾车的人也多。

我们在这儿比在南美其他地区遇到了更多的黑人和南美原住民的混血儿。泛美公路旁有很多咖啡店、酒店、水果摊和肉贩。

和在瓜亚基尔与基多一样,在帕斯托我们询问了通过飞机和船只穿越达里恩地带的情况。

在卡利,我们找到一艘船送我们穿过泛美公路缺失的那一段。但从布埃纳文图拉开出的船都是不定期的,一家旅行社说他们肯定不会载摩托车。去布埃纳文图拉的道路不好走,我们必须穿过一座山。另一家旅行社认为船可以载我们的摩托车,但不能载我们。

有一家航空公司愿意既载我们也载摩托车以及所有物品。奇怪的是,航班的费用居然比船便宜。既便宜又快捷的航班很吸引我,因为只要几个小时我们就能从波哥大到达巴拿马城。

然而那只是故事,我们认识到,在正式到达出发点并登机之前永远不要相信任何形式的故事。

在波哥大,航空代理机构说如果我们愿意搭乘明天的航班,他们给我们安排。这意味着我们无法在波哥大多待一段时间,否则就会失去搭乘航班的机会。跨国之间的交通永远都不那么简单。下一个星期,有些人可能想知道是谁批准我们搭乘航班,我们是否贩运毒品,我们是不是走私者,是谁让我们来的,我们是否接种了疫苗。此外,可能两个星期后才有另一个航班,而且可能没有我们的位子。

在机场,我们发现这是一架向北飞的货运飞机。和之前在北京的时候一样,他们从没运过摩托车,因此他们对此没有任何规定,结果很容易办理。他们甚至没让我们卸下电池,放空油箱。

登机手续办理得很快,只花了两三个小时,而不是我们预想的一整天。为此，我们还早到了几个小时。我们利用登机前的时间打车回到波哥大的黄金博物馆，这儿有比南美洲其他地区更多、更精美的黄金艺术品。令人心痛的是，西班牙人曾把数吨的黄金工艺品熔化炼成金币运回西班牙。这些都是为了支持垂死挣扎的西班牙王国而做的无谓努力。

  结果，飞机的长度和卡车差不多，里面空空荡荡。液压升降机把绑有摩托车的货盘吊进飞机。我坐在驾驶舱外一张添加的长凳上，紧靠着卫生间。塔碧莎在驾驶舱中看着窗外的景色，打发飞行时间。她时而惊讶，时而欢呼，让飞行员告诉她那些是什么东西。我想他们不会和我有相同的兴趣，我一路上都在读《国际先驱论坛报》。

  我离开南美洲的时候，那里的市场要比我到达的时候更繁荣。

  外汇控制已经大多消失了。智利的经济奇迹如同一座灯塔照亮了南美洲每一个国家：如果智利能改善许多富人和穷人的处境，为什么他们的国家不能？

  南美洲没有中欧和非洲的潜在边界问题，这会让他们更稳定。西班牙人给南美洲留下了两件礼物：广袤的大陆几乎使用相同的语言，而且信仰同一种宗教——罗马天主教。第三个引起边境冲突的原因——部族差异——在南美也很小。其中部分原因是智利和阿根廷在19世纪通过杀戮所有非欧洲人后裔的方式解决了部族问题。只有秘鲁和厄瓜多尔在边境问题上存在争端。

  南美洲正在发展真正的股票市场，也形成一些稳健的货币。投资者还需要了解什么呢？遵循我在交易所购买每一只股票的原则，我在厄瓜多尔、秘鲁、玻利维亚、乌拉圭，以及阿根廷都购买了股票。虽然智利很繁荣，但那时的市场并不适合我。

  我迫切想看到中美洲是否也发生了相同的经济革命。在中美洲，由于巴拿马运河的战略重要性，美国人已经在那里干预了一个多世纪。

巴拿马运河

考虑到贾德的事情，我们快速地驶向巴拿马。与之前我们到过的地方相比，中美洲要小得多，面积只有法国那么大，人口2 900万，只相当于法国的一半。

我猜想巴拿马正处于重要转折期。虽然将来几年其旅游业可能小有繁荣，但是长期来看，随着军队和运河职员的离开，其经济将有所萎缩。有朝一日，世界可能会使毒品合法化，这将会使大量钱财从这个中美洲的瑞士流出，银行业面临破产。

美元是巴拿马的官方货币，巴拿马人将其称作"巴拿马巴波亚"。当美国人离开后，巴拿马人就会印制他们自己的货币，因为我不认为他们能从其他地方获得货币。如果巴拿马开始印制货币，那么拉丁美洲有一个传统，就是通常过量印制货币。不久他们就会印制足够的货币使得该国看起来非常繁荣。

巴拿马城本质上像美国的前哨，也像美国的殖民地。这让我们感到回到了美国，这里有万豪酒店、肯德基、麦当劳。超市看起来也和美国的相似。我们甚至不需要过境单据就可进入该国，这让我感到有些不适应，就如同一条深水鱼突然浮到水面一样。有人告诉我们，在巴拿马和美国之间不需要过境单据，这是美国旅游车辆最终能往南走这么远的原因之一。

我们找到一家宝马经销商。除了常规的1万英里保养，行李架也需要再次焊接，而且后面的一个减震器也需要更换。天知道我们什么时候才能找到另一家宝马经销商。我们有一本手册把各地的宝马经销商都列出了，但它可能已经过时或者经销商已经破产。

巴拿马显得很安全，很和平。但是，在前方我们还要穿过三四个战区。和往常一样，我们对前面的路况要收集信息。我们至少还要穿过六七个中美洲国家。我们还不确定萨尔瓦多的情况，据说该国道路还不错，但是战事四起。哥斯达黎加处于和平状态。尼加拉瓜虽然理论上战争已经结束，但是局势并不稳定。穿越洪都拉斯的道路不好走，而且盗匪和走私者随处可见。有时尼加拉瓜和萨尔瓦多的游击队可能会越境。在危地马拉，一场大规模内战已经爆发。有两条路能穿越危地马拉，我们想知道哪一条更安全。

我们准备去参观巴拿马运河，这是一条宏伟的运河。

运河本身就是现代的奇迹。7.5万人耗费了10年的时间修建巴拿马运河，成本是4亿美元，这是1903年的实际成本。运河的修建面临着巨大的问题：热带疾病；不同寻常的峡谷地理环境使得山崩成为一个经常发生的危害；巨大的岩石需要耗费大量的挖掘工时；哪怕是钉子都需要进口，组织工作可与修建金字塔和马丘比丘古城相比。

通过一系列复杂的闸门，巴拿马运河把船只抬升85英尺到加通湖，这个湖在修建巴拿马运河的时候是当时最大的人工湖。而后，船只航行23.5英里，接着再下降85英尺到达另一个大洋。

巴拿马运河并不是按照先来先走的原则运营，船只要提前很早就预约。

不过，巴拿马运河是在100年前修建的，现在许多船只的体积已经超过了运河通航的能力。即便体积适合，从大西洋的深水区到太平洋的深水区，50英里的路程也需要8~10个小时。

巴拿马运河现在从技术上来看已经太落后了——太狭窄了，船只要花很长时间才能通过。多年来，为了让它们能通过运河，造船师不得不在设计船只的时候让船比理想中的更窄更小。随着发动机的发展和燃料效率的提高，船只绕行合恩角只需要几天的时间而不是之前的几个月，因此人们造出了大型船只绕行合恩角，而避开了巴拿马运河。

供给和需求再次发生了碰撞。长期以来美国政府都对这条大西洋与太平洋之间的通道保有垄断权，而且价格一直不断上涨。如果取道巴拿马运河的花费为10万美元，而绕行合恩角花费9.7万美元，那么船主在考虑了绕行合恩角的风险后还是会取道运河。但是，如果从运河走的价格上升了一倍，那么他们就会从合恩角绕行了。

从世界史来看，从没有一项垄断能够永远维持下去。巴拿马运河之前被认为是最完美的，但是世界一如往常地在变。大多数垄断都会把价格定得太高，要么就是变得无效率、服务差。美国的邮政系统就是一个很好的例子。根据法律，邮政处于垄断地位，除了邮政，没有人能把信送到你的信箱。联合包裹公司掌管了包裹业务，因为客户付不起通过垄断的邮政进行包裹运送的费用。

巨型船只穿过运河是一大奇迹。100英尺宽的船体两侧距离运河两边都不超过1英尺。在运河运营中需要这样的军事准确性让我为运河和巴拿马的未来都感到悲观。像巴拿马这种拥有运河等得天独厚条件的地方，其国家的高官都会把他们的裙带关系安插到工作中来。

1990年，巴拿马运河从1.3万艘过往船只上收取了3.5亿美元。在之前的10年，美国政府每年花费1亿美元维护和保持运河的设备与运营能力。这样的运河挣钱了吗？有谁知道？

在美国1999年撤离巴拿马运河后的一年或者几年内，该运河仍将在老职员的管理下运行良好，他们已经准确地经营了多年。但是之后，一些政客就会认为他们的亲属会做得更好（记住，每一个亲属都需要工作）。看了看账本后，这些亲属就会说："嗯，我们的利润正在下滑，那么为什么我们还要花很多钱给闸门上油？"要么就说："为什么要修补裂缝，反正油轮经常撞击闸墙？为什么要不断地粉刷？为什么要日夜不断地使用空调？"提高利润的最简单方法就是缩减这些维护支出。

最终巴拿马将使自身退出运河生意。其中一部分原因是美国人带来的钱将全部撤走，另一部分原因是维护的混乱。巴拿马人错误地把运河当作巨大的挣钱工具，没有人清楚到底运河是否赢利。如果说有些事情清楚了，那么就是美国政府不知道怎样保持正确的开支，如果美国政府仍然把钱花费在庞大的国防上，那么未来真是没有希望了。

中美洲与南美洲相比受北美洲的影响更大。将来很多美国人会驾车到巴拿马后再折返回去。我预计将来你可以从安飞士公司租一辆车到巴拿马游览，或者租一辆车驶向塔尔萨。我们甚至能在加油站就找到地图，而这在我们途经的四个大陆都是前所未闻的。

美国本质上控制这些中美洲国家已经有150年的历史了。当这些国家开始出现摆脱美国的迹象，当它们变得越来越自负的时候，美国就会过来施加影响。仅仅在我的有生之年，萨尔瓦多、尼加拉瓜、哥斯达黎加和巴拿马都经历过此种遭遇。

哥斯达黎加拥有庞大的国民警卫队，美国顾问教他们阅读地图以及其他军事技能。阅读地图？经过这么多年，你肯定认为他们会把地图束之高阁了。但事实不是这样，美国的顾问仍然在那儿，仍然充当尼加拉瓜和美国利益的协调者。随着飞机和即时通信工具的出现,巴拿马运河的重要性已经远不如第一次世界大战时期了。但是将军们通常缺乏向前看的洞察力,仍然痴迷于战争。当巴拿马的地位变得重要之时,多米诺骨牌理论就生效了,每一个与巴拿马相邻的国家都变得十分重要。

哥斯达黎加被美国人视为一个适合投资的地方,该国拥有美丽的海滩、大山、丛林等。许多美国人退休后都会移居于此。在过去的150年里,哥斯达黎加已经破产了三四次,但小商贩都未受到影响。哥斯达黎加有着极高的人均负债、巨额的财政赤字和高通货膨胀率。我们听说美国要提高那些去哥斯达黎加生活的退休人员的赋税,这无异于杀鸡取卵。聪明的退休人员将会移居尼加拉瓜、巴拿马和墨西哥。

然而,我仍然决定投资哥斯达黎加,因为该国政府决定发展股票市场。我去参观了股票市场并拜会了交易所的主席——一位女士。她正准备加入国际证券市场协会。交易所的官员有发展股票市场的意愿,想看看世界上其他地方的人都是怎么做的。

一旦她告诉我她已加入国际证券市场协会,我就会直截了当地说:"这正是我想知道的。买进,就这么简单。"但我还是和她聊了一些情况,找到一位可靠的经纪商,开立了一个账户。当地的旅游业在将来肯定会蓬勃发展。哥斯达黎加的主要经济产业是糖、可可、咖啡和旅游业。可可、糖和咖啡已经长期处于熊市,当这些农产品市场复苏,哥斯达黎加的经济将会因此而到达顶峰。没有什么比牛市会让投资者看起来更聪明的了。

我买了长期以来一直坚持买的股票:交易所中最大、最可靠的公司——当地最大的报纸、最大的酿酒厂、一家银行、一家农产品公司。我告诉他们,如果有更多公司上市,就告诉我一声。而后,我又重新上路了。

向哥斯达黎加边境行驶的时候,我们被拦在了超速监视区。

"你们在限速 50 公里的区域内速度达到了 80 公里。"警官用西班牙语对我们说。

"不,"我用西班牙语争辩道,"你们政府的地图上说这段路限速是 80 公里,除非另有说明。"

"不,在这个城市限速就是 50 公里。"门多佐警官说。

"什么!这里全是雨林,30 公里内都没有一座城镇。"

"之前有标志显示限速 50 公里,"他坚持说,"你必须支付罚款。"

"那我们返回去,"我说,"你指给我看。"

我们真的折返了 25 公里。他骄傲地指着反方向的一块牌子说,限速就是 50 公里。

"那是另一个方向,"我用英语说,"那是进城的方向,而我们是出城,狗娘养的,你真够愚蠢。"

门多佐警官知道一个英语词组,那就是"狗娘养的"。

"先生,你已经侮辱了一位执法警官,"他说,"而且你的时速达到了 88 公里,跟我来。"

我们驾车驶向了总部,在那里一个警长出来接待我们,我们双方各自陈述自己的意见。就在我们谈话的时候,塔碧莎注意到有个警员朝摩托车靠过去。

我马上意识到他可能要把毒品塞到我们的车中,因此我走过去喊道:"嗨,你想干什么?如果你想看什么东西我们拿给你看。"这种伎俩在我们穿越非洲、南美洲和中美洲的时候都被提醒过要注意,如果他们想把人关进监狱,这是这些警察惯用的手段,而我们看起来就是最好的目标。

我支付了罚款，行为谦逊。我说，如果我把门多佐警官称作"狗娘养的"，我很抱歉。

事实上，这是我们环球之旅中收到的唯一一张超速罚单。

进入尼加拉瓜境内后，没过几英里，我们碰到了一个检查站。过了几英里又碰到一个，而后又是一个。

这些士兵有时被那些超载的货车忙得团团转，这样我们就可以顺利通过。但是更多的时候，我们成为这些士兵打发无聊的工具。除了检查我们的证件，这些士兵还想挑逗塔碧莎并觊觎我们的摩托车。如果幸运，整个检查只需要 15 分钟；如果不幸，可能要耗时 45 分钟。我们经常劝说他们不要什么都检查。

过了第十个检查站，我感到十分恼火，虽然我知道动怒并不能解决任何问题。我们已经滞延了成千上万英里的路程，我还是要不断与路上遇到的这些障碍进行周旋，但穿越这个国家仅仅 240 英里的路程就有 20 多个检查站，也太多了吧？12 英里就有一个？理性地讲，我对此是理解的。尼加拉瓜的局势依然动荡，政府不得不有所防范。

我问："你们为什么需要查看这些护照呢？我们是一个又一个检查站一路被查过来的，你们还需要检查吗？我们现在正在这个国家的中心地带——难道你们认为我们是从天上掉下来的吗？"

我们在中美洲穿行的时候恰逢雨季，但幸运的是任何一地的降雨都没有持续太久。

当我们前行的时候，有时会看到前方有一片雨帘，如同从天而降的瀑布。这时我们就会停下来穿上雨衣，缓慢前行。在美国，雨水大多是喷洒状，而此处是一堵水墙。过几分钟我们就会驶出这种小规模的暴雨，如同我们刚从一座瀑布中驶出。

尼加拉瓜的首都是马那瓜。这是一座破旧的城市，建筑物上长满了草，全城到处可见枪眼。此处没有任何炫目多彩之物，战争已经把所有的人力和物力都耗尽了。

在哥斯达黎加，我们决定直接穿过萨尔瓦多而不是绕行。我担心我们对穿越战区变得麻木了，尤其是当我们还要穿过三个战区的时候。

我们在此找不到高辛烷值汽油，即便我们到达萨尔瓦多，我对此也不感到乐观。

离开这些国家也颇为耗时，离开哥斯达黎加花了一个小时办手续，离开尼加拉瓜花了一个半小时。

进入洪都拉斯颇费周折。在边境我们受到比以往都严格的检查，而且我们不得不为通过每一个荒谬的程序给他们贿赂。

我们找到一家不错的酒店，晚上去了城中的美洲国际马戏团。塔碧莎坐在前排，被人指为"外国佬"。

酒店中的洗浴设备出了问题，结果我们不得不使用桶浴。在洪都拉斯我找不到明信片，因为没有多少人从这条路走——洪都拉斯的邻国有太多战争。

从萨尔瓦多的边境到达其首都圣萨尔瓦多，我们不断地遇到士兵。在这儿，我第一次看到了被战争摧毁的大桥，这座桥曾经是一座完美的跨河杰作，现在被一座简易的浮桥替代。我们从浮桥上驾车驶过，看到此情此景着实让人痛心。天知道为了建造这座大桥，人们花了多少时间、多少金钱，而今却被战争无情地毁坏掉。

即使是陷于可怕的内战，圣萨尔瓦多仍然绚丽多彩，富有动感。我们驾车来到时正好是星期天，道路拥挤，到处都是汽车。街道两旁生机勃勃，路边的咖啡店、摊贩、逛街的人到处都是。我们品尝了南美洲的特产鬣蜥，这种东西味道有些像鱼。我们还吃了烤犰狳，其味道有些像鸡肉。

与单调的马那瓜截然不同,圣萨尔瓦多就如同洛杉矶。纽约比盐湖城更富有活力,是因为纽约的人口更为密集,相同的原因,圣萨尔瓦多之所以有活力,是因为这儿有许多人。

萨尔瓦多政府为了设立股票市场进行了特别立项,该国的股票市场将在一年内交易。

让我自己也感到奇怪的是,我决定在此投资,我推想该国最糟糕的阶段已经结束。萨尔瓦多最重要的产业是纺织业,但是它也出产鞋、家具、化工品、肥料、药物和化妆品等。产品主要销往其他中美洲国家,占其外汇收入的 24%。

为了寻找投资途径,我最终结识了一位负责发展股票市场的先生。他在 30 多岁的时候曾经到过美国东北大学学习。我来早了大约一年,此时股票市场还没有正式交易,因此如果我想现在就买,那么必须按照非正统的方式操作。

结果我做了自己从没做过的事情:我购买了一家大型私人项目的股票,这是一个新近开发的自由贸易工业园。我看到该国的战争结束之日近在咫尺,我推想咖啡和糖的价格肯定不日就会上涨。我确信萨尔瓦多一定会成为一个赢家。美国已经在该地花费了数十亿美元,战争结束后还会投入数十亿美元,美国不会让萨尔瓦多走向失败。

向萨尔瓦多和哥斯达黎加投资不会像在 1945 年的时候对德国和日本的投资那样有前景,但是没有人会否认这些国家已经触底反弹。

我们在危地马拉北部的蒂卡尔停留下来,参观玛雅人遗址。

蒂卡尔曾是一个大城市,在顶峰的公元 500—1000 年间,人口达到 50 万。当西班牙人在 16 世纪抵达尤卡坦的时候,他们只找到了玛雅人的贫穷后裔。

大型的建筑覆盖数平方英里,原始的摩天大楼蹿出浓郁的丛林。

玛雅文明延续了 34 个世纪，其时间跨度和复杂性足以和埃及文明以及中国文明相媲美。玛雅文明覆盖的面积与今日法国的面积相当，涵盖今日的危地马拉、伯利兹、墨西哥部分地区、洪都拉斯和萨尔瓦多。仅蒂卡尔就有 3 000 座建筑，庙宇、宫殿、神殿、祭祀的平台、普通的居民区、球场、阶地、堤道、陵墓等，这些是 1 100 年连续不停建造的结果。这一切可能一直都不会被人知晓，直到 19 世纪某位野心勃勃的企业家为了寻找生产口香糖的树胶，在丛林中搜寻的过程中，偶然发现这些巨大的石制建筑。当他环视蒂卡尔的时候，只看到了这些建筑的最顶端部分，周围被土堆环绕着。这座茂密的丛林以一种神秘的方式把土堆积起来，掩埋起了这些巨大建筑的主体。这个故事和复活节岛的故事以及许许多多我们之前看到的遗址的故事提醒我，也许还有很多持续了数百年甚至上千年的文明从未被现代人发现。

神圣的玛雅球赛让我们感到迷惑，比赛获胜队的队长会在赛后被献祭给神以此来庆祝胜利。用人来祭祀与战争一样是我不能理解的人类的一面，就如同我不能理解死刑一样。死刑意味着由政府决定谁活谁死。在 18 世纪，法国饥肠辘辘的人如果偷面包就会被判处死刑。历史上因为"犯罪"而被处死的有数百万人，有些罪名在今日甚至都不会被处罚。今天在美国，毒犯是要被处死的，他们自身也要受到来自政府的巨大压力。今天，只有俄罗斯、中国、美国和南非等国仍然会处死罪犯。

在蒂卡尔遗址，考古学家发现了 10 万件工具和设备，还有 100 万件壶罐的碎片。考古学家估计这只是尚未发现物品的冰山一角。他们需要一个世纪的时间挖掘，并全面地研究这些古代人的生活。建造北卫城花费了 1 000 年的时间，而它的中间还套着层层更为古老的建筑，这为考古学家了解文明的发展提供了一个线索。玛雅人已经在计数系统中使用了零和正数，而这种计数方式在1 000年后才经阿拉伯人从印度传到欧洲。

这是考古学家发现的石器时代的文明奇葩。人类的适应性创造出杰出的成就、伟大的艺术和建筑。如果人类只有石器，那么人仍能创造出同样的文明，甚至比用金属和轮子创造的文明更精巧。

参观这个遗址，看到了数千座建筑，我被人类的社会组织和等级制度深深触动。最高的权威很明显是宗教和世俗的结合，统治者既是最高的牧师也是司令官。和法老一样，他是半人半神。他和他的阶级努力献身于世俗活动，也献身于石器时代的科学和艺术活动。

这样的追求是多么伟大！在佩滕，太阳金字塔高225英尺。在乌斯马尔，一个单体建筑就耗材45万立方码，包括100万吨的石料和灰泥等。科潘的卫城占地12英亩，高125英尺，使用了250万立方码、重达500万吨的材料。所有这些建筑都不是一个星期就能拔地而起的，它们都是一个成功和富庶社会的证据，也是一个强大的层级众多、中央集权社会的证据。

在这次旅行中我们发现，很多结构不同的社会都取得过令人叹为观止的辉煌。我们现在站在神权的废墟中，但是之前我们穿越过各种不同社会制度的国家。让我感到吃惊的是，与从迦太基人到阿兹特克人的君主制文明一样，在各种社会制度中都有层级结构。无论这个制度是由牧师、政党、男爵、国王还是资本家来组织，都会有些人在层级的顶端，而另外一些在层级的底端。无论是何种制度，那些野心勃勃的人和那些聪明的人都想得到更大的草屋，甚至得到两座草屋。那些既有野心又聪明的人不久就能让自己拥有很多草屋，接下来就是让自己称王，让儿子和女儿成为王子和公主。

对我而言，这就像一个社会动力法则。

在墨西哥我购买了一些蚱蜢，它们用浓热的调料烹制而成。塔碧莎可不想吃它们,但我认为这比之前在非洲吃到的烤白蚁味道好得多。

和预期的一样,墨西哥国家石油公司的垄断地位使它的服务很糟糕。

此处的人是混血儿,是由我们之前看到的哥斯达黎加的土著与外族通婚繁衍而来。墨西哥人看起来比我们之前遇到的要精明和现代。在墨西哥我们发现了一些户外咖啡馆和公共音乐会。和阿根廷一样,墨西哥正卖掉国有银行、电视台和其他公司,以此来搞活经济。股票市场的消息在报纸上位于靠前的位置,股市的繁荣已经接近顶峰。

为了躲避污染,我们绕过墨西哥城,沿着一条绝好的公路穿过马德雷山脉骑车到普埃布拉。作为墨西哥第四大城市,普埃布拉很迷人。到处是老式殖民风格的建筑,阳台、瓦片、饰品、塔楼和教堂,一条街连着一条街。它再现了墨西哥和秘鲁在16~18世纪的荣耀和富庶。在这儿曾兴起了他们自己的艺术、文化和宗教的文明中心。不幸的是,人民钱财来得很容易,以致他们不再投资,不再为未来规划。他们的问题只是如何尽快花钱,他们把钱财花在纪念碑、马车、房子和教堂之上,而不是在工厂、运河和道路上投资。他们只是消费,而不是为将来投资——难怪他们的伟大庄严是那么短命。

这次旅行是我一生中最重大的事件,现在我们就要完成了,一些复杂的心绪涌上心头。面对此次旅程将要结束的现实,我的内心很矛盾。我渴望旅行能持续更长一段时间,但同时我也高兴地看到,这次旅行马上就要获得成功了。

在一架宽体飞机上,我为我的祖国感到难过。我们去过的每一个地方,每一个社会都在努力摆脱中央集权经济的枷锁,这种奋斗已经有几十年了,有些甚至奋斗了几个世纪。每个国家的人民都试图摆脱各种形式的社会和经济桎梏，但是美国却朝着相反的方向发展，无情地对其国民、商业、学校和慈善团体实施控制、管制和法律约束。这些是苏联、拉丁美洲和非洲曾使用的方法之一。

我们发现其他世界正朝着他们所认为的美国方式前进。

如今许多欧洲和日本的企业都不愿意把产品卖给美国，因为无数的管制削减了所有的利润。举个例子，宝马不愿意卖给美国人绝佳的摩托车头盔。管制、保险、潜在负债、可能的制裁以及法律诉讼都让宝马公司没有动力。法国生产的堕胎药RU-486（米非司酮）也不愿意来美国进行市场推广。今日尽管离婚男人及时支付孩子的抚养费，但他的前妻还是能扣留他的薪水，这给公司带来更多的书面工作，使公司必须雇人管理这些事务。美国的医生沉浸在大量的书面工作和联邦程序之中，通常每周要为此花20小时。

美国的中央集权经济梦魇仍在继续。《清洁空气法案》要求雇主必须为雇员积极寻求替代开车的方法。《残疾人法案》则要求雇主必须为那些精神崩溃的职员保留工作，而且必须尽可能为他们安排合适的工作。在1994年美国需要出口收入的情况下，许多美国的城市和州仍然不愿意和与南非有贸易关系的公司做生意，而事实上几乎所有的其他国家包括黑非洲的国家都这样做了很多年。无论是在南非还是在越南，积极的变化都早已经出现。如同一场盛宴一样，每个国家都在应邀之列，而美国人却直到上餐后甜点时才来，结果只能尝一些残羹冷炙。

美国无力与那些没有这些约束的国家竞争，因此长期来看，这些管制究竟对美国有什么好处呢？可能有短期利益，但是必定有人为此付出代价。你知道是谁为此付出代价——是美国人，最终是整个美国的繁荣。

北美自由贸易区对美国、加拿大和墨西哥都有好处。

如果加利福尼亚州和密西西比州之间的免税贸易对双方都有好处，那么为什么美国、加拿大和墨西哥之间的免税贸易就不会有好处呢？不要忘记自由贸易是英国成功的秘密之一。英国人把资本、市场、管理和技术带到了殖民地，而殖民地提供了劳动力、自然资源、市场，这是完美的互补式商业成功。

许多善意的美国人却看不到这些。在墨西哥北部的工业区有50万墨西哥人为美国公司工作。真力时公司为每工时支付1美元，福特公司为每工时支付1.5美元，通用汽车和通用电气支付给工人的工资只有每周30~40美元。

低工资让许多美国工会和工人大为不满。这种情况下我们怎么可能竞争？他们问。美国当然应当保护其国民的工作机会。

但我不这么看。事实上，通用电气每年卖给墨西哥的商品价值7.5亿美元，比所有在墨西哥的通用电气分支公司卖给美国的商品价值还要多，后者只有5亿美元。这种顺差使美国每年对墨西哥的贸易平衡贡献50亿美元。根据美国商务部的假设，美国每10亿美元的出口会支持两万人的工作，通用电气每年对墨西哥7.5亿美元的出口可为1.5万人提供工作。美国对墨西哥的贸易顺差意味着与墨西哥进行贸易为10万人提供了工作。

伴随着墨西哥经济持续的增长以及保护主义的削减，美国会向它卖更多的东西，尤其是汽车、计算机、医疗设备和机械工具等高技术产品。现在每16个墨西哥人拥有一辆汽车，而美国两个人就拥有一辆。北美自由贸易区会带给美国巨大的机会，日本人可享受不到这些。

摆脱中央集权经济的控制，墨西哥将快速增长。随着增长的加速，墨西哥需要发展基础设施。美国国际开发署估计，墨西哥对电力的需求在1989—1999年将以每年7%的速度增长，仅此一项就将花费数百亿美元。墨西哥通用电气董事长估计，最近他们公司接到的一份修建萨马拉尤卡发电站二期的订单将会价值两亿美元。这将会为纽约斯克内克塔迪县，以及南卡罗来纳州格林维尔市带来大量的工作机会。难道这会对美国不利吗？

长远来看，北美自由贸易区会把三个国家的贸易伙伴联系在一起。美国有资本和市场，加拿大有自然资源，墨西哥有充足的劳动力和快速成长的市场。

是的，为此将会有些工人要换工作。但是，难道为了几千个钢铁工人的工作美国就必须放弃让 2.6 亿美国人享受廉价钢材的好处吗？

是的，美国可能会丢掉很多的工作，在今后的几年可能达到 25 万份工作。但是，美国将会获得 50 万份工作。由此引发的政治问题是，这丢掉工作的 25 万人的声音很大。例如 23 岁的乔·史密斯两年后将要制造空调机而后卖给墨西哥，但是现在还不知道他的新工作是什么。因此，他就会和其他美国人一道大声地表达诉求。

让我担心的问题截然不同。美国独立的各州结合成美利坚合众国，和欧共体市场一样既包含富有的也包含贫穷的，既有财政状况良好的也有濒临破产的。然而，北美自由贸易区把美国、加拿大和墨西哥联合在一起，这三者都在世界上最大的债务国之列，所有三国都濒临破产。三个国家联合在一起会带来很多好处，但从未见过把三个这样的破产实体捆绑在一起的。最终情况可能演变成三个醉汉相互依靠，最后谁都找不到回家的路。

风险是这三个国家可能努力在自己的新联盟中开展合作，而对外面的世界设置障碍。和欧共体一样，这会导致最坏的结果，因为其内部蕴含着自我破坏的种子，这三个国家将不知道如何与外面的世界竞争。

回家

我们在得克萨斯州的布朗斯维尔入境回到美国，然后用一顿炸鸡和蓝带啤酒作为晚餐加以庆祝。虽然我们只能坐在外面的停车场喝啤酒，但谁在乎这些呢，我们成功了！

令我感到诧异的是，得克萨斯南部很西班牙化。布朗斯维尔的居民 80% 是西班牙裔。布朗斯维尔当地的报纸在 19 世纪的某个时候就创刊了，迄今仍用西班牙文发行。

回到美国的第二天晚上，我们登门拜访了一位住在休斯敦的朋友——乔治·斯塔克。这是我们近两年来第一次和美国人在一起。这么长时间我深受多种文化的冲击，回到家反而略有不适。

朋友的太太洛伊丝对我们的旅行很是惊讶，不断地问我们："这次旅行对你们的影响有多大？"

我们竟没有意识到已经回国了，仍然为穿越边境和寻找汽油而担心，还时常担心轮胎是否完好，前方的路是否平坦，晚上去哪儿能找到一个像样的房间过夜等。洛伊丝问了许多很敏锐的问题，但我只能说："希望下次我们见面的时候，我能更好地回答你的问题。"

我的内心深处已经出现变化，但是我说不出来，当我们向东行进的时候我开始沉思这些问题。

我知道长期以来我都想打碎旧生活，开始新生活，我渴望寻找一条适合我的新道路。如果我找到了这条适合之路，我会沿着它走向终点。如果我找到了这条适合之路……这次旅行是否将我领向我一直追求的人生顿悟？

我们去了新奥尔良和亚拉巴马。在那儿，我的表兄弟佩特斯·兰德尔和凯西·兰德尔为我们举办了庆祝晚餐会。

所有的人都是穿着考究，但我仍然穿着仅有的牛仔裤和皮夹克。我指点着墙上色彩斑斓的世界地图，标示出我们的路线，回答着各种问题。

结束的时候，一个晚到者追问道："这次旅行是怎么回事？"

"嗯，我们还没结束旅程呢，"我说，"我们计划在几日内到达纽约。"

"我的天！"他说，"不要告诉我你打算驾摩托车从亚拉巴马到纽约！"

我们沿着海岸线一路参加聚会，看望那些在蒙哥马利、伯明翰、亚拉巴马、夏洛特、华盛顿和费城的朋友，并和他们一起进餐。我们看了这么多，走了这么远，现在我能理解，马可·波罗在13世纪把地大物博的中国介绍给意大利人时一定经历了很多困难。

我不断地提醒塔碧莎，不要因为我们快到家了而过度自信，结果却是我自己从车子上摔了下来。那是发生在田纳西州的事情，而且是我又一次夜间赶得太快，想多走一些路导致的。颇具讽刺意味的是，环游世界我都没遇到灾祸，快到家却出了事故。我摔断了两根肋骨，掌骨也裂了两根，皮肤也有擦伤。

我们驶进费城的时候正好赶上高峰时期大堵车。

天哪，我想全世界的交通堵塞都是一样的。

最后，我们在 11 月的一天听着肖邦优美欢快的舞曲驶入纽约。

我们已经出来 20 个月了。里程表显示我们走了 57 020 英里，但我们还没有去阿拉斯加。此外，我们搭船和乘飞机还跨越了 4 万多英里，两者合起来意味着我们行进了近 10 万英里。

到家时我们虚弱疲惫，泪流满面。当我走进家门时，我真希望旅程还没有结束，但我也想知道是否一切都安然无恙。在过去的两年，我的生活有什么变化？一箱一箱的邮件堆在厨房的地板上。贾德给我带来的麻烦还等着我来解决。

从地下室到屋顶，我巡视了一下整座房子。让我感到满意的是一切都和离开时一样。即使已经是 11 月 17 日了，屋顶花园里的两朵黄玫瑰依然绽放，我把它当作好运的象征。

我们开了一瓶香槟，吃了一些黑眼豌豆、米饭和甘蓝，这是两年来我们第一次这样进餐。

第二天早上 9 点我出席了一次董事会会议。

"我好长时间没见到你了，"一位董事问道，"你到底去哪儿了？"

"我刚刚骑摩托车周游世界回来。"

他笑了笑说，那很好。

要给纽约人留下印象还是要花些工夫的。

后 记

12月,我把在布宜诺斯艾利斯买的金项链送给塔碧莎,她惊喜万分。

稍事休息,我们又上路了,这次是去阿拉斯加,这样我们的总行程将达65 067英里。

到达之后,我们才意识到育空和阿拉斯加的居民与渥太华和华盛顿的居民之间存在很大不同。和我们环游世界途经很多地区的居民一样,这儿的人不像住在首都的人那样爱热闹,他们独来独往,不合群。居住地的严酷自然条件塑造了他们的性格。阿拉斯加距离华盛顿数千英里,间隔几个时区。这是美国50个州中面积最大的州,但仅有50万居民。

阿拉斯加人怎能让华盛顿管理他们的生活?阿拉斯加在华盛顿只有一名众议员和两名参议员,这意味着首都通常会忽视此处居民的意愿。

事实上,阿拉斯加人和他们的邻居加拿大的育空人以及苏联的西伯利亚人更有共同语言。这种关系要比他们各自与华盛顿、渥太华和莫斯科的官方关系紧密得多。阿拉斯加、育空和西伯利亚这三个地区储藏着丰富的矿产资源,如果它们结盟起来组成一个独立的边疆国家,那么它们将会吸引到巨额的发展投资。

经过两年的旅行,塔碧莎大开眼界,她现在读研究生,学习国际关系。塔碧莎可能比那些只读书本的人更能胜任教授国际关系课程。

世界变化太快,我在美国之外的其他几个国家进行了投资,包括奥地利、意大利、土耳其和爱尔兰,这些国家在我旅行途经的时候看起来还不是十分适合投资。现在,土耳其市场不仅已经跌了85%,而且政府采取了诸多措施改善投资环境,这都赋予我绝好的投资机会。至少是出于谈判和选举的目的,非国大变得更为温和,因此我在南非股票市场也有了投资。随着非洲大陆按照我之前预想的方向发展,我甚至开始把少量的钱投向了非洲的其他国家。

最终因为证据确凿,贾德被逮捕了。

我实现了自己的梦想。现在我用自己的方式了解了世界,这次旅程不仅帮助我更好地理解投资,而且也让我更好地认知整个人类。我们比那些中央集权经济下的政客更具活力,他们总是试图解决能想象到的每一个问题,无论是现实的问题还是想象的问题。

现在我回来了,又实地参观了世界很大一部分,因此有人问我如何看待美国。我很不愿意说,因为这是我的祖国,但是我很明显不看好美国。

看到这个国家还是这么毫无希望、褊狭和孤立,真让人感到痛苦。令人感到恐惧的是,没有一个政党已经或者愿意将来解决美国的经济问题。

在环游世界的过程中,我亲眼看到中央集权经济在许多国家产生的束缚影响。而且,我也很清晰地看到美国在改观之前还要经历痛苦的过程。

我确信克林顿将是民主党最后一位总统。在1916年,自由党领袖劳合·乔治当选英国首相。他和自由党一起赢得了第一次世界大战。与历史上的其他战后英雄一样,劳合很受欢迎。

然而,英国的经济、体制、社会、货币流通等都是一团糟,情形和今天的美国一样。尽管劳合是一位世界知名的政党领袖,他所在的自由党已经支配英国政治数十年,但是自此之后再没有从自由党中出现一位首相。克林顿也将成为民主党最后一位当选总统。在1992—1994年这个关键时期,民主党控制了美国政府的行政和立法机构,因此他们将承受更多的指责。民主党在人口结构上也存在问题。几十年来他们的力量来源于:(1)大萧条时期的皈依者,这些人的数量不断下降;(2)不断丧失权力的工会;(3)南方的白人,他们也成群结队地脱离民主党;(4)黑人,民主党从黑人获得的支持不会超过现在的80%。民主党不会以英国自由党那样的方式消失。事实上,自由党在此后数十年萎靡不振,而民主党将会迅速凋零。

请不要误解我,共和党也有责任。如果共和党不能迅速出台措施应对美国面临的问题,那么它的分裂或消亡也会随之而来。当我听到共和党宣称他们将在2002年平衡预算的时候,我很是担忧。我认为他们没有理解问题所在。美国的处境相当严峻,需要马上修正,到2002年就太晚了。自1979年以来,美国国民已经听过相同的承诺好多次了,人们甚至通过立法要求保持预算平衡。如果政府报告称达到了"预算平衡",那么人们必须坚持要求独立的审计师来进行审计。

共和党的承诺、管制和要求可能都比民主党的要好,但是速度需要更快些。

如果这样说令人震惊,那么让我们再次看看大背景。全世界很多看似永恒的政治结构都很脆弱。谁能想象由非自民党人士掌管日本会是什么情形?二战之后支配意大利的政党现在都已经被替换或者消失。再看看加拿大、比利时、瑞典和墨西哥正在发生的变化。在冷战时期,全世界的选民都由于不敢问太多的问题,而接受了很多荒谬的想法。

冷战已经结束,因此全世界的人民都能自由地质疑那些陈旧的假设。

美国的体制很腐朽,还伴随着债务的膨胀,这一点显而易见却又常常被伪装掩盖。因此,无论哪个政党决定做什么,它都将是20世纪90年代危机的焦点。

无论是民主党还是共和党,多年来都实行美元贬值政策。美国在20多年内的货币贬值幅度,罗马人用了400年,西班牙人用了200年,英国人用了75年。掌管政府的人不关心这一切,而美联储似乎更愿意拯救这些政客而不是拯救货币。我对美元不抱有多大希望。环顾世界,看看那些货币贬值之后的后果,我预计美国的处境会持续恶化。人们将会更多地听到"货币危机"这个词。世界不会终结,毕竟英国还在,西班牙也还在,但是它们只能生活在先人光辉的影子之中。英国在19世纪20年代是世界上最富裕、最强大的国家,但也正是英国在50年代创造出"人才流失"这个词,因为那时人民开始陆续离开英国。

美国现在是世界上最大的债务国。如果美国像19世纪那样,将资本投向生产性资产还好,但是现在资本都投向了权力、福利、农业补贴(如马海毛和食糖之类的产品)、利息支付、坦克、洲际导弹,没有一项能促进未来的生产力。二战已经结束很久很久了,美国的军队却仍占据着欧洲和日本,为此每年需开销1 500亿美元。虽然大众都知道这样做很愚蠢,但政府仍然对农业给予巨额的补贴。事实上应该把农民送到西伯利亚或者扎伊尔,他们会因此而变得十分富有!

为什么在五角大楼告知国会它不再需要马海毛之后30年，仍要为这项原料每年支付5 000万美元？

在美国有5 000个制糖企业。政府每年花费大约50亿美元去维持糖的生产，折算下来给每个制糖企业补贴大约100万美元。政府本可以节省这笔钱，可以一个一个找到它们并对它们说："每年给你10万美元补贴生活，用这笔钱你可以享受海滩和保时捷汽车。作为回报，你唯一需要做的事情就是不要再生产糖了。"更具讽刺意味的是，除了造成浪费，政府在支持糖项目之上的巨额开销事实上对经济具有损害作用。由于要维持糖价，结果造成美国2.6亿个消费者要以世界糖价两三倍的价格购买糖。此举也损害了美国的拉丁美洲盟友的经济，因为他们不能把他们的天然产品——糖卖给美国。

为什么会这样？因为每一个项目之后都有一批选民或赞助者——制糖业者、马海毛生产者、国防工业、军队自身——他们进进出出国会大厅，通过游说确保钱财能源源不断地流向他们。

很多情况下需要增税来支持这些错误的、浪费的项目，这实在不合情理。年轻人为此应该走上街头示威抗议，因为他们的损失最大，现在留给他们的是一个破产的未来。

当前美国政府的首要关注点应该是削减无谓的开支，以便使预算建立在合理的财政基础之上。智利在恢复经济秩序过程中采用的一些举措应该能为美国提供足够的借鉴。如果一个曾经没有希望的国家，在15年之内就卸下包袱振兴起来，那么美国就能在更短的时间内做到同样的事情——前提是要有正确的领导和坚强的毅力。

那么是否应该减税呢？是应该减税，但是关键问题不在于税率高低，而在于税收体制本身。美国现行的税收结构不鼓励储蓄和投资，因此需要彻底变革。如果你幸运地有一份工作，你要为劳动所得纳税。如果你接着把一些钱放在银行或者共同基金中，从而获得利息或者股利，那么你还需要再次纳税。如果你的投资获得了任何资本利得，你需要第三次纳税。

世界其他地方可不是这样。与我们关系密切的一些经济体，如日本、德国、新加坡以及其他一些国家都鼓励储蓄和投资。它们不对储蓄和投资征税，而是对消费征税。美国则恰恰相反：鼓励消费，而对储蓄征税。

美国的储蓄率为4%，而日本的储蓄率是20%。更多的储蓄意味着有更多的钱进行投资，更多的钱进行投资意味着更高的生产力，而更高的生产力意味着生活水平的提高，这正是美国在过去20年所缺失的。

还有一个十分简单、容易理解的经济学自然法则：你对什么征税就会丧失什么。

美国需要进行改变，必须废除所有针对储蓄和投资的征税，把现行的长达数千页的税法丢弃，而代之以一项单一税。美国的巨大财富和能量都耗费在与税法的较劲和避税之中——当美国努力地想获得2%的经济增长率时，却至少花费国内生产总值的1%在避税上。税法本应有五页长度，而且能在明信片上填报所得税。应该对单一税再辅以消费税，这样能鼓励储蓄，抑制消费。

而后应该废除一系列浪费性的政府项目。华盛顿在坦克和导弹上花费巨大，这些对未来生产力绝对没有帮助，而且转移支付也对国家的未来生产力无益。年轻人为什么不上街抗议呢？

更为激进一些，为什么让国会议员去华盛顿呢？他们聚集在华盛顿只会更容易被游说。应该让他们各自留在自己的地区，通过视频会议的形式来开会，用电子投票方式来投票。如果这个国家的游说者必须亲自前往535个选区，那么其法律就会截然不同。让地方的银行家、教师和水管工在高中的体育馆监视议员的投票，不是要比那些游说者在华盛顿监视他们更好吗？此外，这样还可以节省国会的旅行支出和员工人数。

美国应该把选举日改到4月15日。在11月选举不是很合适，因为此时距离两次纳税都有半年的时间。应该在纳税的同时选举政治人物，就和美国人在日常生活中所做的其他事情那样。如果人们能意识到投票花费了多少钱财，那么他们就会更好地投票。

我的一个重要哲学原则是：当屋顶漏雨的时候，你最好马上修补，否则将来花费更大。然而不幸的是，另一段历史告诉我们，除非强加于人民，否则鲜有变革。现在的氛围充斥着财政改革在"政治上不可行"的论调。

如果是这样，美国的未来将会怎样？政治、经济和社会将会发生怎样的变化？

20年前美国本可以奢侈地享有"政治可行"手段。然而，今日美国的负债已经有5万亿美元，并且以每年几千亿美元的速度增加。现在再采用温和的措施已经太晚了，美国已经到了必须采用强有力的措施才能遏制大出血的时期了。即使政府想明日平衡预算，也需要支付数万亿美元的债务。如果通过削减开支来还债，那么将扼杀美国的经济。因此，可行的偿债办法是私有化，卖掉如公共用地、机场、海港和邮局等政府资产。例如，内华达州大部分为政府所有，就可以将政府资产卖掉，可卖的资产是不计其数的。世界其他地方都在这样做，美国为什么不能这样做？生活在无债且预算平衡的国家难道不是件很惬意的事吗？

如果这些听起来有些激进，那么我所能说的就是等待周围的一切都崩溃吧——那才是真正的激进。事实上就连政治人物也将不得不讨论这些想法，因为美国正在滑向破产。如果把头埋进沙中不面对现实，市场就会迫使你正视现实，到时你将承受更多的苦痛。

简而言之，人们要么遭受通货膨胀带来的崩溃，要么遭受通货紧缩带来的崩溃。在通货膨胀的情况下，美国政府印制的纸币要比支持这些纸币的资产多。那时没有人愿意要美元，1 美元也就不能兑换 1.7 德国马克了，而只能兑换 0.5 马克。

若政府不过量地印制纸币，那么巨额的公债会导致美国没有足够的钱去建房、运作企业或者开工厂。人民将遭受通货紧缩，这种情况在 20 世纪 90 年代早期已在美国初露端倪，那时居民住房和商业用房的房地产价值暴跌。当遇到通货紧缩导致的崩溃时，资产的价值会因为缺乏资金的支持而下跌，就如大萧条时期那样。

当有美国人请我推荐一些硬通货以便投资时，我会提到德国马克、荷兰盾、瑞士法郎、奥地利先令、新西兰元和新加坡元。中央银行的政策十分重要。欧洲的货币与德国的德意志银行关系紧密，而德意志银行要求保持马克坚挺。而美联储看起来对维持短期平衡更感兴趣，从未想过改革臃肿失控的货币体系。

美国还能存续下去吗？答案是肯定的。意大利和英国的财政混乱已经有数十年了，然而那儿的生活照常，只是生活不是那么甜美而已。1910 年，阿根廷是美洲最富裕的国家，在大萧条时期经济崩溃陷入贫穷。阿根廷人的生活的确很艰难，但这种状况已经持续了 60 年。

如果说我在周游世界中了解了一件事情，那就是很多社会会变富裕，但经过几年、几十年或者几百年的自高自大，它们最终会走向衰败。我明白的另一件事情是，即便所有的财富都消失殆尽，生活依旧会继续。

更为重要的是，我也认识到如果你有梦想，就要去尝试，否则你不会有第二次机会。

如果你想改变生活，现在就开始行动吧。

附录一　我们为 22 个月的摩托车之旅准备的物品

● **吉姆：**
　　5 件衬衫、3 套内衣裤、3 双袜子、2 个领结、1 件运动 T 恤、1 条运动短裤、1 只运动表

● **塔碧莎：**
　　4 件套头衫、3 件可水洗的丝绸上衣、3 双袜子、4 套内衣裤、2 件衬衣、1 双高跟鞋、1 件可水洗的黑色外套、1 条围巾（以便在伊斯兰国家包住头）、1 顶太阳帽

● **两人都备有：**
　　3 条牛仔裤、3 件羊毛衫、摩托车靴子、跑鞋、雨具、皮夹克和皮裤、头盔、风镜和手套、长内衣裤和滑雪面具

● **设备和补给品：**
　　2 辆宝马摩托车（型号分别为 R100RT 和 R80）、配件（轮胎、火花塞、垫圈等）、维修手册和工具、1 个手动曲柄、用来装汽油和水的罐子、铁铲、桶、弹簧绳、绳索和链条、短波收音机（收听英国广播公司新闻）、3M 超级胶带（用于修理化油器及挡风玻璃等）、帐篷、净水器和炊具、药物、化妆品和防晒霜、急救工具包、抗疟疾药和抗生素、消过毒的针管、针和线、避孕药和棉条（三个月的用量）、缝纫工具包（用来缝补衣物）、旅行手册和地图、大量的照片（以便办理维萨卡）、印章包（用来伪造一些文件，很抱歉这么说）、4 盘磁带（莫扎特的《G 大调弦乐小夜曲》和贝多芬的

《第九交响曲》、莫扎特的《第 39 交响曲》和《第 41 交响曲》、威利·纳尔逊的《再次上路》以及 Fine Young Cannibals 乐队的《她让我疯狂》)、照相机和胶卷、200 美元的 1 美元零钱（可以用于买小东西和作为礼物）、50 个印有苏珊·B.安东尼头像的 1 美元硬币（作为纪念性礼物）、烟和酒（用来贿赂边检人员等）、1 把顶级瑞士军刀（每天都要用）、乐泰管

附录二 旅行日志

阅读该日志的方式有点复杂。我们通常在每天早上出发的时候写日志，因此日期是离开某地的日期。例如，1990年4月2日离开牛津，4月5日已到伦敦。

国家或地区	日期	里程	参照地点
爱尔兰	1990年3月28日	0	Shannon Airport
	1990年3月31日	123	Aghadoe Heights Hotel, Killarney
	1990年3月31日	183	Dunquin post office
	1990年4月1日	320	Youghal, Avonmore House
	1990年4月1日	418	Ferry at Rosslare
英国	1990年4月2日	631	The Randolph Hotel, Oxford
	1990年4月7日	731	Cumberland Hotel, London
法国	1990年4月8日	995	Paris Hilton
德国	1990年4月9日	1 522	Arabella Hotel, Munich
奥地利	1990年4月11日	1 696	Hotel Trend, Linz
匈牙利	1990年4月12日	1 982	Forum Hotel, Budapest
南斯拉夫	1990年4月13日	2 238	Hotel Yugoslavia, Belgrade
	1990年4月14日	2 278	Hotel Yugoslavia, Belgrade
土耳其	1990年4月16日	2 835	Klassis Hotel, Silivri
	1990年4月17日	3 178	Ankara Dedeman, Ankara
	1990年4月19日	3 357	Hotel Nevsehir Dedeman, Nevsehir
	1990年4月20日	3 669	Hotel Turban, Samsun
	1990年4月21日	3 890	Hotel Ozgur, Trabzon
	1990年4月21日	3 999	Turkish/Soviet border
格鲁吉亚	1990年4月22日	4 011	Intourist hotel, Batumi
	1990年4月24日	4 254	Hotel Iveria, Tbilisi
阿塞拜疆	1990年4月26日	4 621	Hotel Azerbaijan, Baku
土库曼斯坦	1990年4月28日	4 979	Hotel Ashkhabad, Ashkhabad
	1990年4月30日	5 203	Hotel Mary, Mary
乌兹别克斯坦	1990年5月2日	5 451	Hotel Bukhara, Bukhara
	1990年5月4日	5 617	Hotel Samarkand, Samarkand
	1990年5月6日	5 803	Hotel Uzbekistan, Tashkent

(续)

国家或地区	日期	里程	参照地点
哈萨克斯坦	1990年5月7日	5 995	Hotel Taraz, Dzhambul
吉尔吉斯斯坦	1990年5月8日	6 166	Hotel Alatoo, Frunze
哈萨克斯坦	1990年5月10日	6 315	Hotel Otrar, Alma-Ata
	1990年5月10日	6 537	Soviet/China border
中国	1990年5月12日	6 600	Friendship Hotel, Yining
	1990年5月13日	6 936	Shihezi Guest House, Shihezi
	1990年5月15日	7 151	Oasis Hotel, Turpan
	1990年5月16日	7 409	Hami Guest House, Hami
	1990年5月18日	7 670	Dunhuang Hotel, Dunhuang
	1990年5月19日	7 923	Jiuquan Hotel, Jiuquan
	1990年5月20日	8 210	Flying Horse Hotel, Wuwei
	1990年5月22日	8 390	Friendship Hotel, Lanzhou
	1990年5月23日	8 641	Pingliang Hotel, Pingliang
	1990年5月26日	8 835	Golden Flower Hotel, Xi'an
	1990年5月27日	9 081	Friendship Guest House, Luoyang
	1990年5月28日	9 196	International Hotel Henan, Zhengzhou
	1990年5月29日	9 452	Hebei Guest House, Shijiazhuang
	1990年5月29日	9 634	Arrived at Capitol Hotel, Beijing
日本	1990年6月6日	9 691	Fukuda Motors, Shinjuku, Tokyo
	1990年6月7日	9 892	Okura Hotel, Niigata
	1990年6月8日	10 135	Fukuda Motors, Shinjuku, Tokyo
	1990年6月8日	10 166	Osambashi Pier, Yokohama
西伯利亚	1990年6月12日	10 169	Arrived in Nakhodka
	1990年6月17日	10 210	Hotel Nakhodka, Nakhodka
	1990年6月18日	10 364	Hotel Ussuriysk, Ussuriysk
	1990年6月19日	10 524	Hotel Spassk-Dal'niy, Spassk-Dal'niy
	1990年6月23日	10 807	Intourist Hotel, Khabarovsk
	1990年6月25日	10 929	Hotel Vostok, Birobidzhan
	1990年6月26日	11 037	Hotel Berioska, Obluch'ye
	1990年6月28日	11 289	Hotel Drusba, Blagoveshchensk
	1990年6月29日	11 387	Hotel Zeja, Svobodny
	1990年6月30日	11 550	Hotel Tayoznyay, Shimanovsk
	1990年7月2日	11 551	Flatcar, Chernyshevsk
	1990年7月5日	11 808	Hotel Zabalkalye, Chita
	1990年7月6日	12 106	Hotel Siberia, Petrovsk-Zabaykalskiy
	1990年7月7日	12 246	Hotel Oktybryaskya, Ulan-Ude
	1990年7月10日	12 314	Hotel Oktybryaskya, Ulan-Ude
	1990年7月11日	12 531	Hotel Baikal, Baykal'sk

(续)

国家或地区	日期	里程	参照地点
	1990 年 7 月 14 日	12 649	Hotel Emnteka, Irkutsk
	1990 年 7 月 15 日	12 763	Hotel Cedar, Ceremkhovo
	1990 年 7 月 17 日	12 860	Sports complex, Zima
	1990 年 7 月 18 日	13 021	Hotel Taiga, Nizhneudinsk
	1990 年 7 月 19 日	13 227	Hotel Siberia, Kansk
	1990 年 7 月 20 日	13 484	Ceramic Company Hostel, Achinsk
	1990 年 7 月 21 日	13 709	Hotel Kuzbass, Kemerovo
	1990 年 7 月 24 日	13 872	Hotel Central, Novosibirsk
	1990 年 7 月 27 日	13 909	Hotel Novosibirsk, Novosibirsk
	1990 年 7 月 28 日	14 183	Village Theatre, Novokarasuk
	1990 年 7 月 29 日	14 418	Campsite south of Omsk
哈萨克斯坦	1990 年 7 月 30 日	14 628	Hotel Kaziljar, Petropavlovsk
西伯利亚	1990 年 7 月 31 日	14 960	Campsite on Petrovski State Farm, e. of Chelyabinsk
苏联欧洲部分	1990 年 7 月 31 日	15 069	Crossed the Europe/Asia boundary
	1990 年 8 月 4 日	15 265	Hotel Rossia, Ufa
	1990 年 8 月 10 日	15 545	Hotel Orenburg, Orenburg
	1990 年 8 月 12 日	15 768	Hotel Buzuluk, Buzuluk
	1990 年 8 月 14 日	15 992	Hotel Volga, Tol'yatti
	1990 年 8 月 16 日	16 232	Hotel Penza, Penza
	1990 年 8 月 17 日	16 528	Hotel Lovech, Ryazan
	1990 年 8 月 26 日	16 691	Sport Hotel, Moscow
	1990 年 8 月 27 日	16 953	Hotel Rossia, Smolensk
白俄罗斯	1990 年 8 月 29 日	17 179	Hotel Tourist, Minsk
	1990 年 8 月 31 日	17 436	Hotel Druzba, Zadvortsi (Brest)
波兰	1990 年 8 月 31 日	17 446	Crossed Soviet/Polish border
	1990 年 9 月 2 日	17 570	Marriot, Warsaw
	1990 年 9 月 3 日	17 572	Holiday Inn, Warsaw
	1990 年 9 月 4 日	17 759	Hotel Poznan, Poznan
	1990 年 9 月 4 日	17 878	Crossed Polish/German border
德国	1990 年 9 月 10 日	17 949	Hotel California, Berlin
	1990 年 9 月 16 日	18 204	Toni Frank's house, Neustadt an der Waldnaab
	1990 年 9 月 19 日	18 337	Marriott Hotel, Munich
	1990 年 9 月 20 日	18 597	Home of H. and K. Krahmer, Glashütten
	1990 年 9 月 21 日	18 690	Hyatt Hotel, Cologne
法国	1990 年 9 月 23 日	19 100	Hotel du Park, Chantilly
	1990 年 9 月 24 日	19 138	Hotel de Longchamps, Paris
英国	1990 年 9 月 26 日	19 402	28 Ovington Square (Oxbridge Apts., London)

(续)

国家或地区	日期	里程	参照地点
	1990 年 9 月 27 日	19 590	Hyatt Regency, Birmingham
爱尔兰	1990 年 9 月 29 日	19 767	Berkeley Court Hotel, Dublin
	1990 年 9 月 29 日	19 994	Arrived again at post office in Dunquin
	1990 年 9 月 30 日	20 007	Benners Hotel, Dingle
	1990 年 10 月 1 日	20 241	Cedars Hotel, Rosslare
英国	1990 年 10 月 14 日	20 505	John and Linda Hammerbeck's, London
德国	1990 年 10 月 15 日	20 800	Hotel Drees, Dortmund
	1990 年 10 月 16 日	20 811	WUDO BMW, Dortmund
荷兰	1990 年 10 月 18 日	20 965	Holiday Inn, Amsterdam
德国	1990 年 10 月 19 日	21 311	Pension Ikarus, Düsseldorf
	1990 年 10 月 20 日	21 529	National Hotel, Frankfurt
瑞士	1990 年 10 月 22 日	21 800	Hans and Jill Aebi's, Küsnacht am Rigi
	1990 年 10 月 23 日	21 836	Nova Park Hotel, Zurich
	1990 年 10 月 24 日	21 905	Steinengraben Hotel, Basel
法国	1990 年 10 月 25 日	22 335	Hotel Mercure, Marseille
	1990 年 10 月 26 日	22 339	Napoleon Ferry, across Mediterranean
突尼斯	1990 年 11 月 1 日	22 364	Hotel Africa Meridien, Tunis
	1990 年 11 月 6 日	22 377	Hotel Abou Nawas, Gammarth
阿尔及利亚	1990 年 11 月 7 日	22 568	Aigle Hotel, Tébessa
	1990 年 11 月 11 日	22 950	Hotel El Aurassi, Algiers
	1990 年 11 月 12 日	23 135	Hotel Senalba, Djelfa
	1990 年 11 月 15 日	23 323	Hotel Rostimedes, Ghardaia
	1990 年 11 月 16 日	23 743	Hotel Tidikelt, In Salah
	1990 年 11 月 17 日	23 919	Palmieri camp ground, Arak
	1990 年 12 月 5 日	24 284	Hotel Tahat, Tamanrasset
	1990 年 12 月 6 日	24 359	Camp in Sahara
	1990 年 12 月 7 日	24 467	Camp in Sahara at 125-km post
	1990 年 12 月 8 日	24 543	Camp at In Guezzam
尼日尔	1990 年 12 月 9 日	24 562	Camp at Assamakka
	1990 年 12 月 11 日	24 770	Auberge Caravane, Arlit
	1990 年 12 月 12 日	25 036	House in Aderbissinat
	1990 年 12 月 14 日	25 273	Hotel Amadou Kourandaga, Zinder
尼日利亚	1990 年 12 月 16 日	25 484	Hotel Central, Kano
	1990 年 12 月 17 日	25 860	Hotel Deribe, Maiduguri
	1990 年 12 月 18 日	26 066	Border post, Kerawa (Nigeria-Cameroon)
喀麦隆	1990 年 12 月 19 日	26 080	Customs House in Kolofata (Nigeria Cameroon)
	1990 年 12 月 28 日	26 505	Maroua Palace Hotel, Maroua
	1990 年 12 月 29 日	26 649	Hotel La Benoue, Garoua

(续)

国家或地区	日期	里程	参照地点
中非共和国	1990 年 12 月 30 日	26 932	Jeunnesse Hotel, Meiganga
	1990 年 12 月 31 日	27 004	Camp at Central African Rep border, Béloka
	1991 年 1 月 23 日	27 710	Novotel, Bangui
	1991 年 2 月 4 日	27 710	The Sangha and the Fleuve Congo (rivers)
	1991 年 2 月 18 日	27 990	Meridien, M'Bamou Palace, and Hotel Cosmos, Brazzaville
扎伊尔	1991 年 2 月 23 日	28 152	Intercontinental Hotel, Kinshasa
	1991 年 2 月 24 日	28 493	U.S. Services' Guest House, Kikwit
	1991 年 2 月 25 日	28 592	Catholic mission, Idiofa
	1991 年 2 月 26 日	28 631	Uncompleted maternity clinic, Mukoko
	1991 年 2 月 27 日	28 712	Catholic mission, Mapangu
	1991 年 3 月 7 日	28 779	Hotel du Palme, Ilebo
	1991 年 3 月 15 日	28 779	Flatcar 16535-3,Tenke
	1991 年 3 月 16 日	28 940	Sheraton Karavia, Lubumbashi
赞比亚	1991 年 3 月 17 日	29 058	Hotel Edinburgh, Kitwe
	1991 年 3 月 20 日	29 290	Hotel Intercontinental, Lusaka
	1991 年 3 月 22 日	29 594	Musi-O-Tunya Intercontinental, Livingstone
津巴布韦	1991 年 3 月 23 日	29 596	Victoria Falls Hotel, Victoria Falls
	1991 年 3 月 25 日	29 718	Ivory Lodge, Hwange National Park
	1991 年 3 月 26 日	30 066	Kadoma Ranch Motel, Kadoma
	1991 年 3 月 29 日	30 156	Sheraton Hotel, Harare
	1991 年 3 月 30 日	30 356	Great Zimbabwe Hotel, Masvingo
博茨瓦纳	1991 年 3 月 31 日	30 670	Thapama Lodge, Francistown
	1991 年 4 月 2 日	30 947	Sheraton, Gabarone
南非	1991 年 4 月 6 日	31 193	Humphry Mullard's house, Johannesburg
	1991 年 4 月 7 日	31 498	Hotel Kimberlite, Kimberley
	1991 年 4 月 11 日	32 129	Cape Sun Hotel, Cape Town
	1991 年 4 月 12 日	32 822	Home of Tony and Sue Sparg, Knysna
	1991 年 4 月 13 日	32 844	Home of Martin and Caroline Kennard, Grahamstown
	1991 年 4 月 15 日	33 473	Home of Humphry and Serenity Mullard, Johannesburg, (then to Nairobi, Mauritius, and Singapore)
澳大利亚	1991 年 4 月 29 日	33 479	Perth Airport
	1991 年 4 月 29 日	33 511	Perth Hilton, Perth
	1991 年 4 月 30 日	33 780	Ocean Centre Hotel, Geraldton
	1991 年 5 月 2 日	34 124	Fascine Lodge, Carnarvon
	1991 年 5 月 3 日	34 749	Pardoo Road House, Pardoo

(续)

国家或地区	日期	里程	参照地点
	1991年5月4日	35 038	Cable Beach Club, Broome
	1991年5月6日	35 694	Hotel Kununurra, Kununurra
	1991年5月8日	36 216	Hotel Beaufort, Darwin
	1991年5月9日	36 413	Katherine Hotel, Katherine
	1991年5月10日	36 910	Wycliffe Roadhouse, Wycliffe Well
	1991年5月11日	37 443	Sheraton Ayers Rock, Yulara
	1991年5月12日	37 720	Sheraton Alice Springs, Alice Springs
	1991年5月13日	38 049	Three Ways Road House, Three Ways
	1991年5月14日	38 601	Gannon's Motel, Julia Creek
	1991年5月17日	38 862	Sheraton Casino, Townsville
	1991年5月20日	39 119	Hilton International Hotel, Cairns
	1991年5月21日	39 395	Relax Motel, Home Hill
	1991年5月22日	40 058	Great Eastern Motor Inn, Gympie
	1991年5月23日	40 486	Canute and Sally Meyers', Nambucca Heads
	1991年5月25日	40 819	Sheraton Wentworth, Sydney
	1991年5月26日	41 133	Halfway Motor Inn, Tarcutta
	1991年5月27日	41 458	Erik and Sue Val Meyers', Corio
	1991年5月28日	41 524	On board the Abel Tasman Ferry, Devonport
	1991年5月29日	41 793	Sheraton Hobart Hotel, Hobart
	1991年5月30日	41 918	International Hotel, Launceston
	1991年5月31日	41 985	On board the Abel Tasman Ferry, Melbourne
	1991年6月1日	41 011	Patrick and Cathy Moore's, Hawthorn
	1991年6月2日	42 315	Hotel Genoa, Genoa
	1991年6月3日	42 652	Sheraton Wentworth, Sydney
新西兰	1991年6月6日	42 656	Auckland International Airport, Auckland
	1991年6月7日	42 781	Takapura International Motorlodge, Auckland
	1991年6月8日	43 031	Waiouru Welcome Inn, Waiouru
	1991年6月9日	43 201	Aldan Lodge Motel, Picton
	1991年6月10日	43 439	Mana Hotel, Wellington
	1991年6月11日	43 865	Holeshot BMW (Auckland Sheraton), Auckland
阿根廷	1991年6月25日	43 865	Río Gallegos Airport, Río Gallegos
	1991年7月3日	43 871	Río Costa Apart Hotel Río Gallegos
	1919年7月4日	44 092	Residencial Sada, San Julián
	1991年7月5日	44 354	Comodoro Hotel, Comodoro Rivadavia
	1991年7月7日	44 629	Hotel Peninsula Valdes, Puerto Madryn
	1991年7月8日	45 042	Hotel Austral, Bahía Blanca
	1991年7月9日	45 297	Gran Hotel Azul, Azul
	1991年8月3日	45 491	Sheraton and Embassy Apart Hotel, Buenos Aires

(续)

国家或地区	日期	里程	参照地点
乌拉圭	1991年8月4日	45 496	Hotel El Mirador, Colonia del Sacramento
	1991年8月6日	45 615	Victoria Plaza Hotel, Montevideo
	1991年8月10日	45 703	Zelmira Pena's Condo, Punta del Este
	1991年8月11日	45 911	Gran Hotel Flores, Trinidad
阿根廷	1991年8月12日	46 058	Nuevo Hotel Plaza, Colón
	1991年8月13日	46 319	Hotel Comedor, San Francisco
	1991年8月15日	46 451	Crillon Hotel, Cónrdoba
	1991年8月17日	46 465	Sanatorio Diquecito, La Calera
	1991年8月18日	46 633	Hosteria Quines, Quines
	1991年8月21日	46 885	Hotel Plaza, Mendoza
	1991年8月22日	46 993	Hosteria Puente del Inca, Puente del Inca
智利	1991年8月31日	47 103	Holiday Inn Crowne Plaza, Santiago
	1991年9月1日	47 269	Hotel Cesar, Zapallar
	1991年9月2日	47 599	Hosteria Vallenar, Vallenar
	1991年9月3日	48 047	Hotel Antofagasta, Antofagasta
	1991年9月5日	48 495	Hotel St. Gregory, Arica
秘鲁	1991年9月6日	48 636	Hostal de Turistas, Moquegua
	1991年9月7日	48 964	Hostal de La Union, Atico
	1991年9月8日	49 216	Las Dumas, Icá (then to Lima, for a side trip to: La Paz, Lake Titicaca, Cuzco, Machu Picchu, Cuzco, and back to Lima)
	1991年9月17日	49 408	Sheraton, Lima
	1991年9月18日	49 587	Hotel de Turistas, Huarmey
	1991年9月19日	50 024	Hotel de Turistas, Piura
厄瓜多尔	1991年9月20日	50 315	Residencial el Oro, Naranjal (then to Guayaquil, side trip to the Galápagos)
	1991年9月27日	50 373	Hotel Oro Verde, Guayaquil
	1991年9月30日	50 632	Alameda Real, Quito
哥伦比亚	1991年10月1日	50 852	Hotel Morasurco, Pasto
	1991年10月2日	51 087	Intercontinental, Cali
	1991年10月3日	51 258	Hotel Ambala, Ibagué
	1991年10月4日	51 397	Hotel Tequendama, Bogotá
巴拿马	1991年10月7日	51 423	Marriott, Panama City
	1991年10月8日	51 695	Hotel Fiesta, David
哥斯达黎加	1991年10月10日	51 945	Aurola Holiday Inn, San José
尼加拉瓜	1991年10月12日	52 240	Hotel Intercontinental, Managua
洪都拉斯	1991年10月13日	52 421	Hotel Miramar, San Lorenzo
萨尔瓦多	1991年10月15日	52 574	Camino Real, San Salvador

(续)

国家或地区	日期	里程	参照地点
危地马拉	1991 年 10 月 17 日	52 732	El Conquistador Hotel, Guatemala City
	1991 年 10 月 18 日	52 757	Hotel Antigua, Antigua
墨西哥	1991 年 10 月 19 日	53 104	Hotel Ik Lumaal, Arriaga
	1991 年 10 月 20 日	53 373	Hotel Victoria, Oaxaca
	1991 年 10 月 22 日	53 594	Hotel Aristos, Puebla
	1991 年 10 月 23 日	53 880	Hotel Tancachil, Ozuluama
	1991 年 10 月 24 日	54 233	Hotel Del Prado, Matamoros
美国	1991 年 10 月 25 日	54 493	Edna Inn Motel, Edna, Texas
	1991 年 10 月 29 日	54 723	Wyndham Warwick Hotel, Houston
	1991 年 10 月 31 日	55 075	Royal Orleans, New Orleans
	1991 年 11 月 2 日	55 367	Holiday Inn, Tuscaloosa, Alabama
	1991 年 11 月 7 日	55 470	Parents' home, Demopolis, Alabama
	1991 年 11 月 8 日	55 577	Radisson Inn, Montgomery
	1991 年 11 月 9 日	55 683	Hampton Inn, Birmingham
	1991 年 11 月 10 日	55 864	University Inn, Atlanta
	1991 年 11 月 11 日	56 094	Holiday Inn, Charlotte
	1991 年 11 月 12 日	56 306	Holiday Inn, Johnson City, Tennessee
	1991 年 11 月 13 日	56 591	Cavalier at the University, Charlottesville, Virginia
	1991 年 11 月 15 日	56 714	Steve Rogers' guest apartment, Fairfax, Virginia
	1991 年 11 月 17 日	56 899	Wayne Hotel, Wayne, Pennsylvania
	1991 年 11 月 17 日	57 020	Back home, New York
	1992 年 7 月 31 日	57 020	Leaving home, New York
	1992 年 8 月 1 日	57 327	Millers Motel, DuBois, Pennsylvania
	1992 年 8 月 2 日	57 848	Marriott O'Hare, Chicago
	1992 年 8 月 3 日	58 318	Prairie Winds Motel, Jackson, Minnesota
	1992 年 8 月 4 日	58 796	Quality Inn, Rapid City, South Dakota
	1992 年 8 月 5 日	58 846	Home of Spencer Paulson, Sturgis, South Dakota
	1992 年 8 月 6 日	59 204	Comfort Inn, Cody, Wyoming
	1992 年 8 月 7 日	59 431	Yellowstone Motor Inn, Livingston, Montana
	1992 年 8 月 8 日	59 804	Desert Mountain Guest Ranch, Hungry Horse, Montana
加拿大	1992 年 8 月 9 日	60 146	Mountaineer Lodge, Lake Louise, Alberta
	1992 年 8 月 10 日	60 541	Coast Inn of the North, Prince George, British Columbia
	1992 年 8 月 11 日	60 931	Pink Mountain Motor Inn, Pink Mountain, British Columbia

(续)

国家或地区	日期	里程	参照地点
	1992年8月12日	61 230	Muncho Lake Lodge, Muncho Lake, British Columbia
	1992年8月13日	61 566	Hilstead's Lake Resort and Shell, Teslin, Yukon
	1992年8月14日	61 872	Talbot Arms Motel, Destruction Bay, Yukon
美国	1992年8月15日	62 190	Chistochina Trading Post, Chistochina, Alaska
	1992年8月16日	62 430	Captain Cook Hotel, Anchorage
	1992年8月20日	62 661	Chistochina Trading Post, Chistochina, Alaska
加拿大	1992年8月22日	63 198	M.V. Matanueka, Prince Rupert
	1992年8月23日	63 202	Highline Hotel, Prince Rupert
	1992年8月24日	63 208	Pioneer Inn, Port Hardy
	1992年8月25日	63 467	Le Meridian, Vancouver
美国	1992年8月26日	63 513	Olympic Lodge, Port Angeles, Washington
	1992年8月27日	63 895	Embarcadero, Newport, Oregon
	1992年8月28日	64 076	Best Western Medford Inn, Medford, Oregon
	1992年8月29日	64 222	Sandy Bar Ranch, Orleans, California
	1992年8月30日	64 620	Alfa Inn, San Francisco
	1992年8月31日	64 971	Len & Marianne Baker, Palo Alto, California
	1992年8月31日	65 067	Shipping Depot, San Francisco, for shipment to Barber Motorcycle Museum, Birmingham, Alabama

◀ 准备就绪！塔碧莎的摩托车装备一新，准备送往爱尔兰航空公司以便空运到爱尔兰。

▶ 中国西部的一家制瓦厂。当这些圆柱形的黏土干了之后，把它们分为四瓣，就成了屋顶的瓦片。

◀ 大西洋边的顿琴邮局，这是爱尔兰的最西端，见证我们成为从大西洋驾驶摩托车抵达太平洋的"第一人"。这里是我们出发的第一站。

▶ 里海东岸的阿什哈巴德。这里曾经是苏联的偏远城市，现在是土库曼斯坦首都。我们的摩托车经常引起此地人们的好奇。

▲ 撒马尔罕——帖木儿帝国首都。随着时间的流逝，这些古老的伊斯兰学院将会重新被旅行者和朝圣者发现。

▶ 在布哈拉，这座有着悠久历史的乌兹别克斯坦的伊斯兰城市，我们发现了清一色单调建筑之外的其他建筑风格。

▲ 在中国西部找到一家"加油站"很不容易,每当找到这种"泵油"的地方,我们就感到格外惊喜。

▲ 自驶入中欧以来几千英里路上见到的第一个路标。

◀ 撒哈拉的一段破路。当排气管陷入沙中时,摩托车就很难前行了。

▶ 我们驾车来到红场的克里姆林宫前拍照留念。

◀ 波兹南的老广场。虽然现在波兹南是波兰的一部分,但在此之前的几个世纪,它经常分属波兰和德国。

▲ 撒哈拉的一段好路——一段非常好的路。

▲ 西伯利亚的房子并不都是单调的公寓房。在一些村庄可以看到当地人手工搭建的漂亮的原木房子。

▲ 快到西伯利亚尽头的时候,我们发现了一座路标——"距离莫斯科还有2 470千米"。

◀ 如果来自卡诺的这位埃克波医生能够治好所有这些病，那么他肯定会在纽约公园大道发大财。塔碧莎不让我停下来向他求医。

▶ 每一个国家在高速公路上都有警示注意野生动物的路标。在这条路上一只袋鼠差点撞上塔碧莎。

◀ 连接扎伊尔大城市的主要道路。

◀ 我们在澳大利亚的大堡礁航行，并体验了潜水。

▲ 塔斯马尼亚的亚瑟港作为一座监狱存在了近100年。当英国人输掉了美国革命和北美监狱殖民地后，他们被迫找到一处替代地：澳大利亚。

◀ 阿根廷巴塔哥尼亚的佩里托·莫雷诺冰川。冰川前部的冰是在数百年前安第斯山脉上冰冻而成的，现在正一步一步地滑向湖水之中。

▶ 塔碧莎穿越安第斯山脉,从阿根廷驶向智利。我们在这次旅行中遇到的问题可不仅是土匪、战争、瘟疫和野生动物这么简单。

▲ 秘鲁的马丘比丘古城是南美洲最值得参观的旅游胜地。印加文明令人叹为观止!

▶ 我们真的成功了吗?当旅程接近终点的时候,我有些伤感,但令人愉快的是我们胜利了。当我拍这张照片的时候,一位友善的得克萨斯司机故意超过了我的车子。